U0453358

云南大学民族学一流学科建设经费资助

教育部人文社会科学重点研究基地
云南大学西南边疆少数民族研究中心文库

滇池流域田野丛书

逝去的海弯柳马帮

钱凤娟 著

中国社会科学出版社

图书在版编目（CIP）数据

逝去的海弯柳：马帮/钱凤娟著 . —北京：中国社会科学出版社，2022.7
（教育部人文社会科学重点研究基地云南大学西南边疆少数民族研究中心文库·滇池流域田野丛书）
ISBN 978 – 7 – 5227 – 0534 – 7

Ⅰ.①逝…　Ⅱ.①钱…　Ⅲ.①滇池—渔民—社会生活—研究　②马—商业运输—文化—研究—昆明　Ⅳ.①D422.7 ②F542.9

中国版本图书馆 CIP 数据核字（2022）第 135735 号

出 版 人	赵剑英
责任编辑	王莎莎
责任校对	谢　静
责任印制	张雪娇
出　　版	中国社会科学出版社
社　　址	北京鼓楼西大街甲 158 号
邮　　编	100720
网　　址	http://www.csspw.cn
发 行 部	010 – 84083685
门 市 部	010 – 84029450
经　　销	新华书店及其他书店
印　　刷	北京明恒达印务有限公司
装　　订	廊坊市广阳区广增装订厂
版　　次	2022 年 7 月第 1 版
印　　次	2022 年 7 月第 1 次印刷
开　　本	710×1000　1/16
印　　张	20
插　　页	2
字　　数	304 千字
定　　价	199.00 元

凡购买中国社会科学出版社图书，如有质量问题请与本社营销中心联系调换
电话：010 – 84083683
版权所有　侵权必究

目　　录

海弯柳 …………………………………………………………（1）

记昆明道士张宗亮 ……………………………………………（64）

金殿非物质文化流韵识记 ……………………………………（87）

记民国时期龙头街"洪发油坊"老板尚文宽 ………………（119）

松华坝上坝村　一个水火淬炼的移民老村 …………………（134）

马帮与昆明 ……………………………………………………（172）

明二世建文帝流亡云南与《大理古佚书钞》 ………………（273）

参考文献 ………………………………………………………（296）

跋：记录那即将消逝的文化灵光 ……………………………（298）

后　记 …………………………………………………………（305）

海弯柳

海弯柳，又称弯柳儿、弯子。滇池渔家之别称，有广义、狭义之分。广义，指渔人，只要沾上打鱼行当，不管是主业还是副业，亦不管家境之贫富，均可称之，且看业内人士的自我释介。

新河村75岁的老渔人李荣作如是说：上方人（指水流上域的农民或城里人），叫这下面的人为海弯柳。大观楼村杨继文说，弯柳是方言，我

2018年，滇池美景，70年前这里曾是"海弯柳"（滇池渔人谐称）的渔猎围场

们叫山区人罗罗，他们叫我们弯柳，互相调侃之意。弯柳有时是自嘲，五家堆村村民杨正美说，本村多弯柳，村庄原先只有5家人，各家占着湖边一个堆堆（堆堆，指湖边小块露出水面的土堆），一家人一小间茅草房，家家一只船，睡、吃都在船上，就叫弯柳。至于弯子之称，似乎在骂人时用得多些。庄稼塘村张洪启说，叫弯子是绰号，住干地的人骂捕鱼的，叫弯子，反之，渔家称侍弄土地的人为干格，都不是尊称。

海弯柳之狭义说，是指渔人中的贫贱者。过去渔人老死后，葬在西山龙门村面山坡、高峣公山、碧鸡关的锅盖山、干沟尾的螺蛳山。这些地方地形不平琐碎，崇尚风水文化的人们不会选作墓葬穴地。渔人中的特困者因用不起棺材，就用几块烂船板逗逗（拼凑之意），钉了抬埋。视丧葬为大事的国人将无祖宅坟茔的滇池渔人呼作弯柳。

中国传统婚姻讲究"门当户对"，弯柳处于渔人社会底层，往往只能在同一社会层面谈婚论嫁，他们长期生活在社会歧视阴影中，一些敏感者对"弯柳"称谓持回避、反感之态。我曾有心造访这些渔人，委托朋友代为介绍，总不顺畅，问及究竟，朋友告知原委。我随即打消了念头，我能理解他们的情感。

因无意涉及"弯柳"敏感话题，本书中，我将海弯柳界定为广义的滇池渔人，记录的是亮丽的滇池上曾经生活的一群"海弯柳"精彩篇章。事实上，弯柳中

民国老照片：滇池渔人使用麻罩捕鱼，他们谋生不易，但"早上开花，晚上结果，钱要现拿"（渔人语），生活倒也痛快潇洒（昆明市社科院供稿）

也不乏洒脱豪放之人，他们对曾经的生存状态有着客观自然的直白。河尾村（永昌河）村民金福安说，打鱼人，早上开花，晚上结果，钱要现拿。与农民相比，打鱼人钱来得更快，打点吃点，挣点现钱。新河村李荣讲述：江湖一把散，光顾肚子，没有富的人。一位老人说：打鱼人家有许多开销，以渔为主业的村，交渔税，一只船一年交二三十元，男人喝酒，婆娘用钱，娃娃读书，全指望打鱼。

滇池渔人的数量，据《云南通志长编》，民国时期滇池周遭的四县昆明、昆阳、呈贡、晋宁，共有渔民2200人，船只347只。其中昆明县渔村有大观楼（村）、明家地、西坝、海埂、五甲塘、清河。昆阳县渔村：坝埂、亮沟、大沟、大河嘴、白山、有余、老塘嘴、独房子。呈贡县渔村：斗南、江尾、乌龙铺。晋宁县渔村：安乐、余家沟、黄家地、老荒滩、沙堤、江渡、河泊所、下河埂。年捕鱼62万斤。

这是指纯粹渔民，用水边之人的用语是正板弯柳，至于连同生活在

民国老照片：盘龙江得胜桥头，江中停歇着4户"水上人家"，还有1户在桥门洞撑杆前行（昆明市社科院供稿）

海边的半渔半农者，并无统计，以我实地勘察之估算，当在十数倍以上，甚至更多，因为作者走进的十数个渔村，其名称大都未列入志书之内。

《滇池纪事》于2004年由云南人民出版社出版，两年后，笔者重游滇池。这些负载千年渔文化的海弯柳身沾滇池泥水，衣染海菜花香，他们荡着船划着桨，唱着渔歌，亮晶晶的眸子闪着异彩，从历史深处向我靠近。古人有诗云：一棹入苍烟，江风晚更颠。摇摇舡似叶，汹汹浪粘天。蛟蜃能为患，鱼虾不值钱。羡人平地上，燕作饱肥鲜 [明，兰茂（1397—1476）]。滇池彩图，自有弯柳华丽篇章。

渡游

人是需要沟通天地、亲近山水的，此即今人之所谓旅游。旅游能锻炼体魄，陶冶性情。在湖光山色中，人们一改日常的沉稳琐碎。喜歌者，唱山歌哼小调；善文者，触景生情，洋洋洒洒。于是，"落霞与孤鹜齐飞，秋水共长天一色"（王勃《滕王阁序》）；"居庙堂之高则忧其民；处江湖之远则忧其君。是进亦忧，退亦忧。然则何时而乐耶？其必曰'先天下之忧而忧，后天下之乐而乐'乎"（范仲淹《岳阳楼记》）。一篇篇佳作美文流传千古，滋润情怀、提升境界，天人和谐由是达之。

旧时昆明人之旅游，最引人入胜者莫过于大观楼与西山，于此登高，可总揽汤汤滇池、巍巍碧鸡。然其时没有汽车，人们多半选择乘舟。于是，渔家又有别样谋生选择，他们将此业简称为"渡游"。

大观楼对岸，有村名叫五家堆，又称五家墩，它曾是个渡游专业村。其旁的大观河也称西门河，五家堆三十余只渡船便称作西门船。村民杨正美说，渡人，从篆塘至大观楼有5华里，过去没有汽车，昆明人游大观楼都从小西门外篆塘坐渡船。渡游时间从早上8时至下午6时，一只小木船可以载七八人，一般载6人，生意好时一天可以渡四五转（转，即一个来回）。还有些人去西山、高峣。高峣曾有大小街子，一周赶街一次，西门船将他们渡至滇池西岸，运距增加两三倍。滇池长年以刮西南风居多，去时逆水行舟，一只船有二三支桨，风小用2支，风大用3支，可见，一只船上的船工起码3人，路途长耗时多，一天只能渡两转。

1941年海埂，一只从昆明渡游来的西门船"拢岸"，游客的欣喜溢于言表。船头坐的"假小子"，是60年后我造访的山邑村才女段臣昇，当时她在昆明一学校就职，兴趣广泛，在船上也不忘过一次"船家"之瘾，真正的船娘在船桅下微笑（段臣昇供稿）

　　杨运华七十多岁了，回忆20世纪抗日战争时期的特殊渡游，感慨良多，当时的渡游其实是渡难——渡逃难之人。自1938年9月28日日本飞机首次轰炸昆明起，两三年中，许多百姓死于飞来横祸，政府在五华山设立警报站。只要警报一响，人们争先恐后往四乡避难，林木森森的西山是一些家庭条件较好者的首选，这时，西门船从上午10时渡人去西山，下午5时返回。因乘坐人多，木船不够用，也有马车、东洋车（人力车）辅之。当时汽车已经有了，数量很少，以烧木炭发出的热力作动力，发动机要用人力绞动，启动时汽车发出呜呜声，愈添场景之凄凉。

逃难之人当然没有渡游者的安逸闲适，人们扶老携幼，行色匆匆，只见河里的行船，岸上的车马都急急向前，这种战时特有的景象给老人留下了深深记忆。

渡游是滇池渔家打鱼之外的营生，在滇池周遭的船坞码头人口聚居区如南坝、河泊所、昆阳、海口都有这种运送客人的船家。类似行当，还有运石头、捞河沙，甚至就草海浅滩沼泽畜养家禽。

昆明城内建筑使用的沙石，一向由城区西郊山区供给，其中大项产自西山，是因为可以动用船只运输。运石船是装载4吨的木船，又称生意船，上挂风帆以便借力行驶，即便如此，在四五级风力鼓帆时仍需3人划桨。石材从大倒山岸口装运，夜里4时多石工与船家便忙乎开了，运至篆塘，一日只能运送一次。好在船家不在少数，只要城市需求，数十上百只船都会加盟其中。那时，大倒山归属山邑村，村老回忆，生意好时，石场的驳岸外停满前来运石的船只，要排队等候。天明，运石船队鼓张风帆，鱼贯而行，蔚为壮观，形成的滇池帆影正是老昆明传统美景之一，今人从老照片尚能得见。

我所记盘龙江捞沙，是在20世纪40年代发生的事情，当时，因日寇侵略，中国抗战战事吃紧，北方即将沦陷的机关、学校、厂矿大批迁往西南，昆明城市迅速扩张，四处大兴土木，所需沙石紧缺。有人建议，盘龙江自北山挟带大量泥沙沉于河底，可组织船只采集。政府采纳此议，向渔民发包，中标者持批文捞沙出售。2006年我采访永昌河河尾村村民金福安，得知他于民国时在盘龙江金刀营村附近的河段捞沙卖。不过，这种发包捞沙时间不长，抗战胜利后，北迁人员大量回归，市政建设收缩，沙石过剩。在民国档案中，我看到一份捞沙渔民给官府的诉状，谓所捞沙石无有销路，致使原付成本（竞标费用）无从收回，生活艰难，要求政府补助云云，渔民捞沙遂歇业。

民国老照片：大观河上，生意船鼓帆而行，小木船停歇岸边。河北大道，戴笠农夫荷担而行，好一幅恬静的滇池·大观河图（昆明市社科院供稿）

　　至于渔乡畜养家禽，养的是喜水的鹅鸭。草海郑家河村旧称鸭窝坑，是个养鸭专业村，鸭群被围于草海一隅，以致草海航道有一段被当地民众称为"鸭圈地"。

　　旧时，有行船牧鹅鸭者，童年，我在江南河流中见过此景。船由两人掌控，一人操舵桨，另一人立于船首，是为牧者，通常为老叟，只见他手持长竹，竹梢悬挂一柄烂蒲扇，每至河湾僻静处，便停船驻足，任鹅鸭勾头入水啄食泥草中的螺蛳、小鱼虾等。鹅鸭肥壮，难于潜水，但见它们用脚蹼奋力划动，头与身子没入水中，一只只鸭屁股露出水面，甚是滑稽。大约一袋烟工夫，老者敲击船帮，发出驱赶信号，手中长竿朝前挥动，鸭们齐刷刷抬起头向前游去。鸭子群体意识强，个别因贪嘴落单者追赶鸭群时，扑棱着翅膀奋力向前，同时发出"嘎嘎嘎"的急促唤声，这时，牧者会放慢船速，待其赶将上来。昆明盘龙江、翠湖早期也有饲养鹅鸭的，繁盛的养鸭业为昆明百姓带来舌尖上的享受：青松毛烤鸭。

20世纪60年代，兴旺的滇池（草海）渔家养鸭业（摘自《福海乡志》）

滇池、草海周边养鸭业直延至20世纪80年代，据《福海乡志》，该乡周家一队村民范元金于1982年，交初鸭2705只，鸭蛋328千克。大坝河尾村村民杨启，1982年交初鸭1340只，老鸭165只，鸭蛋1075千克。周家庄房村村民张正洪，1989年交初鸭3134只。周家地村民李高，1989年交鸭蛋2300千克。当时有集体经济组织"福海农场"，收购渔民养殖户上交的鸭与蛋，初鸭指的是当年生的嫩鸭。由此可见草海曾经的养鸭之盛。

草海的养鸭业令我想起一桩历史公案。在七八百年前的元朝前期，昆明曾有别称：鸭池城子，此称谓至今还镌刻在昆明西郊玉案山筇竹寺一块碑石上，此碑即元《圣旨碑》，是元仁宗爱育黎拔力八达于延祐三年（1316年）颁给住持僧玄坚和尚的圣旨，用白话记录，白话是汉文口语，其中还夹杂些蒙、白等民族语言。碑文告示，皇帝赐大藏经给"云南鸭池城子"筇竹寺和尚玄坚，令其"住持本山转阅，以祝圣寿，以祈民妥"。重申该寺的财产："田园、地双、人口、头疋、铺面、（典）库、浴室"受官府保护，不出劳役、不纳国税。筇竹寺是元初皇家建的庙宇。鸭池又称鸭赤，即大理国的善阐，后来的昆明。鸭池称谓来由，据方国瑜先生《云南史料丛刊》（云南大学出版社）考释推测：疑是元兵攻善阐时，有么些人（当时的少数民族之一）从征，即用此语，么些语自古称为鸭池，意即南方。然我以为，滇池（草海）养鸭，古应有之，尤其元时昆明城三面临水，养鸭条件更为优越，是不是元初大将兀良合台攻善阐，惊讶府城周遭有此等养鸭景观，禀告皇帝（忽必烈），令见惯北方草原"风吹草低见牛羊"的皇帝印象深刻，遂有后代皇帝圣旨碑的"鸭池城子"称谓。当然，我之联想也没有佐证，但多一种解释，就多一个角度、多一种思路。哎，这神奇的鸭池城子，神奇的滇池。

20世纪50年代，滇池边停歇的小渔船上坐着渔民张珍与他的一支捕鱼"团队"——12只训练有素的鱼鹰（鸬鹚），他是海埂周家地村（又名长竹埂、长竹沟）人，其时年岁二十有余，已有"老鸹将军"的美誉（张珍供稿）

张珍与他的水老鸹

这是一张滇池鱼鹰图——在空阔寂寥的大湖边，停歇着一只小渔船，一个男人坐在船舷吸烟，周围站着一群无所事事的水老鸹。图片摄于20世纪50年代，地点在大观楼附近。当时，昆明渔政部门正在酝酿取缔滇池鱼鹰捕鱼，看得出，男子眸中露出一丝落寞与无奈。

五十余年后，我与此人邂逅，是在他的家中：海埂周家地村，他名叫张珍，此时已有75岁。

与他的相遇，要从2006年的一次田野考察说起。当时我正做金殿文化考证，事涉鸣凤山脚云山村之花灯，闻该村有个"花灯亲家"称老鸦营，望文生义，以为老鸦营是个乌鸦云集之所。为探究"花灯亲家"盛事，我来到老鸦营，此地位于旧时老昆明城外西南处，距永昌河不远，中华民国时属昆明县永莲乡，现在是昆明市西山区的一个城中村。中华民国后期，他们的一台花灯"丰收锣鼓"玩得精湛，与地处金殿南隅的云山村切磋技艺，结成花灯对子，此地称之为"花灯亲家"，年节应酬往还，过从甚密。在正月初九金殿庙会，两村曾联袂出演花灯。我访该村80岁的李春吉老人，他说罢花灯事，又讲述村子历史，说他们是明代江南移民之后。祖先从南京柳树湾高石坎移民实滇，扎营滇池北岸，祖籍雷家寨，至今村庄以雷姓居多。我顺便问起"老鸦营"村名由来，令我意外的是，他说，祖先移民至滇池边，安居乐业后，思念家乡，回故地看望，将老家的水老鸹带过来，在滇池捕鱼为生，一百多年前还操此业。原来此老鸹不是乌鸦，而是鱼鹰，此地习俗称"水老鸹"，他们省略了一个"水"字。后来，又访该村，与村老孙正清、毕全在老寺庆丰庵摆古（摆古，俗语，即闲聊历史旧事），看到大殿外侧墙上有一幅巨大彩绘：一只黑老鸹飞翔在水域上空。见我关注此图，老人说，祖先传下来，说远祖从南京带来老鸹蛋到此孵化。闻听此言，我甚觉诧异，疑惑有二，其一，明代规模巨大的移民有史籍为凭，自不待言，然而据民间传说，移民都是被迫迁徙，他们被兵丁押解、监护数千里来到云南，村老所述移民定居后安居乐业、回乡省亲，却颇有"自愿""乐意"之意。其二，活老鸹或老鸹蛋如何经得起数千里跋涉，老鸦营此说似为孤证，难以足凭，姑且存疑。

后来，随友人龚从仁（昆明东郊普照村人）去江川三家村采访，这是龚从仁之父龚树恩的老家。村人说，龚氏祖先从南京移民至此，安居乐业后回江南老家将族兄弟也带来此地，后来分居别村，分布于江川数个山头。闻此，联想起老鸦营故事，有茅塞顿开之悟。想来移民之初，人们畏惧云南是传说中的蛮荒之地，瘴疠之乡，以为此去身家性命难保，哭天抢地，应是实情。待至滇地安顿，此地的气候宜人、土地肥沃，而且因属新屯之地，税赋与江南相比，可谓轻徭薄赋，便觉云南是个好地方，故而有将江南老家宗族接来之事。在云南农村戏曲《打花鼓》（明）唱词中就有"人人都说云南好，身背花鼓上云南"，透露出了相似舆情，此疑方解。但水老鸹之迁徙属老鸦营村一面之词，在找到佐证之前，且将此说作为见闻存录于案。

其后，在庄稼塘村、新河村，又闻滇池水老鸹故事，这次说的是一位高手名叫张珍，他家祖祖辈辈玩老鸹，发了大财云云，如此，我找到周家地村面见张珍，该村又名长竹埂、长竹沟。张珍中等个头，脸庞黝黑，身板硬朗，他有个绰号：老鸹将军，足见其玩老鸹的技艺非凡。不过，他已有四十余年未操此业。也许是如此才情深埋江湖落寞太久，也许是随我同行的还有与他熟稔的渔家张洪启，洪启是玩丝网、麻罩高手，有"大鱼老倌"美誉。话匣子很快打开，就从他驯养的水老鸹何故技高一筹说起。他说，好老鸹要选择，从长相上说，好的品种有如下特征：嘴尖细，脖粗，头方，身子扁，毛要生得稀，黑色。张珍还来点幽默，说挑选老鸹，像小鬼讨媳妇，要生得好，不要烂眉人眼。性格上，越凶越鬼越好，憨包不要，香瓜形身材不要。一只船上多至11只少至9只水老鸹就可以捕鱼了。

好老鸹的优选优育从产卵孵化便开始了。张珍细解其详。老鸹抱蛋，

2005年4月，我访问老鸦营村，在老寺庆丰庵与村老孙正清、毕全谈老村历史：先祖携水老鸦自江南移民至昆明滇池

一窝最多7个。它是隔日下蛋，渔人从它下第一个蛋起便将蛋取出另放，待下至第五个，再将原存的4个蛋放回巢中，它再下2个，就不下了，开始抱蛋（抱蛋，即孵蛋）。公母两只轮流抱，用其长嘴够着翻蛋（够着，指轻轻挨着蛋翻动）。好的蛋，28天出；差的蛋，30天出。小老鸦拱出蛋，从破壳起，一个对时（24小时）离开蛋壳，如提早离开，就养不好。有的大老鸦不小心，性急，听着蛋里有动静，用嘴啄开就不成了，要培养种子老鸦。张珍此说应为孵化时的"优选法"，也即优胜劣汰。之所以在下蛋时先取走4个，大约是为了避免母老鸦在蛋床进进出出，有损种蛋。

说到喂养小鸦，张珍说得更为详尽。他说，小鸦出世，身子光光的，一根毛都没有，软得像豆腐。养鸦人要将胖胖的大鱼肉剁烂，喂它爹妈，大老鸹吃下半小时后，将嗉中半消化的肉糜倒流至口，小老鸹的头抬不起来，大老鸹用长嘴撮起儿的头，将肉糜吐入其口，再哈出几口气，小的脖子就硬扎一点。如此喂了两三回后，小鸹脖颈有点力气了，它的爹妈一张口，小鸹的头就会拱进去吃食。如此，由其父母喂养半月至二十多日后，就可以由人喂了。将油鱼、小白鱼刹细，还有胖鱼，一日三餐，模仿其父母喂法，一只手摸它的嘴，它张口，另一只手将鱼肉小团塞入。两个月后，将整条小白鱼的内脏掏干净然后喂它。大老鸹吃整条鱼，第二日早上会将脏东西从肚里回出来吐掉，小的不会，所以要将鱼拾掇干净再喂。120天后，就可以与大老鸹一样地喂了。张珍告诉我，老鸹尽吃鱼，别的一样不吃。

小鸹长至四五个月就可以跟着父母下水了，尾着尾着就学会了拿鱼，先少整点，慢慢来。否则，三个月就可以下水，但软一点，样色鱼能拿（样色，方言，"各种"之意）。

临结束，张珍似乎要考考我，问我是否知道滇池水老鸹的来历，我将从老鸦营听来的故事一说，他点头说老鸦营人说的事是真的，滇池水老鸹原来是从老鸦营来的。至此，我的第二个疑惑也算解开了。

第二次访谈，说的是人与老鸹如何摆开战场合作捕鱼以及老鸹将军的老鸹出众之处。

张珍说，厉害的老鸹，能找到鱼多的地方，俗称鱼窝子。船跟着老鸹走，当它钻下

21世纪初，张珍向我出示已保存60年的渔具，围网，是鱼鹰在滇池、草海开阔水域捉鱼必不可少的配具

水,出来连连拍翅膀不走了,意思是我找着地方了,船就停下。水中浮萍再厚,它也能钻下去。更多时候,战场由人摆布。有经验的打鱼人知道哪里鱼多,就在哪里布丝网。张珍拿出他珍藏多年的渔网,展开网具说,草海的围网1米高,100至200米长;大海(指滇池外海)的围网,2米高,200多米长,根据水的深浅和水面大小布网,围网上面用浮子,下面是坠子(铅锭),目的是将鱼围在一个固定水域便于老鸹捕捉。

张珍用优选法培殖了4只种子老鸹,又孵7只,共11只,正是一只渔船的理想配备。与其他人的老鸹相比,这11只个个硕壮有力。一般老鸹每只体重在2公斤左右,张珍的老鸹每只重2公斤七八两,又凶又恶,意志顽强,像狙击兵。当然,这是多代优选、长期优育的结果。

许是老鸹难养,许是借助机械力的新式捕鱼法增多,滇池北岸水老鸹至1949年新中国成立后仅剩233只,由31户渔家操弄,户均7.5只,分布在官渡区福海乡周家地、大坝等村。张珍的水老鸹不仅在当地是明星,在整个滇池都有影响。用张珍本人的话说,整个滇池,水老鸹拿鱼,最厉害的,第一是我,第二是李万发。我的水老鸹在云南都有名。他说起了一次比试,他说:我们几个在滇池上比过,与陆良来的老鸹高手在一起,在小倒山(滇池西岸,在龙门村南数百米),他们站在石头上观看。我拿网围起,11只老鸹就来了,人与老鸹互相配合。我的老鸹,鱼钻在石头缝或泥巴里,都会拿。一般老鸹,要认熟悉的地方,我的老鸹满天飞(训练过的老鸹不会飞多远,此处的"满天飞"指到处捉鱼),只要有鱼就可以拿。老鸹钻到水底,看到泥巴中、石头缝里有大鱼,就不走了。它出水,望着人,人凭它的神情便知下面有鱼。一只叫"小马鹰"的老鸹当侦察兵,它发现大鱼,使劲拍翅膀,自己去追。主人赶紧用网围起,它开始拿鱼。拿鱼个个厉害,当中最厉害的一只,船离它远,划得慢,它拿一条4公斤重的鱼,拿脱了(拿脱,即抓住鱼后又被鱼逃脱),它不会去追,因为太费力了。在船的旁边,鱼比它大,它的喙尖长,有弯钩,啄住鱼鳃,鱼痛,又挣不脱,拼命挣扎,将它带着转圈,它紧咬不放。另一只叫"小老鸹",在草海上,3公斤重的鱼,已经追出围网的范围，它不放弃，把鱼的腮钩破，鱼死了，我的船划过去，它将鱼用力抬起，鱼身露出水面，以便让我看到。听着张珍颇有声色的叙述，我知道，这次鱼鹰捕鱼不是比赛，而是观摩。

一般老鸹捉几两或一公斤左右的鱼，张珍的老鸹可以捉两三公斤重的大鱼。最令他自豪的一次是在滇池海口河门处的水草滩，他的老鸹拿了一条罕见的8公斤3两重的桂花鱼。我想，张珍的老鸹将军头衔大约就是这一次被封的。泗水捉大鱼是有风险的，数公斤重的大鱼在水中拼死挣扎，其尾鳍拍击的力量足可以把水老鸹击死击残，顾命惜身是所有动物的本能，张珍的老鸹居然愿为主人冒死捉大鱼，我猜测张珍与他的老鸹有情感沟通。果然，张珍的那11只老鸹个个有名字会听话，诸如"黑老鸹""大新老鸹""黑脸""红脸""花脸""小马鹰"等，主人叫哪个，哪个就转头游过来。张珍指着那张滇池鱼鹰图——告诉我鱼鹰的名字。他玩老鸹，用情深，技艺精，真是名不虚传。

张珍说，他调教出最高级的老鸹是在晋宁县由玉溪地区划归昆明市那一年，经查证，此年是1954年。那年张珍24岁，4年后，滇池取缔水老鸹，理由是老鸹捕鱼伤鱼（被鱼鹰啄伤逃走的鱼大多会死去）。1958年6月5日，有关部门收缴老鸹，每只赔付损失费10元。后因渔人申述：赔付太少。1961年，每只老鸹由国家赔付60元。说到此，张珍的惆怅之情溢于言表。我劝慰他，一切都过去了，现今滇池污染如此严重，有水老鸹也捕不到鱼，一是滇池鱼不多了，二是水的透明度很低，老鸹追不上鱼。张珍不以为然，他说，他的水老鸹在陆良，有人在玩着。我想，这应该是张珍种子老鸹的后代，因为张珍说过水老鸹的寿命就十余年。

访完张珍，我又去滇池，望着浩渺湖水，发思古之幽情：明代移民真奇妙啊，随着数百万中原民众的到来，耕牛来了，马匹来了，连水老鸹都来了。

乾隆年间进士檀萃著《滇海虞衡传》述：滇南多山河，人畜鸬鹚以捕鱼，一名水老鸹。能合众以擒大鱼，或啄其眼，或啄其翅，或啄其尾与鬐。鱼为所困，而并舁（舁，共同抬东西）以出水，主人取之，可谓智也。檀萃说的滇海就是云南滇池。檀萃（1724—1801），安徽望江人，字岂田，号墨斋，晚号费翁，清进士，清乾隆四十三年（1778年）任云南元谋知县，后讲学于昆明育才书院，一生著书丰富，有《滇海虞衡传》《滇南草堂诗话》等传世之作。

三百余年前滇池最好的水老鸹是"合众擒大鱼"，张珍的明星老鸹是单兵捕大鱼。它们的源头应该都是明代江南的种子老鸹。

龙王、水鬼与"大鱼老鸹"

人在水中捕鱼，需借助工具，或操持舟船渔网，或驯养水老鸹。但有一种捉鱼可谓"另类"，捕鱼者练就老鸹之潜水技艺，闷水摸鱼。在滇池有此等渔人，极为寥寥，因其水下功夫非比寻常，时人戏称其为"水鬼"。清康熙、雍正年间，宦游昆明，在云南巡抚甘国璧幕府做幕僚的江苏松江（今上海）人倪蜕（本名羽，字振九，晚更名蜕，自号蜕翁）所撰《滇小记》（今存云南省图书馆），记录昆明土著族群有专事捕鱼者，时称普特，其中有擅长潜水捕鱼的。文载：普特，碧鸡山下有此种，以渔为业，耐寒，舟不盈尺，而资生工具咸备；又有泅水捕鱼者，丹须蓬发，人称之为"龙王"，竟没水中，与波具起，口衔手提皆巨鱼，今渐无此长技矣。

以文观之，有此等特技者并不常见，至倪翁著文时，此技已淡出滇池。

滇池西岸，有渔村曰杨林港，与观音山比邻，我曾采风于此，听村人讲述传说。一个闷水摸鱼者在海口水下发现大鱼房（即鱼洞），里面住着许多大鱼，他天天去捉，将洞内之鱼逮杀几尽，正要清场，一条巨鱼游来，用身子将大鱼房洞口牢牢堵死，渔人闷死其中。

那时，我还不知闷水捉鱼之事，不明就里，听村人讲故事，表情散散淡淡，以为是缥缈的神话，未多理会。后来，深入渔家，知道了潜水摸鱼的诀窍与风险，逐渐领会了个中道理。

滇池北岸庄稼塘村，有个张姓渔人，潜水捉鱼功夫甚为了得，竟得一诨名"大鱼老鸹"。他名叫张彩，身高一米七二，体重七十余公斤，身子骨结实，食量惊人，子侄辈称，如果敞开吃，他一顿可食三公斤饭，一日两顿，有时忙于事务，一天不食也可。此人体质奇特，体温高，平日在家只穿条裤衩，寒冬腊月，也只加件薄薄的外衣。下霜落雪天，照样下水捉鱼，而且一出水身上水珠滚落，胸部皮肤自然干，有人认为他体内的油脂类似水獭猫。

张彩已经作古，逝于 1970 年，高寿 80 岁。

张彩的闷水摸鱼与滇池的水环境有关。

滇池北域承接多条来水，其中以盘龙江为大，盘龙江源自白邑山区，江水流经昆明城市，裹挟大量山地泥沙及城市排泄物汇入滇池。富含营养的水质适宜藻类生长，当这些水生植物生生死死纠结成团，其上又有陆生青草长成，经年累月，便形成了一块块流动的小绿地，术语称漂浮的湿地。此间渔人称"漂排"，有的排上面可以站人且不沉没。也有的排连根湖底淤泥，不会漂，称"实排"。滇池多鲤鱼，冬季喜在排下取暖，抱团生活，有的鱼甚至会将排掏空做窝，此窝称作鱼房，如此，漂排又被渔人称作"鱼排"。

滇池西北有太河汇入，应是盘龙江支流之一。此间鱼排较多，其中大的有4块，其一是实排，名"大横排"，面积较大，有十多亩地光景，余下三个排都是漂排，分别称薛家塘排、老妈妈草尖排、青苔塘排。此地距张彩家不远，是他常去捉鱼的地方。

滇池鱼排之最，是在福海乡以东的五甲塘湿地，有资料称最大的鱼排洞连洞、洞套洞，数十个排洞连串，可藏匿鱼上万尾。不过，这种鱼排因洞穴过于复杂，并不适合泅水摸鱼。

张洪启是张彩的侄儿，我找他了解张彩故事，知道了其家族渊源，洪启之父张亮与张彩是亲兄弟，彩排行老四，亮排行老五。张彩是洪启的四伯。当地人称四爹。洪启自小跟随父辈漂流滇池，对打鱼技艺极其上心，他对四爷的摸鱼技巧赞叹备至。正是在他的讲述中，张彩空手捉鱼的情景得以一一展现。

情景之一：草排摸鱼。张彩手持一根棍子，这种棍子或木或竹，以木为佳，长五六米，粗约二十厘米。草排上有直径七八十厘米的孔，应是前人所为，排下水深二三米。他闷下水（闷即憋气），将棍直插湖泥，人睡在泥头，用手脚将水搅浑，鲤鱼好奇，来蹚浑水，在他身子四周拱，以为触碰的是鱼洞壁。张彩闭目憋气，凭手的感觉拿住大鱼，卡住鱼鳃，返回时摸着棍，右手拿鱼，左手顺棍而上，冒出水面，儿子在漂排上面接应。这种鱼一般是 2 公斤左右的本土鲤鱼。

情景之二：有时鱼窝子距海排远，或者排下水太深，棍子起不了作用，就用一根带子，带子长十庹二十庹，（庹，读音 pǎ，旧时昆明流行的度量用词）看需要。此地一庹相当成人两手平举的长度，约 1.5 米。将这根数十米长的带子系于张彩的后腰带上，绳头由排上之人掌控，只要绳子一松，就知道他拿鱼回来了，立即拉绳，将他带上排洞出水。

情景之三：滇池湖底有裂隙，其形成原因，渔民称，百把年前天大旱，海子干涸，湖底晒开大裂口。不过此解我以为不确，湖底裂隙是石质的，如果是泥质，经湖水长年浸泡，裂隙早被泯没。地裂的形成更可能是远古地质巨变，因为滇池形成于地壳变动中的大裂陷。这些地裂口子有一二米大小，还有更大的，侧面之泥被鱼拱出洞穴，张彩在此等地形捉鱼不用棍子。

情景之四：滇池有"敲丝网"捕鱼者，玩的是集团作战，几十只船围捕，每只船有多个网直插湖底，待布完局便敲击破竹片惊鱼，鱼四散奔逃，大多被丝网捕获，少数运气好力气大的躲藏于水底裂隙。张彩待网船收网，脱脱衣裤，下水捉漏网之鱼。

在河尾村，有渔人说，张彩摸鱼，最多时一次可拿 5 条。我不明白一只手如何拿得下 5 条活鱼，便请教洪启，他说，一般情况下，两个胳肢窝各夹一条，两腿中间夹一条，多时右手也拿一条，左手必须拿棍，这种鱼不大，一公斤多一点。大地裂鱼多，至多拿 5 条。我估计这些鱼已被张彩挖破鱼鳃，处于半死状态，否则怎么夹得住。这种捉鱼法，倒真如拿大鱼的水老鸹。

张彩摸鱼也有烦恼时，洪启说，滇池的漂排，有些已经有主，这些排被人固定在自己的庄稼地附近，用砖将排的四角钉在水下泥中，固定起来。冬季鲤鱼有藏排的习性，因为排下水暖，如果没人动着排，鱼经常乖乖待在排下。排主于年节需要用鱼时，便用张一人多高的草席横插于排四周，将鱼圈在其中，排中间开个孔，人于孔中用长竹竿伸至底部搅浑泥，此法称搅排，鱼漂起来呼吸，就用笤箕撮。张彩虽不在年节时于有主排下摸鱼，但日常惊了鱼，对排主仍有影响，故有些排主对张彩捉鱼还是心有不爽，偶有嫌隙。

张彩有时会去数十公里外的嵩明清水海捉鱼，他拎着个茶罐，其他工具一样不带，步行而去。

张彩性格好，买鱼人只要喊他几声四老伯，鱼价就可以便宜一半。他下水捉鱼，只在一年中最冷的十月至第二年正月，约三四个月，其他时候盘庄稼，但庄稼盘得粗放，有些懒散，儿子也这样。因此虽有绝技，家境并不太好。

为了解张彩更多事迹，我请洪启作陪，到金河村访问张彩之亲子，他名叫张洪标，现已72岁，招赘上门在该村，更名李绍华。数十年前，他随父捉过鱼，对徒手抓鱼有切身体会。回忆父亲，他说，父专拿大鱼，小起半公斤，大至三五公斤。下水背口

张彩的亲子张洪标与老伴，他上门在金河村，曾随父"闷水"（潜水）捉鱼

气（背，意为憋），到海排下进洞拿鱼。以前旧社会海排漂着，无主，鱼钻进去就成洞。后来有人将漂排用砖钉四个角，在泥地中固定起来，鱼躲在下面。我下去过，闷着眼（闷，此处为闭），最多闷二三十秒，父可以闷一二分钟。下去，有响动，就知道有鱼，用双脚将泥浆搅浑，鱼躲在人背上，还以为是洞壁。回手捉住，鲤鱼或鲇鱼，鲤鱼有藏排习性，冬季多，因水冷，行动迟缓，很不吃食，胖。

在太河西边，有团排、赵家地河排，李绍华与父亲一起下水。他说，竹竿有七八米长，洞有多深，竹竿进去多深。

回忆起父亲的一次事故，李绍华至今心有余悸。他说，父亲在三十多岁时，在西坝河下首，进鱼排，一条大鱼逃，他紧追，将手中的竿子碰掉，出来如同在一间房里找不着门，好不容易出来，一口气往上冲，死活不管，浮到海排下面，已是人事不省，被人拉出来，控了二十多分钟，才将灌入肚中的水控完。死过一回了，父亲从此便小心了。就是在西草海起的诨名，叫"大鱼老鸹"。

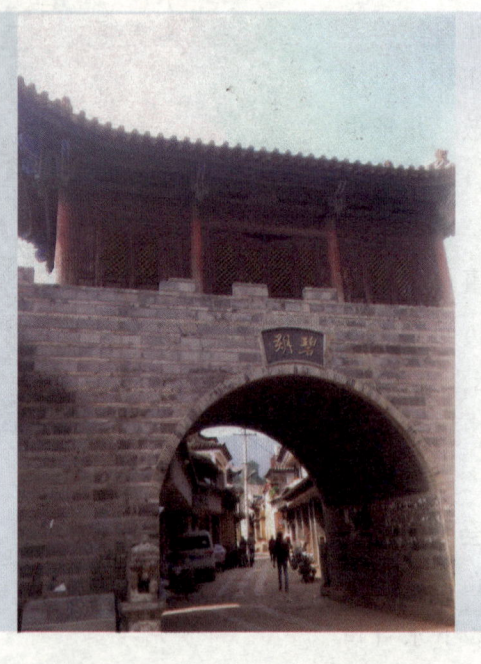

民国曾任昆明市长的庚晋侯，祖籍云南墨江碧朔镇，于昆明园林建设颇有贡献，自家在白鱼口、海埂、昆明崇仁街、双龙桥都曾有豪宅花园

如此看来，摸鱼人手持的棍是他的命根，失去棍就会陷于绝境。绍华讲的故事，令我想起杨林港的传说，人被大鱼、大利诱惑，有时是会丢命的，那个传说竟有警世之功效。

说到父亲拿鱼的手法，他说，多数情况，两只手各抓一条共两条。鱼大时，一条四五公斤重，竿子在一只手上，另一只手控住鱼头扣住腮，夹肢夹鱼尾，一般不用夹肢窝。从不用嘴咬，水会灌入肚子。

人说，大难不死必有后福，张彩应了这句老话，他很少用闷水摸鱼之外的方法捉鱼，一次在草海，他用麻罩罩冬草鱼却撞上大运。那里水不深，五六十厘米，罩得一只大甲鱼，有32老斤（合16公斤），一米团转（团转：大概，左右，指大甲鱼体长1米），滇池甲鱼稀少，何况如此大的甲鱼王，消息一下子传开。一个专做买卖鱼的贩子叫彩玉，蹚着海子过来（蹚，指驾船过来），叫声张四老伯。要看看甲鱼，甲鱼活灵灵地养在水池里。彩玉叫张彩过去吃饭，问大甲鱼要多少钱。张彩知道这是个稀罕物，要一大石半米，合1500公斤，约合当时币值5000元。彩玉给了一大石米。另给两把川烟，约1公斤重。总额3400元左右。捉住大甲鱼的地方，叫草海旱沟河门大草地，是生根海排，又叫鱼滩。事后，听说庾家花园（在大观公园河对面）养着这么大的甲鱼，因发大水爬出，进入草海，后来又买回养起来。庾家花园主人庾晋侯，人称庾老四，云南墨江人，祖上经营金矿。他任过民国昆明市长，但在博弈功夫深厚的官场，他不是对手，只干了一年便辞职下野。一生爱好园艺，去东瀛留学专攻此业。归国后，便于昆明早期园林如大观公园、圆通山、翠湖公园建设做过诸多贡献，自家也凭借厚实家底，建了不少园林式豪宅。昆明白鱼口磊楼、草海庾园等都是其作品。昆明顺城街附近的崇仁街中段，曾有他的精致豪宅，据至今一些老人回忆，其风格像曹雪芹笔下的红楼梦大观园。可惜已不存。以当时庾晋侯的实力，出高价买回灵龟甲鱼王可以说是小事一桩。这次甲鱼生意，令那个鱼贩子彩玉也发了笔不小的财。

张彩的潜水技艺不仅为自家谋生，也为百姓做下不少好事。

滇池白鱼口磊楼，以卵石垒成，像个城堡，"堡主"庾老四（庾晋侯）是留学专攻园艺的归国人士，20世纪末，我于此盘桓数日，观苗圃"福""禄""寿""喜"字形盆栽，赏西式舞厅，登青山览胜，由乡民带领参观其"寿穴"。可惜他未得善终，归葬故里墨江祖茔

中华民国时，宜良阳宗大海沉了一条装炭的船，他潜水三十多米，将绳索套住沉船，人们在岸上拉动绳索将船捞起。新中国成立后，一次大雨将昆明淹了，是玉带河地涵洞被堵，城市泄水不畅。有关部门找到他，他闷水下去将洞口堵塞物拉开，洪水很快被排走，市政府奖励他一件军大衣。松华坝水库溢洪道闸门漏水，他潜入水下十多米，用棉絮塞缝堵漏。西华街大鼓郎黑乔母水库漏水，请他去堵，事后奖了他两口松木棺材以作他与老伴的寿材。

李绍华回忆父亲，说他不吵人、不骂人，随时笑着，是个老好人。手散，除了捉鱼，也盘点田地，劳动力不好，土改时被评为下中农。

滇池渔家，靠潜水之术空手捉鱼的极少，张彩是其中最出彩者。

靠海吃海　一季季拿鱼

古谚称：靠山吃山，靠海吃海。在老祖宗时代，如果山上有野物禽兽，山侧之人以打猎为生，是为猎户，近水之人以捕鱼为业，则为渔户。至于居平川沃土，靠耕耘谋生，那就是农户。农人春播秋收，风吹日晒，盘庄稼每季总要脸朝黄土背朝天劳作数月半年才得一季收成。而渔猎之人进趟山，蹚次水，野物鲜鱼便拿回家了，似在捡现成。然而，看似现成的东西，却有生命活力甚至杀伐之力，它们会与人博弈拼命，渔猎者追捕"逃遁者"有风险，有时甚至有丢性命之虞。

渔猎要借助工具，刀叉棍棒矛箭各式武器，其中用得最多的当数网，网之古老，令中国成语都有其一席之地，谓之"天罗地网""一网打尽"，甚至形容造化之威力还有"天网恢恢疏而不漏"。中国武侠演义中不乏武艺高强之人中了网的圈套只能束手就擒的故事，极尽网之杀伐于无形。现今电子信息业发达，不与"网"字相连，似不能尽表其意，又出现许多网词语，诸如：互联网、网页，甚而网购，那些当今枭雄如"天猫""当当""京东""淘宝"等网站满怀"网尽"天下消费者之宏图大志，搅动商界。令人类传统的商业做派发生惊世骇俗之变，这是"网"的新版之作。

猎之网多矣，有小兔网、麂子网、捕鸟网、捉豹网等。渔之网更多，以滇池为例，此间渔具，以大类区分有网渔具、钓渔具、箔筌渔具、杂渔具和特种渔具，其中以网具品种最多，又可分8类19种。以作者与渔民之接触，听得最多的有丝网、撒网、夹网、拉网、麻罩、扳罾、虾拖网、海心网与照壁网等。

网织工具简单，渔猎之网均用篾针、扁担或网盘，将原先是麻线后来是尼龙线，横竖经纬编织成有扣子、网眼的织物。不过旧时的麻线网不滤水，拉网笨重，易糟烂，渔家要向屠户购买猪血或牛血将网浸泡、揉踩，用甑子蒸透晾干，染成猪肝色，让油脂浸透渔网，才经用，而且每月必须染一次。渔人说，那时麻线没有现成的，从市场买来的麻要用人工搓成细索，再用纺车绞成线，才能织网。

打鱼人织得网，还要会驾船，这里称驾船为拢船或蹚船。生手划船船不听指挥，在水中漂来荡去，不要说人捕鱼，弄不好是鱼捕人。拢船是渔家的基本功，他们说，打鱼蹚风蹚雨，风大就拢拢船、背背风。与风雨硬顶是要翻船的，还有的说，打鱼，有时在夜里，有时在白日，有时早晚两头，风大时船招呼不住，浪头一弯一弯，赶紧靠岸，小心驶得万年船。即使顺风扬帆，也要留有余地，否则"顺风蓬撑足"，也会翻船。可见，因势利导、顺势而为是渔家的经验和行事规则。

有了网与船，就该说撒网捕鱼了，但是滇池湖面积达三百平方公里，对于小小渔船，可以说横无际涯，该向何处撒网，是去湖中还是四周，去人口稠密的湖湾还是僻静处，或者就如种田般多开荒多打粮，四处乱撒网。笔者请教渔夫，老把式慢条斯理地说：靠海吃海，一季季拿鱼。话语简洁，然而外行不得要领，笔者深入其中，才知玄机重重。

以"靠海吃海"而言，学问就很大。在河尾村、庄稼塘村，多位高手讲述，鱼不是到处乱游，它们会选择喜欢在的地方，或湖湾，或河流

海埂新河村（原名西坝河村），地处西坝河尾，在西山映衬下，开阔大气，这里渔船羁绊，风光秀丽，在当地是个有点名气的渔村

入水口，这里有富氧活水，有水草与小鱼虾等饵料，还有可以排卵产子的温床卵石或繁盛的水生植物，是它们的避风港或繁殖地，它们往往扎堆生存于此，这种地方称为渔场，在渔场打鱼事半功倍。老渔夫们已有数十年没在滇池打鱼了，他们从记忆深处首先搜索的是湖湾，渔场大多分布于湖湾处，在他们的讲述中，滇池隐秘的一角展现在笔者面前。

大北口位于滇池与草海的交界，是滇池地标性的水域，老人的讲述就从此开始。沿滇池西岸一路向南的湖湾有：龙王庙（山邑村）、晖湾、平石板、老爹庙湾（大小姑郎）、大小观音山、观音山大湾（抱蛋石）、白鱼口、花猫嘴、烂泥湾、牛吃水湾、海口心。

由西转南的湖湾：小绿湾、芦柴湾、大绿湾、白沙湾、灰场湾、大山湾、屏斗箐（湾子湾）、老倌地、昆阳湾（镇海阁）、七东里、八仙湾、石榴湾、金山寺塘、大西村、大场湾、小场湾。

海埂渔村，织网的渔家女人

由南转东：钓鱼台（牛恋乡）、大沟湾、大湾、石子河（海晏）、江尾、彩龙、回龙。

由东转北：马村（宝象河尾）、五甲塘、青苔湾、马房湾、海埂村、海埂（新庙）。

以上整整40个湖湾，应是闯荡江湖的渔人约定俗成的共识，其他更多小地域的湖湾未包含在内。这些湖湾有的得名于水域特有标志物，有的闻达于史传建筑物，更多的则借用了近旁的村庄名称。应该说，湖湾之鱼相对于他处会更多一些，但不是所有湖湾都适合网捕，有的湖湾底部怪石嶙峋、高低错落，渔网封不了底，兜不住鱼；有的湖湾杂草繁茂，大面积撒网的网具易被羁绊；还有的湖湾因临近湖底陷落洞穴，流急浪高，很不适合渔船多作停留。因此，湖湾之中只有约三分之一才是传统渔场。这些渔场是：晖湾、小绿湾、芦柴湾、大绿湾、白沙湾、灰场湾、戽斗箐、老倌地、昆阳湾、七东里、金山寺塘、钓鱼台、回龙、五甲塘。它们大多分布于滇池南域。有趣的是，一些湖湾渔场还有神话故事、历史遗存等人文印记。如"平石板"，原先，它是湖中露出的一块平整大石，有十余平方米大小，一次被雷击打成四瓣，据说其中有一条大蜈蚣现了原形。还有"观音山大湾"，其旁有凤凰抱蛋山，山形为一个巨蛋状，传说在唐朝被神剖了蛋泄了风水。至于"钓鱼台"，这是个今已无存的古建筑名称，它应该有更久远的文化承载。钓鱼台渔场位于梁王河入滇池河头，梁王河源流于晋宁与澄江交界的梁王山。梁王山是元朝云南府的屯兵之所。钓鱼台位于一座傍滇池的小山，山名为"小梁王山"，两山均成名于元朝，这里的文化堆积要从两千年前说起。在小梁王山以南数百米处有山名石寨，又称鲸鱼。这是两千年前古滇国王陵所在地，1956年11月至1957年1月，云南省博物馆考古发掘，一枚由汉武帝钦命颁给滇王尝羌的"滇王之印"汉篆金印出土于此。一千余年后的元末明初，在朱元璋派出的以傅友德、沐英为帅的明军追击下，元朝云南府最高行政长官梁王把匝剌瓦尔密与他的王廷要员、妻室百余人在钓鱼台跳滇池殉国，其时，这里应为渡口。我访问附近的石寨山村，得知该村是个明代江南移民村,村老说,钓鱼台名称是老古传下来的,至20世纪50年代此地还有个小亭子,当然是后人重修。钓鱼台左近如此厚重的历史文化堆积,不由我作此联想,古滇国国王是否在此垂钓过。

文化追索就此打住。再说"一季季拿鱼"。这也是外行难以想象的。这里所说的季与中国传统农耕之庄稼萌芽生长节律没有关联,却与水族的生命繁衍排卵密切相关。滇池鱼类都有各自特定的摆籽(摆籽,方言,即鱼排卵)时辰与地点:虾在立夏小满至芒种摆籽;鲤鱼、鲫鱼在立夏前后至立秋摆籽;白条鱼又称桃花白鱼,它的摆籽在桃花怒放的四五月。这些鱼类均取水草繁盛处排卵。油鱼、白鱼,由夏至起立秋止,喜在卵石上摆籽;鲇鱼,则从三四月起立秋止。滇池鱼种类很多,有鲤鱼、白鱼、鲫鱼、鲇鱼、黑鱼、鲳鱼、汪丝鱼、花鱼,连江南小河流中爱翻彩色小肚皮的鳑鲏鱼这里都有,此外还有甲鱼、乌龟、青鳝。青鳝体形大,成熟个体可长至1米余,两三公斤重。它们各有摆籽时辰。立秋以后,随着水温下降,鱼子不能孵化,鱼类随生命节律停止排卵。渔人说,这时,鱼就散了,很不归宗(宗,指群体),整着少。

渔人称鱼摆籽的时机为"鱼发了",这时,鱼扎堆在适宜排卵水域瞎撞乱拱,对其"天敌"——人类失去了惯有的警觉。在鱼大发的季节,沿湖生活之人不论捕鱼技巧之高下,工具之优劣,都会情不自禁冲向湖边沟旁,哪怕用普通的竹篮筲箕,都可以收获一些。通常,人们会用种种"篮"式渔具诱捕鱼类,如草排花篮、喂食笼、竹罩、麻罩等。掌握了鱼类摆籽的节令,算是摸准了捕鱼的大季节。

至此,我总算明白老渔夫所说"靠海吃海,一季季拿鱼"的意思。一个渔人,熟识了滇池周遭的渔场,拿准了鱼类生命之节律,就算基本掌握了滇池的打鱼经,可以出海捕鱼了。然而,强中还有强中手,老渔人会比年轻人收获多些,肯钻研者也会比大而化之的人收获多些,其间差异,有工具的优劣、收布网的火候,甚至与操作者的技巧及力量都有关,而且还与天文地理变化有关,滇池上空飘忽不定的气候、风力、风向都会导致变数。一位渔人说,丝网,有的一只船可以打几十公斤,有的只打得几条鱼,打鱼凭经验和运气。老渔民懂,刮大风、鱼抱团,水一转,鱼群就成团成块,今晚刮什么风向,鱼会出现在哪里,是有定数的。例如一晚刮南风,鱼在117(山邑村龙王庙外);刮高峣风(西风),鱼在茅草房湾、大河嘴、马房湾(福保一带);刮西北风、北风,鱼到小观音山一带(大小姑郎、杨林港、观音山)。老渔人会掌握,二三十条船,大家围着有经验、会看风向风力的人,就会多打许多,这些人半夜会出门观天象辨风向。

打鱼打到如此地步,也算出神入化了。难怪河尾村老人说,过去本村打鱼,立夏小满在回龙湾(义路乡);冬腊月、正月及二月在大小姑郎、海口昆阳。因为,滇池的季风也是有规律、有定数的。

宝丰　芦苇荡沙蛋石与罾棚捕鱼

滇池周遭,曾有数百村庄,村民临水而居,或耕或渔,各显神通,村村寨寨也因之别有风景。

老昆明的东南隅有官渡古镇,宝象河主脉于此款款注入滇池。此河属昆明六河之一,源于昆明与宜良交界的老爷山脉,流长七十余公里,流域面积达三百平方公里,是一条历史悠久的古河。河流都有灌溉与造田两大功效,宝象河以千万年移山填海之伟力,营造出一片肥沃的冲积平原——官渡,外加一个深入湖中的小半岛。此间民众称之为"嘴",岛上有村名叫"宝丰",现在此岛称作"宝丰嘴"。想来有趣,此种微缩半岛称"嘴",江南亦是,上海东方明珠所在的浦东陆家嘴,就是陆家小岛,当年,老父亲就在陆家嘴的上菸(烟草)机械厂工作。

宝丰三面临水,中间有河,河不宽,五六米,是为宝象河。古人于河道两侧搭建茅屋,经数百年积淀,遂成村落。为便于沟通,河上造有石拱小桥名叫庆丰。桥之西侧竖小寺称镇海阁,供奉中国农耕始祖伏羲氏。村中还有一寺名叫宝象庵,都有些年头。

2006年,笔者首入该村,拜访村委会主任张文启,访谈村老严汝祥

(81岁)、董坤（86岁）、严凤祥（56岁）。七年后又入该村，与严汝清（71岁）、裴香（69岁）和此时已63岁的严凤祥座谈。据村老讲述，1949年前，宝丰以盘田（盘田即种田）为主，拿鱼为辅（拿鱼，俗语，即捕鱼）。所产农作物主要是水稻、小麦、蚕豆与蔬菜。稻谷品种俗称"李子黄"，亩产达300公斤，以当时水平属高产，是昆明地区传统优质大米。忆老祖宗留下的基业，宝丰人不无自豪地说，这里好过，外村女孩肯嫁宝丰。

宝丰的副业是捕鱼。所谓副业，是兼顾之意，一年中只在春夏鱼汛到来时才动手。确实，生活在水边之人，看到鱼群在水中激情澎湃，乱闯瞎拱，谁不眼红心热。但村中精于打鱼的人家并不多，开始只是严家与太家，后来跟随学习，才多几户。鱼汛在农历四月底五月初起，至九月结束，这是鱼摆籽的时节，其他季节不拿鱼。打鱼的工具不多，也就四五种。一是小笼子，此物件有倒须，鱼钻进去出不来，此法又称"关鱼"。二是篾罩，大多在夜间施行，听着鱼尾拍击水的声音，用手电光照之，可以看到摆籽中的鲤、鲇、鲫等鱼种，这时的鱼因用情专注，处于"傻冒"状态，极好捕捉，几乎一罩一个准。三是用渔线，称"下线"，一根渔线长数百上千米，其间挂着许多鱼钩，钩上吊着蚯蚓或小鱼虾作饵料，头晚下，二早收。还有的工具便是水车与撮箕。当地田沟密布，这些沟深1米，宽1至2米不等，都连通着滇池，是人工挖掘的农耕灌溉系统。一些抢水之鱼游入沟渠，村中有劳力者捕之，只要不伤田土，均可动手。捕鱼者堵住水沟两端，用手动水车将水抽干，鱼成瓮中之鳖，再用撮箕、篾箩等滤具撮起即可。

抢水，是鱼之习性，常发生于雨季涌潮之时，当水波挟势而来，鱼群逆流而上，争先恐后，像人之寻求冒险刺激的"冲浪"，充满激情的鱼甚至会腾空跃起，做出"鲤鱼跃龙门"之态。小时候在无锡乡下，专注于农耕的父亲也会在此时节给我们弄些小鱼虾改善生活，捕的大多是抢水鱼。

宝丰别出心裁的捕鱼方式是在沙蛋石上扳大罾，这要从湖边的芦苇说起。

在滇池湖畔垦殖的人们最惧怕的是风浪侵蚀田埂，尤其在暴风雨袭来之时，狂风裹挟巨浪撞击湖岸，令农人千辛万苦营造的良田沃土顷刻化为乌有。日常，淘气的鱼类也会将堤泥拱酥掏空，造成田埂坍塌。为了防浪护堤，人们在湖岸栽培草木。所栽植物，有树木、绿草，全凭天文地理之差异而作。海埂旧称"望云岛"，风浪甚大，民国文人庾晋侯在此建盖别墅楼群，为护土培埂，采用植树之法，所栽树木，有滇朴、海棠、松柏、桃柳等云南本土树种，还从澳大利亚引入高大速生树种：桉树，因其气味与云南所产香料草果相似，百姓称之为"洋草果树"。现今尚存的几十棵桉树茎干已达人臂之数围，堪称参天大树。它们有效地保护了海埂的船坞码头和公园景区。西草海（指位于滇池西北部的内湖）沿岸农夫大多栽种不占多少田土的茭草、菖蒲等矮小植物，因为草海满湖的繁盛水草耗衰了风浪能量，埂岸所受压力明显减少。宝丰嘴一带湖内不长草，风高浪急，对付风浪需另谋他策，前人选择栽种芦苇。此物属多年生水生植物，根系发达，繁殖极快，成熟的芦苇植株高两三米，栽种五年便成气候。

宝丰北邻海东、龙马、姚安等村，其间又有两个大水塘，名为西亮塘、东亮塘，又被称为草海与五甲塘，沿湖之人都栽种芦苇。连同左近的六甲、付家营、渔村，培植的芦苇连成一片，总有逾千亩，护卫着5000余米湖岸河堤。颇成气势的苇荡厚处达上百米，薄处也有四五米。

芦苇开春萌芽，伸出湿地的芽尖像小竹笋，小笋节节拔高，至四五月春雨初润时，拔节、展叶、孕育花蕾，所有的生长节点像魔术师的戏法不露破绽地进行，六七月，含苞的芦苇便羞答答登场了。成熟待放的花蕾体长约40厘米，花体膨处比酒盏略大。绽放的芦花呈羽状，灰白色，色彩淡雅，不事雕琢。在海风吹拂下，只见成千上万朵花婀娜摇曳，那种朦胧雅致的美将周边的农人耕牛茅舍全包裹进来，这是滇池最美的季节。

当七八月大雨季来临，芦苇已根深叶茂，蕴含青春的力量。在疾风暴雨催逼下，只见万千芦秆发力足根，抱团御之，护卫着身后满坂肥田沃土、稻禾佳穗。

滇池人称芦苇为大芦柴，称芦苇荡为芦柴棵，足见芦苇与渔家的烧柴联系密切，因为此间无山地，缺烧柴。然而，芦柴棵带给沿湖之人的惊喜是多重的。宝丰老人说，五月端午，用芦叶包裹的粽子分外清香可口；腊月，割下的枯萎芦苇编织成苇席篱笆，覆于茅草屋顶，冬暖夏凉；苇席通透洁净，用两条长凳架设，也是晾晒鱼干的好器具。当然，干透的芦苇确实是上好的烧柴。

芦柴棵是鸟的乐园、鱼的天堂。大凡昆明地区有的鸟如长脚白鹭、翠鸟、海鸥、灰鹤、野鸭都会来此觅食、歇脚，有的干脆在隐秘处搭建爱巢。芦柴棵是鱼的栖息地、避风港，尤其在春夏涨水季节，塘水有足够的深度让鱼们成群结队探幽嬉戏、繁殖后代。

这块繁盛的沼泽地像磁场一般吸引了一些钓鱼爱好者。四乡八里甚至昆明的钓鱼者结伴而至，他们扒开芦苇，选择理想的鱼窝子，支个小木凳，有的干脆撩起裤管，站在浅水边，撒点饵料，如禅宗坐禅般修炼半天一日，连饭食都是干粮就着湖水。傍晚，钓鱼者吸足了滇池母亲湖的温馨气息，拎着沉甸甸的鱼篓子，归去与妻儿老小共享湖鲜野味。

不过，收益最大的可能是宝丰人。先人发现，五至八月，摆籽的白鱼、油鱼尤其爱在芦苇周边的石头上翻滚排卵，人们如法炮制，在芦苇荡附近的湖中制作了三个石头鱼滩，鱼滩在当地又称沙蛋石或鱼蛋石。鱼汛期，在鱼滩上架起鱼罾捕鱼，效果果然大增。后来又建了四个滩。这七个滩的名称依次为：油泥滩、新滩、老官滩、西外滩、东边里滩、东边外滩、东边小鱼滩。石滩没于水下约 20 厘米处，每年栽完秧是昆明旱季巅峰，湖水下落许多，这时鱼滩会裸露出水面，像微型小岛，雨季一来，又没入水下。滩呈椭圆形，每个有亩把地大小，其中最大的老官滩，边长 60 米，面积有四五亩。鱼滩用散石堆成平整状，石如公分石，大小如核桃般，却并不用灰浆垒砌，风浪吹来，小石在水下一摇一摆，是白鱼、油鱼摆籽的理想场地。人们做过尝试，用灰浆粘砌石头，鱼就不来了。鱼卵的孵化需要浪花的助力，鱼类大约也认知了这条规律。

沙蛋石上扳大罾，大罾是个关键词，宝丰老人为我讲解的罾是这样的。罾用竹木扎制，下系渔网，呈四边形，一般的罾边长2米左右，一人手动操作。沙蛋石上的罾称大罾，边长有10米，鱼旺时，一罾可捕几十公斤鱼，人力难以拉动，拉网采用杠杆原理，在扳手的木把后面系一块30余公斤重的大石，称压舱石，这样的罾必须有框架支撑。人们在鱼滩上打围桩，围桩四边架木，呈四边形，中空，它是罾网边缘的依托，老人指着我们就座的村老年协会庭院走廊，这是一个简易的四方亭子，说，形状大致如此。我似有所悟，但仍觉抽象。考察是学习的过程，也是积累的过程，后来经多方努力，滇池大罾的制作及原理逐渐清晰。

罾网属于网渔具中的敷网类。敷网，顾名思义，它是铺摆于湖底的网，操作手法是待鱼经过或滞留网域时将其拉上来，因此，罾适合平坦、无障碍的浅湖区，滇池周边及支流的入湖口大都适用此种网具。听说与宝丰村相邻的龙马村制作罾具厉害，我特意去了一次，拜访村老孙贵（67岁）、孙正启（72岁）和许钟岳（75岁），在村委会，他们正受命编写村史。记载历史传承文化，我们是同路人。在一个多小时的讲述中，这种在我童年时只留下模糊印象，在宝丰得以粗浅认识的渔具变得具体起来。我随身带着一张滇池扳罾图，是数年前在山邑村采风时拍摄，图中一青年正在起网，网已出水大半，但见轻飘飘、波澜不惊，一看就知没逮着鱼。村老接过图片，说这叫手抄罾，又名手罾。宝丰在沙蛋石下的是大罾，当地又称双枕头大罾。罾无论大小，原理相同，都由两部分组成，这就是网与支架。不过，基本结构相同，两种罾的效用差别很大，大罾只有成人才能使用，手抄罾的微缩版孩子也能掌控；大罾可捕一尾达三五公斤重的大鱼，小的手抄罾只网小鱼虾；大罾在鱼的旺季一罾可打数十甚至上百公斤鱼，小罾一罾只能捞七八公斤。两者的差别在于网与支架的不同。如此天壤之别，勾起了我的好奇心，我不由追根究底起来，期望一探究竟。村老被我的情绪感染，他们细致入微地讲解，甚至绘以简图。我如获至宝，谨录于后。

21世纪初，山邑村人操作的手罾，其时，滇池污染严重，鱼类极少，起罾一无所获

罾渔具以罾网而言，最初的网是麻线织成，后来由尼龙线代替，受力大了许多倍。捕大小不同鱼类的罾，网线是一般质地、相同粗细的，其差别仅在于网眼的大小。网眼有不同规格，小至1厘米，大至8厘米。1厘米的网眼可捕小杂鱼、小白鱼、油鱼等；2至3厘米的网眼可捕鲫鱼、旺丝、白鱼、油鱼等；4至8厘米的网眼专捕大鲤鱼、马鱼等。如果用小网眼捕大鱼，水滤得慢，容易被大鱼乘水势逃离；反之，用大网眼捕小鱼，鱼则会从网眼溜走。罾的大小由网的边长决定，基本度量称"庹"。老人说，此间一庹指"一拐手臂长"，约1米。有关度量"庹"，据字典解释，是指成人两手平举后的长度，一般为1.5米。旧时昆明北郊农人称其为"派"，也是如此度量。官渡镇一带的"庹"，尺寸与他处不同。最小的罾边长仅1庹，是专为孩子设计的。成人使用的手抄罾边长一般为2庹。大罾边长5至10庹。

以罾的支架而言，手罾支架简单，由三根竹竿搭制，其中两根竹竿需在中段用草火（草火即文火，多半用草木灰炭的余温）熏烤，待其受热变软，缓慢撇弯，冷却定型后交叉搭成十字架，弧形朝下，用线绳扎牢，四角系于网。另一根竹竿较粗，前端系于十字架中心点，末端插入一横木内，再在中心点系一根较粗的拉绳。为便于着力，绳子间隔三四十厘米打一个结。手罾便制成了。

我仔细端详手头的"扳罾图"，用探究的眼光识其道行：当扳罾人将罾网徐徐放入水底，由两根竹竿架构的网如盛鱼的箱柜，另一根起合自如的竹竿与拉绳之间构成的三角形装置便是罾的操控系统，罾的动力来自于站在岸边或船上拉绳的人。罾网在水下的支撑点是撑竿底部的横木，横木是罾的受力点，类似杠杆的支点，它的作用从表面看是避免受力的拉竿深陷湖泥，更重要的是增大网的受力面和稳定性。有趣的是那个盛装鱼的罾网是变形的，当它在水底潜伏时，它类似一个硕大的方形碟子或平底锅，当它成为鱼儿的牢笼被拉将上来时，又形变为深口瓶甚至布袋。如此机关成算，鱼儿安得脱逃。

龙马村（原上马村）老人绘制的"大罾"简图

结构简单的手罾在旺季一罾可捕十数公斤鱼，双枕头大罾捕鱼量是它的数十倍，其构造与拉力自不可同日而语，我请村老详解其妙。老人告知，大罾的面积大至数十甚至上百平方米，鱼旺时一罾可打上百公斤，最大量甚至三百多公斤鱼，关键在于支撑网的网架与拉动时的借力装置。大罾的网架由四根竹竿构成，称罾杆，这些竹竿直径达5厘米粗细，用上好的水竹或金竹，通常多用水竹，水竹长于大山区，其粗细和长度都超过金竹，弹性好耐力强又不生虫，并且是七八月砍伐的，老话说七竹八木才好。正中另一根系拉绳的竹竿称手拉扑水。罾杆四根加扑水竿一根组成一把大罾的框架。扑水竿底有"木榔头"（即横木），扑水竿与四根竿扎在一起的点称鸡窝星（即前称"十字架中心点"）。大罾受力强，是由于网下有加强支架，四根钢管连着网之周边，滑轮线将网的四周包裹，扳罾时启动滑轮能将整个罾网同时兜起来。因此，大罾又称架子罾。在架子罾的拉手后面还有支撑木架，起杠杆"压舱石"作用的大石头就绑在木架的后部位，大石或散石用铁丝网包裹，有三十多公斤重，起四两拨千斤之功效。大罾捕摆籽鱼都在雨季，因此在木架处还会搭个棚子，为捕鱼人遮风挡雨，棚子长2米、宽1.5米、高1.5米，上敷草席，还可小憩片刻。扳罾人坐在后面的杠杆上，前后可以照应。起网时，只要将罾网网沿拉抬至鱼逃不脱的高度，用大石固定，人便坐着轮胎船进入网中，用捞兜将鱼盛入麻袋即可。为便宜行事，支撑木架与棚子是长期固定的，所以大罾又称罾棚。

至此，我终于明白大罾之奥妙，原来架子罾启动时只是将拼死挣扎的鱼群围在网圈之内，网中数百公斤鱼的重量是由水的浮力承载的，如此，扳罾人犹如在水中设置的一个养鱼场打捞鲜鱼，而且，这个渔场的水位是可控的。因此，我以为罾网兼有箔筌类渔具之功效。箔筌类渔具即指鱼床、渔箔等养鱼之水塘。

大罾捕鱼的时间段从农历四月至八月，捕捞的鱼种是小白鱼与油鱼。

滇池小白鱼又称银白鱼，是滇池主要鱼类，20世纪50年代占滇池鱼产量的20%左右，滇池捕鱼总量为年60余万公斤。小白鱼体长140—

230 毫米，体重 30—130 克。油鱼学名云南鲷，亦为滇池主要鱼类，产量所占比重与小白鱼相当，体长 110—209 毫米，重 27—165 克。也就是说，两种鱼的年产量可达 24 万公斤。它们的产卵方式相同，都喜欢在水深 20—50 厘米的砾石浅滩处，卵有黏性，黏附在砾石上孵化。

宝丰老人叙述的大罾扳鱼有传奇色彩。他们说，白鱼先到，在四月底、五月初，都在晚上来，一周只来两晚，多半在周六日，从太阳落开始，晚 12 时左右结束，公母一起来，土话叫"拢仗"，意思是鱼赶庙会。六月，白鱼摆籽才收尾，油鱼又来了。这些鱼体形都不大，二三指宽，二三十厘米长，鳞细肉嫩味美。人们预先在鱼滩设网，被鱼子憋急了的鱼蜂拥而至，争先恐后在石上翻滚产卵。一个鱼滩可以支三四把罾，一个罾一晚可拿数吨鱼。

滇池的小白鱼干品，曾是滇池渔人的"当家菜"，蛋白质的主要来源。鱼体长 140—230 公分，占滇池鱼产量的 20%，年产约 12 万公斤

人们将如此多的鱼运回家颇费周折，当地流行一种互助规则，从水

里运上岸的鱼先堆在田边地角，天亮后再运回家中，如果人力不够，不用主家言语，村人会主动上前用背箩帮着运，报酬是最后一背箩鱼。夏天，鲜鱼易变质，人们就急急腌制，在扑罐内铺一层鱼，撒一些盐巴、辣子面、花椒面，层层叠压，最后用稻草秸压紧，倒扣在扑水盆内，如此保存的鱼可以吃一年半载。腌鱼晒干后在饭甑蒸食别有风味。老人说，这一季，每日黄昏家家茅屋飘出鱼香味，只要腌制晒干的鱼都有香味。然后，大量的腌鱼运至官渡、六甲一带出售，一些贩子则将其运至昆明城及周边的小板桥、大板桥、龙头街农村集市售卖。很快，省坝百姓便都尝到了这一年一季的滇池鱼汛味。旧时鱼价贱，2.5元可以买一称（10公斤），一公斤仅0.25元，多数家庭都消费得起。

我曾向宝丰老人询问鱼滩的归属，他们异口同声说是官滩，是公家的。投资人是本村的刘庚秋与龙马村的许曹霖。许曹霖是国民党军的师长，后来属起义人员。因为都是有钱有势者，老人回忆往事，只说他们是地主。鱼滩于每季出租，租金不菲，收的是租米，据称最高价位在1938年，数额70石，一石合大米140斤，一年租米9800斤，合4900公斤。租鱼滩是大事，要签订承租协议，签约后必须履行，否则，毁约人就要杀大猪宴请全村父老，再另签协议。此种阵势，倒真有公滩的感觉，至少鱼滩是村民集体所有。当然，鱼滩主要受益者还是投资人，这种合作方式应是昆明早期民间的一种混合所有制。

兴建鱼滩，所需石头是一船船从滇池西岸大倒山运来，村人也出了不少力。因此，鱼滩租米要抽出部分用于村办学堂，算作公益。况且，滇池的水产资源原本属于大众，鱼滩捕多了，其他地方就少了，抽成也算合情合理。在龙马村，村老讲述滩主许曹霖事迹，说他是位开明绅士，对村民温良恭俭，在乡土做了好些修路铺桥的善事，以军师长之尊，从昆明返乡，车马行至官渡，距村庄还有数里，便要下马换装，着布鞋步行至村，不敢炫耀于父老，有儒生君子之风，令乡人至今感念。

成群结队的银白鱼在沙蛋石上翻滚折腾，水面由此泛起层层涟漪，在月色清朗之夜，渔民可见眼前银光一片。我询问村老，石上留下的厚重鱼子，对旧时缺乏营养的人们应是极好补充，人们是否收集鱼子食用，我原以为还有鱼子酱之类的逸闻，谁知老人说，吃不成，成饼的鱼子被风浪打到岸边。大约最终作了农耕底肥。我明白了，这些摆籽鱼是把他们的后代子种下在了罾网之上，每次起网，鱼子与鱼一起被拉将上来，无疑，对鱼类来说，这是件惨事，对昆明人何况不是如此。我想，此种捕鱼方法大约终止于1958年。当年6月5日，昆明市人民委员会、玉溪专员公署两个沿滇池辖区政府联合发布《滇池水产繁殖保护办法》公告。滇池成规模的大罾捕鱼遂废止。20世纪80年代，也许是曾经的过度捕捞，再加上滇池水质恶化，银白鱼与油鱼数量急剧下降。

　　我曾在距宝丰数十公里外的海埂草海一带考察渔文化，问计当地渔人，此处是否也有设鱼滩捕鱼之法，答案是：海埂草海一带湖泥肥厚，水草茂盛，鱼类就草产子，而且主要是鲤鱼、鲇鱼等大型鱼种，不用设滩之法。至于宝丰左近，设鱼滩捕鱼的还有福保，有鱼滩2个；小渔嘴（村）鱼滩2个；回龙2个；江尾2个。据老人说，这些村的鱼滩不仅数量少，而且每个鱼滩的面积也仅及宝丰的半个大小，大约与沿湖村庄所处的地理水文条件不同有关。

　　但是，就一般的罾网捕鱼而言，在滇池周遭曾经有不少。河尾村金福安说，船房河从昆明玉带河柿花桥过来，至本村入海口称作大河门，水一发，从老马地（地名）到大河门，大罾小罾有二三百张。与宝丰联袂的龙马村宝象河段也有如此壮观的扳罾捕鱼，我的同事许朔谦祖籍是龙马村，他说，沿河的扳罾，还有不少孩子操着小罾跻身其间。至于其他入湖河流，如海源河、马料河、梁王河甚至滇池的泄水口海口河，在湖河交汇处都有规模不等的扳罾捕鱼。罾网捕鱼，绝对是旧时滇池一道亮丽的风景。遗憾的是，我没有大罾捕鱼的图片，问及村老，何以遂愿，告知如"巧遇"偷猎者，或许能如愿。嗟乎，岁月荏苒，年近七旬的我已没有心力去做几年前还很乐意做的冒险事，只得叹息。

　　我有意了解滇池的扳罾历史，它在此地定根有多少年头了，老渔人无人能回答此问题。某次，向博学的云南大学朱惠荣教授讨教，他提供

印度西海岸科钦岛海边的"中国渔网",传说是中国明朝永乐年间郑和下西洋带去的滇池大罾,其旁有记载这段历史的纪念碑(摘自《郑和史诗》,张讴摄)

印度"中国渔网",现在是当地的一个文化旅游品牌,供过往游客凭吊观赏(摘自《郑和史诗》,范春歌摄)

了重要线索：数年前，为纪念明朝郑和下西洋 600 周年，中国报人赴南洋考察相关遗存，在印度西海岸访问当地渔民，他们所用的渔具（罾网）据说来自当年郑和的传授。后来，我寻找相关资料，阅读由胡廷武、夏代忠主编的精美图册《郑和史诗》，惊喜地发现，书中有中国报人范春歌拍摄的有关照片，题为：印度科钦岛海边成排的中国渔网。这种渔网和中国云南滇池地区至今还在使用的扳罾极为相似。还有中国中央电视台高级记者、中国驻印度首任首席记者张讴所作的图文并茂的"渔网"述解：

从奎隆开始，清澈宁静的回水把阿勒皮（阿拨把丹）与科钦（柯枝）串联了起来。回水是印度西南沿海地区独有的风光。海水涨潮时倒灌入河流，形成了似湖似河的水域，在海岸附近的棕榈林里向北蜿蜒了两百多千米。回水中鱼虾丰富，渔民沿河支起了上百个中国渔网。史料记载，这种中国渔网是由郑和船队带来的。云南籍的水手在奎隆和科钦附近休整时，按着家乡的捕鱼方式结网捕鱼，并把这种捕鱼方式传授给了当地人。当地人一直称这种渔网为"中国渔网"。科钦海岸架起的一排排中国渔网，成了当地旅游的一大观光景点。

文中的海水涨潮时的"回水"，它造就的水环境大约与滇池渔民所说的"水发"相当，这时鱼儿溯水而上的景观被中国人称作"鱼抢水"，抢水的鱼不仅为追逐水中丰富的食物，更主要是完成生命的节律——排卵产子。扳罾的最佳时机是"鱼大发"之时，印度人也学到了这一点。

郑和下西洋为我们定格的中国云南滇池扳罾捕鱼法至少在六百年前的明代永乐年间就已经技艺娴熟了，这是我始料未及的。出生在昆明昆阳滇池湖畔的郑和，他是在十岁左右时被明朝沐英、傅友德的皇家军队带去中原（一说为掳掠，一说为选秀）的，可以说，那个健壮俊秀的郑和在童年时应该是滇池南岸月山下的一个扳罾小子。郑和七次下西洋的伟业促进了中国与世界的文明互动，其中还有重要的中国西南昆明因素。令我不禁作此联想，当今印度人在印度洋西海岸竖起"中国渔网"不仅为谋生所需，还兼作历史文化传承和旅游观光景点之开拓，"渔网"的原产地——中国昆明的滇池湖畔是否应有所呼应，而且这呼应文章不能仅止于"中国渔网"。当下，滇池污染已成为昆明人的"痛"，其治理工程投入浩大且费时漫长，许多有识之士已经认识到，治理滇池除了拯救她的肌肤躯壳，还要唤醒她的灵魂——深厚的历史文化底蕴。鲜活的滇池不仅是一泓魅力无穷的清澈湖水，她还是一部史诗，是与凭水而建的昆明大城相伴相衬的一组交响乐章。

考察尾声，我对宝丰与龙马两村的关联又有兴趣，从村老的讲述得知，前者旧名下马村，后者为上马村，两村同处宝象河尾。上马村开发更早，规模更大，因为它在上水口，是较下马村更早出露滇池的土地，现有村民4017人；下马村人口较少，有村民1800人，两村都有数百年的建村史。马村在官渡古镇一带很有名气，问及村老，马村村名的由来，说是老辈人一代代传下来的。我寻踪史籍，发现了端倪。清乾隆二年（1737年）十一月十六日，云南巡抚张允随向新登基的皇帝上了一道奏章，详细汇报滇省昆明县老丁田事宜，谓这些田地坐于滇池之滨，本是草泽，不能耕种，后因近河入海之地，长年沙壅土淤，渐成可垦之地。当时云南最高军政机关总督府与巡抚府各有一支卫戍部队，称"督标"与"抚标"，养着许多战马。滇池边的新生土地在康熙朝是两标军士的牧马之地。康熙四十七年（1708年）总督贝和诺、巡抚郭标因各营有孤寡老兵生活困窘，衣食难继，便将这些草场拨给开垦承种，以资赡养，称"老丁田"。老丁们不善耕种，各招农民佃种纳租。"马村"当由是而立，在马村附近还有地名曰"马房"，名称延续至今。马村初民应是佃农，也有部分牧马老丁。张允随给乾隆帝的奏章还附有一份厚礼，这就是马村一带垦殖的历年积谷644石大米，以一石（京石）140斤计，合90160斤，即45080公斤。清代，在昆明府城兴隆街、文林街有督、抚标所辖的马王庙，祭祀三只眼的马王爷保佑战马。想来马场不仅在滇池北岸有之。数年前，我在昆明北地羊肠村、波罗村、清泉村一带做田野调查，亲聆村老言及，清泉村旧称牛圈村，村民曾为相邻的波罗村放养

"中国渔网"后部的滑轮杠杆以及压舱石,应是近代印度人的自行设计创作,与中国昆明滇池渔人的做派不谋而合(摘自《郑和史诗》,范春歌摄)

耕牛，其更早的村名是"庄子上"，也是个官家屯兵之所。村庄依凭着一个重要资源，村后的山上有一股终年流淌的清泉。20世纪后期昆明建设昆曲高速公路，路从清泉村辖地通过，挖路基时，意外挖出个马王庙，祭台供着陶马，抑或也与马政有关。昆明作为祖国西南边地的堂堂省府，多少历史被湮灭于尘封瓦砾之下，偶露峥嵘，着实令人惊诧。

再说马村，我查阅1944年绘制的昆明县图，在官渡古镇以南标识的就是马村。龙马、宝丰之称应产生于1949年以后，新村名之寓意，据村老说，上下马村都在宝象河边，上马是龙首，下马是龙尾，所以将上马村更名为龙马村。下马村更名为宝丰，是村中宝象庵与庆丰桥之连缀。都是好名字，但是，它们有"马村"那样厚重的历史文化积淀吗？可以说，赶时髦的取名将宝贵的昆明坝垦殖历史湮没了。

渔家张洪启

张洪启，一个爱琢磨门道的捕鱼人，他是昆明官渡区福海乡庄稼塘村人。

2006年8月13日，我前往该村村委会了解滇池渔文化，村干部将他请至。他个头不高，身板结实，性格沉稳，说起打鱼之事头头是道，给人一种渔把式的感觉。当我们的话题切入滇池曾经的红火，他目光矍铄，脸有神采，我知道，我们志趣相投。后来的数月，我访他多次。

庄稼塘村，顾名思义，是一个盘庄稼务农的村庄，可细听起来却并不是这么回事。过去，这里确实有庄稼地，因田土低洼，常遭水淹，大春栽插收不了几颗谷子，小春干脆无有一颗，村庄主业是打鱼。这是个老村，有近二百年历史，原先只有12户人家，村民大多姓张。张姓祖先来自两支，其一来自大理，是两兄弟；其二从昆明柳坝搬来。另一姓氏李姓，是移民后裔。许是形势艰辛，谋生不易，至20世纪中叶，虽经百余年蹉跎，全村也只有30户人家，一百多口人，"庄稼塘"之称谓，想来只是一种调侃与期盼。

张洪启出生于1937年,哥比他年长12岁,以民国兵役制采取"抽壮丁"而言,两丁抽一,家有二子,年龄合格,其中一子必须当兵。此则意味,洪启每长一岁,哥被抽丁风险即大一分。其时的抽丁弊端多、名声坏,乡人避之唯恐不及,故中华民国时的"躲兵"是普遍现象。洪启说,此地近海,躲兵进大海。出生后,就在海上生活十来年,整只船,荡出去,当然,其间必有家人陪护,只在年三十晚上悄悄回家探望父母。听起来,张家添丁之事竟瞒住了里保与乡亲。当然,也有可能是眼开眼闭,互为庇护,那个年代,兵荒马乱,谁家没个难处。

1949年后,不用躲兵,但一为生活所需,二为习惯使然,洪启说,半年在海上,栽了秧出去,收谷子回来,收完谷子又出去。如此,应是大半年在海上。

水上人家,吃喝拉撒,居住劳作,全在船上,人称"海弯柳",江南称"网船上人",人所依凭,唯船而已。滇池渔家的生活用船称"住家船",为楸木所制,耐水。船舷处有加高的挡板,防浪。一条船有6个船舱,其中4个设计为寝卧,上搭窝棚,下垫草席,舱宽1.3米,此即"床"之长度,人屈体而卧,"弯柳"之称大约就调侃于此。当然,在滇池北域六甲一带还有另说:渔人终年住在船上,船随水波动,一高一低,人总要微曲腰肢,抠紧脚趾,不如陆上之人,随意舒展,久之,影响身姿,此说似亦有道理。夫妻俩住于一舱室,其余住一家老小。洪启的孩子都在船上生活,一船人多时至七八个。船上其余空间,堆粮、柴火等什物,锅灶多半置于船首,此处高于船艄,不易溅水,且无舵桨之固定装置,于烹饪障碍也较少。洪启说,吃完早饭,夫妇俩操着另一只较小的船只远出打鱼。1949年前在滇池上生活的船家约1000户,大都有两只船,有的甚至有三四只船。渔人常年生活于海子,水湿风寒,吃酒避之。洪启酒量不小,一日要喝8两至1斤,老伴也喝,只有几钱两把。

如此渔家生活,清人时亮功作诗两首:(一)芦浦几处萃成堆,遥见扁舟柳外来。日暮泊船何太晚,太华山下打鱼回。(二)蓼叶红时鱼更肥,日斜收网晒蓑衣。孙儿拍手忙携去,三市街头换酒归。这是文人

庄稼塘村渔人张洪启与老伴居住在昆明城建股份"湖畔之梦"小区近旁的老村，安享晚年

张洪启示范滇池渔人夜间"叉鱼"：他左手提灯，右手持多齿鱼叉，目标是两条游鱼，叉鱼场景生动逼真，不过是在村边草场做示范

笔下潇洒的渔家记忆,然而劳作却是艰辛的。张洪启说起旧时生活,连连称苦。他说,有田地的,早上出去打鱼,中午回家吃饭,然后,或去种田,或去卖鱼。至于无寸土的水上人家,应该更苦,一家生计全托付给缥缈的大湖,毕竟流水没有土地实在。卖鱼要到10公里外的昆明,常去的是威远街藩台衙门菜市,还有羊市口、东寺街、土桥头、云津市场,有时还会去石桥铺,那里的路铺着石头,年代久远,走得易了易(易,方言,光滑之意)。田里收成不好,打得着鱼还好点,有时风大天阴,打不着鱼,这时,吃杂粮的有之,以瓜菜代粮的有之。出海菜的季节,背着海菜去巫家坝机场旁的菜市,跟人换瓜、豆吃,要走很远的路,相当辛苦。

洪启自七八岁起就在船上干活了,先是帮人扯稀网,做撒网的活计,船有点漏时,戽水。后来,下小笼子,支花篮、下丝网。麻罩玩得贼精,还蹬船收鱼当过一阵鱼贩子。

说着不过瘾,他收罗并制作了一批常用渔具,其中有捕捉摆籽鱼的各式花篮笼子,如泥鳅笼、汪丝笼、竹罩。还有常年捕鱼工具如丝网、转网、下线共十余种渔具。还请来伙伴杨启,两人一起操作示范,先从简单渔具说起。渔叉,专在黑夜使用,叉桂花鱼,此鱼体形硕大,重的一尾可达三四公斤。嗨兜,专撮金线鱼。凹兜,用在沟里车水捕鱼,鱼搁浅时撮之,形状像现在装水果的小果篮。还展示了一副下线网具,此物件状若钓鱼线,极长,一根渔线长至数千米,上挂一千余个鱼钩,钩上挂鱼饵蚯蚓、谷花鱼、虾巴虫,专捕食肉鱼类乌鱼与鲇鱼。"草排花篮"简称"花篮",是设陷阱诱捕鱼之工具,故民间有"支花篮"的谚语,是打趣某人用计谋取物,也有讥笑设局者不走明道以暗算取胜,算不得光明正大之意。花篮用竹篾扎制,其中有二道箍的花篮,形体较大,可捕大鱼,内中的陷阱是倒须,鱼能进不能出,为迷惑摆籽鱼,蔑笼外围绑以各种水草,内部与笼口捆扎些鲤鱼爱吃的稗子草。每只笼用竹竿贯通直插湖底,以防被风刮走。下午四五时蹬船布局,十多或二十个笼作一行,以绳索串联,专插水草茂密处。渔人对鲤鱼习性知之甚详,它

张洪启手持简易"花篮",两旁手持的竿子插入湖底淤泥起固定鱼网作用,右侧网口张开待鱼游入,中间细腰处有活口陷阱(倒须),鱼游入左侧网底不能返回,便成网中之鱼

"捞兜"捕鱼,都在鱼搁浅之时

张洪启的伙伴杨启示范名为"下线"的渔具收获上钩的鱼

杨启示范"敲丝网"的取鱼过程，此网在数十只渔船集体围捕时使用，先将网里三层外三层布入湖中，众船敲击船帮或响器竹筒，鱼惊乱窜，撞在网上，各家收获自家渔网的猎物

"夹网"，多在数船围捕之时进行，操作简便，收获亦少

西山睡山邑村曾有"鱼洞"，捕鱼法，专取从滇池游入罗汉山地河的金线鱼。鱼有"拾水"习性，在播籽（排卵）期喜逆流而上，人们用水车掌造如此水流环境，诱池之鱼抢入泉流，使入了两个只进不出的鱼篓中。图为滇池"鱼洞"捕鱼场景展示

二道箍的大花篮收获大鱼，头日傍晚设计安放，第二日清晨驾船收获。人们取芙蓉某些人以"支花篮"方式，以计取物，便是这种渔具

张洪启手持"棺材笼"，也属水底没陷阱捕捞之技

顺水草排卵，前半夜十时多排一次，后半夜四五时又排一次，待太阳出，就不排了，一头钻入支在近旁的花篮内，以为是鱼洞。天放亮，布篮渔人驾船来收笼取鱼。

说到大湖中的捕捞，洪启说起"敲丝网"，这是一种群体性捕鱼方式，颇有声色。每次布网，总有二三十只船上百人参与，其中一半船在外围，一半船在圈内，每张网四五十米长，每船可下至六七张网，真是里三层外三层，无数网直垂湖底，其繁密程度可称"天罗地网"。布局完，所有渔家敲动船上响器，这是设置于船中央的竹棍，只听得"嗑嗑嗑""嗒嗒嗒"响成一片，持续敲击十多分钟，鱼被惊起，四处乱窜，一头撞在网上挣不脱，然后，各家扯自己的网，处外圈的船只会打得多点，下次轮换。此种捕鱼要赶早效果才好，天不亮五六时就出发，不能超过六时。大约是趁鱼昏睡一晚还处于懵懂状态。当然，也有例外，因为游西山与大观楼的人们有时会在傍晚欣赏到这种"敲丝网"捉鱼法，笔者曾听一些城里老人叙述如此场景，观者甚众。

滇池虾多。有关捉虾，我童年时有亲历，与小伙伴在老家唐河的河滩，大人在洗濯，我们则在石缝中狩猎游虾，小东西玲珑剔透，长得像艺术品。可当人双手小心翼翼刚要合拢，它却蹭地一下弹出牢笼，令孩子懊恼不已。数十年后在滇池边，我才知道虾的克星——虾网。洪启说，滇池虾极多，人们在水边用撮箕也撮得着，但成规模捕捉要用虾网船。此地有两种虾，草海里的虾因食水草，通体墨绿，个头很小，谓"绿虾"，大海虾白色透明，形体稍大。虾网用尼龙丝织成，网眼只比普通麻袋稀一点，呈袋状，长5米余，袋口用钢筋绷成圆形，直径2米。将网袋用绳索系于船尾，水大时绳放长些，水小时绳放短些。这种船称"虾船"，虾船张着网在滇池满世界走，许多大虾小虾被网罗进来，最后成为昆明人餐桌上的美味。虾船有两种，一种是普通虾船，船体长8米，宽1.5米，可盛装鱼虾1吨；另一种称大虾船，长30米，宽4米，可盛装鱼虾数十吨，因舱体过大，船只不稳，要在舱底装载压舱石8吨左右。大虾船有3个风帆，使风（使，方言：利用），且顺风才能操作。洪启感慨地说，大虾船，只有地主才用得起，其价值抵得上 30 工田，即 10 亩田才能换一只船，只有滇池南岸的昆阳、晋宁才有。一般穷人打鱼，就是小船。南岸的昆阳、晋宁是滇国故地，文明堆积历史悠久，城镇傍依滇池，旧时有商人加盟渔业，实力雄厚。北岸渔村距昆明城池总有一二十公里之遥，中华民国时交通落后，城内商户鲜有涉足滇池渔业，故北地渔户势单力孤自称"穷人"，此乃实情。

还有一种渔网称"海心转网"，也是一种投资较大的渔具，一副转网价值万余元，需三户甚至五六户渔家凑钱才置得起。海心转网在晚上捕鱼，专捕大鱼。那时，洪启年轻，于打鱼门道知之不多，对老把式的价值深有体会，他说，打鱼尾着老的走，他们晚上会出门看风向风力，跟老的会多打十几倍。鱼是转风向、转地数的，高峣风（西风），鱼躲风尾，鱼在东北边的福保至呈贡一带，那里有许多柳树。

洪启说得最多的是麻罩捕鱼，他甚至为我专程去河汊蹬船演示一番。过去他用此网捕的大多是凶猛的乌鱼。在他绘声绘色的叙述中，乌鱼的习性被展示出来。

"麻罩"渔具，张洪启年轻时曾用此物一日捕捉数十尾乌鱼，滇池曾是鱼的"富矿"。

乌鱼，学名乌鳢，俗称黑鱼，体呈圆柱形，头扁，口大、有利齿，背部灰绿色，腹部灰白色，有黑色斑纹，性凶猛，捕食小鱼、蛙等水生小动物。乌鱼对气候敏感，如明日天要转阴，今日乌鱼个个浮至水面晒太阳以积蓄能量。一到冬月土黄天后，乌鱼就钻入湖底烂泥，但嘴要张在外面，每天上水面吸氧换气，一日换十多次。乌鱼力大，在水面一见人影，一个翻身入水，会泛出水花。捉乌鱼，一用麻罩二用下线。

麻罩网口用钢筋固定，呈圆形，直径约 2 米，用三根粗竹竿架住网，网口朝下，形状像个巨型尖帽。

麻罩专罩乌鱼、鲤鱼等大型鱼类。栽秧以后，从立夏小满直至冬月土黄，这些鱼到滇池各个湖湾水草丛摆籽，中午 12 时后，乌鱼喜浮至水面晒太阳，渔人驾船过来，乌鱼一个猛子扎入水下，这时看它翻出水花的方向与力度，从反方向罩下去，动作麻利的渔人有八成把握能罩住，一般情况一次罩一条。晚上罩鲤鱼一次可多至二三条。一对大鱼称恋大鱼，它们会在草棵里拱出一个大窝坑，罩下去往往两条。有时，听声音，在水草里，用一种底端箍着个马蹄形重物的竹竿猛剁下去，鱼急躲进泥里，会冒出一串水泡，这时，朝水泡方向罩下去，也罩得着。洪启是捉乌鱼行家，在土黄天最多一次，一天拿过 150 公斤乌鱼，应有数十条鱼。洪启的哥洪操会用扁担捉乌鱼，大中午，太阳晒着，他驾船轻手轻脚、波澜不惊靠近漂在水面的乌鱼，不待其反应过来，一扁担砸下去，鱼被击昏，漂在水面，任由他拎进船舱。哥的如此绝技令洪启佩服不已。

洪启打鱼用心专注，他当鱼贩子时，驾船在湖上收购活鱼，见玩水老鸹的张珍与他的老鸹在捕鱼，人鸹声气相通，场面煞是好看，他在一旁观看，体会良多。他对我说，牲口教人（洪启文化不高，用语笼统，此处牲口是指水老鸹及鱼类），它有德行脾气，人要摸准它的脾气。打鱼，两人一样打，一样地两只麻罩船，一个拿二三公斤，另一个拿二三十公斤。后来，他就是那个可以拿二三十公斤的人。他在滇池闯荡，见闻也多，在他许多不平常的经历中，以在海心捕鱼最吸引眼球。

海心，又称海眼，是滇池的一个大出水口，它的方位是从滇池西岸观音山对着湖东狮子河方向大约10公里处。这里常年冒水泡,水色墨绿,深不可测,鱼多,多数是大鲤鱼。据湖东岸晋宁牛恋山小渔村李茂年讲述,这里有二十多公斤重的大鲤鱼,现在也有。在海心打鱼,危险,一般的船只根本不敢停留,只有大型捕鱼的稀网与丝网团队作业才能在此捕捞。稀网在白天抄,丝网在后半夜抄,两不相扰。

海眼打鱼的危险在于风浪,风大浪就大,何况又在深水区。滇池一年中风浪大的是冬季,夏季下雨也刮风,时间短半小时一小时就过去了。冬季时间长,从中午十二时直刮到下午六时左右才停,偏偏冬季在此打鱼收获最多。

说到临近海眼的花猫嘴,洪启说,这里风浪大,船拢不住,所以叫"慌忙走",我在老地图上看到,花猫嘴的旧名确实是"慌忙走"。此处距海眼只有十数公里,渔人驾船至此,都会提心吊胆,说一定要掌握着风,云走得快,风要大了,特别是从北边过来的云,风就大了。历史上,滇池出的较大海难大多在海眼与花猫嘴一带。

洪启旧时与人结伴在此抄丝网遇着奇事,他说,丝网围着海眼打鱼,有时会网着成包的鸡毛,一包约斤把两斤;成捆的香把(祭祀时香燃尽后剩下的杆)从海眼冲出,被网拖起来,大家认为是从很远的外省冲来的。听起来,滇池大出水口的另一头似乎连着一个寺庙,庙中香客的祭祀会产生此类垃圾。我好奇地问,有人下去探过吗?他说,从来没有人潜过。是的,没有现代潜水设备与专业技能,无人能做这种冒险事。有关外省流来的地河之说,十数年前我在昆明南坝村访问老人时听说,南坝地下深处有河,是从外省流来的,似乎是20世纪五六十年代地质勘探者说的。两种说法指向一致,如果这是真的,且不说地河从外省数百公里的潜行,就是从昆明城下至滇池中心这数十公里的伏游也够震撼的了。当然,这需要专家考证。还有更奇的,洪启说,在海眼打鱼,晚上会见着火团,这些火团有的如拳头大,有的筛子大,更大的像簸箕一般,从水皮飞出(水皮,方言,指水面),这时,大北风就要来了,大家赶紧拢船走了,到附近的湖湾如白沙湾、灰场湾避风。我用探究的目光盯着张洪启,意思是要他讲个究竟,洪启无法满足我的要求,他说,这是迷信,但我看见过水面飞火。我明白了,他说的"迷信",不等同于子虚乌有的"封建迷信",而是指存在但解释不了的事情。在昆明山区采访时,我听到过农人有类似用语。这一件件奇闻逸事,不由我作此感慨,浩渺滇池,你还保守着多少秘密。

大香会与大鱼会

民国时期,昆明城内有许多行业帮会,如茶帮、盐铺帮、土纸行帮、棉线铺帮、清酒行帮、当铺帮等,甚至操办红白喜事者都有帮会。这些帮会是同行的手工业者或商人的联合组织,是同一行业的人为维护自身利益、规范行业秩序而结成的小团体。每一个行会都有自己的行规,如晋宁水运发达,有大小木船301只行走于昆阳、海口、昆明之间从事运输业。为规避恶性竞争,民国中期,船东们组建了"昆阳船业民船公帮"。

滇池渔家因作业分散,组建帮会者极少。我在海埂、福海等渔乡访着两个帮会性质的组织,一个称"大香会",另一个称"大鱼会"。大香会是抄稀网渔人的帮会,大鱼会是贩鱼船家的帮会。

稀网,又称照壁网,是一种较为独特的网具。一副网由四只船十个人组成,四船中两只称"竿子船",另两只分别称大网船与小网船。竿子船上有数根大竹竿,是结实耐用的老金竹,俗称大脑头竹,长八九米,粗如碗口,其功能在于固定水中张开的网。两只网船上盛装大网,网长百余米,幅宽数米,下坠铅锭,上缀大刺桐木块当浮子。大网由麻线织成,网眼8至10厘米,是滇池网具中网眼最大的一种,专捕大鱼,稀网得名就在于此。此网极重,网干时重300余公斤,入水濡湿后重400余公斤。布局时由两只网船相背而行,兜大圈下网,大鱼们被围还浑然不觉,最后的封网处称照壁。羁绊渔网的两根大绳索最后系于由两只竿子船布下的若干大金竹上,竹竿深插湖底淤泥。撒网活计较轻,可由妇孺两人完成，其他 8 人都是精壮汉子，4 人布于竿子船，4 人布于网船。

稀网价格不菲，一副网值 5000 元左右，对小本小利的渔家，难以负担，原始的合作关系因此建立：4 只船由 4 户人家凑成，网主另有其人，他是经验丰富的指挥者，担纲组长，坐镇大网船，也是捕鱼主力之一。如此，一副稀网便有五个股东。

撒网在海心，就是那个有着许多大鱼的凶险之地。因为是数十年前的事，亲历稀网捕鱼之人已寥寥无几，当事人往往现已是七十岁以上的老人。福保乡大渔办事处小渔村的李文保、张翠英夫妇为我讲述了撒稀网的经历。张翠英为人坦荡，她说他们夫妇俩是村中唯一的弯柳：渔人中无寸土的特困者。她儿时与母亲两个在稀网船上撒过网，她从十岁起抄稀网，一直抄到十六岁（抄，俗语，意为劳作，用途广泛，与不同名词组合成不同的动作，如"抄杨梅"，即摘杨梅，此处的"抄稀网"，即撒网）。冬腊月下雪天，鸡一叫，就起来在船头做饭，吃完饭，就开船。风大时，抄到下午一二点，风停时可抄到三四点。白毛风起（白毛风，俗话，指透骨寒的风），戽船舱里的水，是拉网时带进船的，用戽斗，一戽斗装满水有十多斤重，使出浑身力气，一不小心，连人带斗跌进水里，赶紧抓住网，爬进船。个把小时抄一网。下网时，两个男人蹚着船，她与母亲在两只船上分头下网、戽水。事后，我听人说，对戽水的孩子来说，掉进水里的事常有发生，为保险起见，孩子的腰部会拴根绳子，绳的另一头系于船舷。

河尾村的金福安大约也抄过稀网，说得真切生动。他说，抄海心，婆娘煮着饭。扯网，力气要大，从海底的泥上拖，里面是惊炸的鱼。汉子脚蹬着船帮，因用力过猛，手脚都会裂开出血，泥浆水溅在脸上，脸都皴，要迎着风抄。有话说，姑娘不嫁打稀网的人，跟着他穿旧衣、补丁衣裤，三天就成老婆娘，又脏又难瞧。四个男人拉网，像拔河一样，要对称地拉，一只脚蹬住船帮，使的力起码 60 公斤，无力量的人会掼死，要大小伙才行。

许是抄稀网这碗饭吃得不易，为凝聚力量，稀网渔人决定成立帮会。

海埂船闸处的龙王庙，旧名"新庙"，是滇池撒稀网渔人的庙会场所，称"大香会"或"网竿大会"，"稀网"专捕"海心"群集的大鱼

那时，望云岛（海埂）在旱季水落时岛宽200多米，水涨时只有几米，一百多年前，在海埂西侧的高地上，抄稀网的渔人建了庙宇，称其为"新庙"。新庙内供奉着本土神圣，是滇池西岸赫赫有名的四大龙王：山邑村的龙王庙黑龙、海口黑龙、黑龙潭龙王、蓝龙潭龙王。还供着两只泥塑大黄虎，人称黄虎教主。帮会在每年正月初二至初四在此举行会议，采取庙会形式，称为"大香会"，又名"网竿大会"，参加庙会的是抄稀网的渔人，规定一只船出一个男人。当时抄稀网的渔家集中在新河、大坝、周家、太金河四村，共有52副稀网，一副稀网4只船即4户，共208户，加上52个网主，开会的便是这260人，都是股东。连上村董里保等头头脑脑，共二百七八十号人。大香会有一个会头，是轮流的，开会经费来自大家逗凑，一只船出资100元，会费由会头掌握使用，会后要公布收支账目。那时渔村少有识字者，开会通知是一个中间站着小纸人的小花篮，权作请柬，收着此物件的人家便是参会者。在购买的猪鸡

新河村84岁高寿的金文荣，年轻时抄过"稀网"，参与过"大香会"

鱼菜酒等一应物品中，两炷大香引人注目，大香每炷粗壮达30厘米，稀网人的会即以此香命名。

说起大香会的盛况，金福安说，那些人吃得，一顿可以吃1升米的饭（1升合4斤），是男会，只有男的去，三天的会，演花灯、赌大钱。

新河村的稀网是当地闻名的，该村84岁的金文荣抄过稀网，参加过大香会。回忆往事，他说，做会，有人出头，这个领着做两会，那个领着做两会。定规矩，如蹚船，有船在前头走，不能去堵它的头，不能把鱼轰走，不准欺人。对违规较重的，有的罚大猪，有的罚一张桌子。前者属经济惩罚，令其破财；后者则是精神层面的提醒，意思是要注意脸面。用老人原话是"叫他羞"。会费逗凑平摊。一副网凑200元，两炷大香。网主，一副网有一个。召开会议，吃。新庙平日由李家沟小名叫芽狗的人守庙。最末一次会在1949年。郑家河村（原鸭窝村）李贵当过大香会的头。

另一个会名叫大鱼会，又称为捞兜会。捞兜是一种滤器，在渔具中，它是将收获的鱼从船舱或渔网中捞起的工具。捞兜会是买卖活鱼的渔人的会。以滇池打鱼行当来说，捞兜会做的是大香会抄稀网人的下家。因为在各种网具捕捞中，所得之鱼大多非死即伤，只有稀网捕捉的鱼多半是活灵灵的大鱼。稀网8至10厘米宽的麻线网眼围阻的是大鱼，其网之所以不伤及鱼体，是因为百多米长的网组成的是一条较宽的通道，在拉网人力的作用下，鱼慌慌张张向反方向逃窜，网的底部终点是一个类似麻袋的大袋子，袋子均匀细密，不易伤及鱼体，而且一袋活鱼有时会达到成规模的上百公斤。所以捞兜会的人基本是尾随稀网而去的。

在大观河河口，有大观楼村，不言而喻，它旁边是大观公园。该村是大鱼会的举办地。

大观楼村是个大村，20 世纪 70 年代，为便于管理，一分为三，形成三个小村，村民有杨、张、李等姓氏，其中杨姓为大姓。全村曾有 108 亩田地，因近水低洼，庄稼难成器，村民也捕鱼，但主业是买卖鱼，专做活鱼生意，自嘲是鱼贩子。大部分人家有船，至晖湾、海口、昆阳一带，专找打稀网的船家买鱼，村人说，去三四日，收百把公斤鲜活大鱼，放入船舱用活水养着，舱有 1.3 米宽，2 米长。收了鱼卖到昆明威远街藩台衙门菜市场和大东门菜市，那里有专门的卖鱼摊位，七八十公斤鱼可以赚几十元甚至近百元。

2009 年，在滇池北岸拍摄渔家捕捞的大鲤鱼，四五公斤重。旧时，大观楼村有"大鱼会"帮会，又称"捞兜会"，做的就是将稀网渔船网着的活大鱼送往城里人餐桌的买卖

庄稼塘村老渔人张洪启的养老生活：弹琴怡情。这位成功渔人，至老都不忘将滇池打鱼秘籍传于世人

买卖鱼似乎比捕鱼轻巧省力些，但也有风险也需要吃苦耐劳。买鱼靠眼力和运气，有的鱼有内伤，买进来是活的，卖出去是死的，就会蚀本。船舱内涵养的"活水"也有讲究，其时没有充氧的电力与器材，便在船舱两侧近水面处凿两个小洞，行船时靠船只与湖水的波动而达到自行换水的目的。晚间船只锚泊港湾，便要定时用人工将舱内水舀点出去，活水替换进入，称之为"换水"。至于在陆上的运输途中，不确定性更多。渔人张洪启做过此行当，他的体会：还是苦。

大鱼会不知成立于何时，但此业既衍生于稀网，比照稀网的大香会，也应有近百年历史。所不同的是，大香会依托庙会，开年会的方式采取传统庙会形式；大鱼会没有宗教依托，直截了当，大观楼村无寺庙，渔家买卖鱼一头连着滇池渔民，另一头接轨于昆明城内的商贸，故大鱼会更有近代行会特征。

大鱼会停办已数十年，作者访问大观楼村老人数次，以杨正美的讲述最为清晰。杨正美生于1933年，他头脑清楚，行事干练，自1956年至1978年在该村任过二十多年的生产队长，少年时接触过大鱼会。他说，大鱼会是维持行业秩序的会，对一些不正当的买卖行为如强买强卖，打架斗殴，要罚。轻者批评教育，重者罚香油（菜油），要求大家安分守己做生意。做会就在本村，一年一次，自正月初三至初五共三天。在陈家塘，这里有一塘水，面积约20多亩，连通滇池，全村的船只集中在此，在旁边的田里支一些桌子，干秧田里用风蓬搭起帐篷办餐。当时杨正美六七岁或者十来岁，跟随父亲去会上吃饭，每个成人交会费100元，吃三天，一家去一个男人，可带上一个孩子。本村无寺庙。

回忆办会的负责人，他说，杨开义是会长，再加村里保甲长几人一起负责。杨开义的绰号是老县长，管总，威信高，1952年去世的，他的儿子当过保长，在划分阶级成分中，被定为下中农。当时本村做鱼生意的有二十多户。大鱼会的参与者主要是大观楼村人，其他临近的村子大坝、五家堆、小围村也有七八户做鱼生意的加入其中。参会人员共四五十人，规模较大香会小。三天中赌钱娱乐，用三颗骰子摇宝，有时唱花灯，灯班是本村与外村的逗凑班。

杨正美的讲述还旁及农民的行会。他说，与大观楼村隔河相望的五家堆村，有部分村民务农，他们与邻近的西坝北村，并在一起做农民的会，称青苗会。那些距离滇池远些的村庄，如张家楼、西坝、白马庙等以农业为业，做的行会都是青苗会。

与渔家零星的行会相比较，中国农民的行会青苗会历史悠久，根基深厚。笔者在昆明东郊彝族撒梅人社区调研，在小石坝村的寺庙发现一块石碑，是记载本村上交农业税的时间、税目和税额的，其中在集体提留部分有用于青苗会的款项，石碑刻于大清嘉庆二十三年（1818年）。可见，在悠长的封建时代，以农立国的政府是鼓励农民建行会自律的。

清人倪蜕，今上海松江区人，康熙时随甘国璧（云南巡抚）入滇做抚台幕僚，著《滇云历年传》《滇小记》。是他的一段文字，将我在拙作《滇池纪事》出版后，目光又定格于"海弯柳"（旧名"普特"），文曰：普特，碧鸡山下有此种，以渔为业，耐寒，舟不盈尺，而资生工具咸备；又有泅水捕鱼者，丹须蓬发，人称之为"龙王"，竟没水中，与波俱起，口衔手捉皆巨鱼［摘自《滇云历年传》（清）倪蜕辑李埏校点］

　　本文定稿于 2015 年 9 月。记得 2004 年 1 月《滇池纪事》出版后，我的创作兴奋点转向省坝即将消失的农耕和彝族土著文化，没有时间和精力再去触碰滇池。后来，阅读清人倪蜕著书《滇小记》，一段文字把我的目光又引向滇池。文曰：普特，碧鸡山下有此种，以渔为业，耐寒，舟不盈尺，而资生工具咸备；又有泅水捕鱼者，丹须蓬发，人称之为"龙王"，竟没水中，与波俱起，口衔手捉皆巨鱼。倪蜕的这段话是归在昆明土著族群类的。其时我正精心收集昆明东郊彝族撒梅人的相关资料，彝族曾是昆明坝子土著之大类。这勾起了我的好奇，便迈开双脚到滇池周遭寻找他们。当然，结果是没找到一个"普特"，却找到了谐称"海弯柳"的一群人，深被吸引，因为这是《滇池纪事》一书极需充实的部分。调研过程盘桓近半年。

　　"普特"去了何处，在陆蔚主编的《福海乡志》中，我找到了呼应，在该书的"地理"篇"自然概况"章"社区及村落"节有如下阐述：

（福海乡）周家地片村、大坝村、渔堆村、郑家河村、河尾村、新河村、鲤鱼坑、五家堆、庄稼塘等村落（这里正是我调研"海弯柳"的重点区域——作者），早期生活着被称为"普特人"的人群。他们是在滇池沿岸以打鱼为生，居无定所，漂泊无定的渔民，后来逐渐在滇池草海沿岸选择湖塘高地（俗称"墩"）定居下来，形成今日上述地区的早期村落聚居点……日久天长，逐渐被融合在汉族之中，形成今日福海乡以汉族为主的人口结构特点。福海乡境今有少量其他民族，但这些民族均未形成聚落，大多是1949年后因婚姻和工作等原因迁来的。

《福海乡志》的解释是合乎情理的，"普特"人群中的部分人被融入主流文化人群中，但是，以我在昆明东郊对彝族的一个支系撒梅族人民性格的了解推测，"普特"人群中的大部分已迁徙至山区。云南有许多宜居土山，那里有山泉、林地和一些不大的坝子。山间小坝子虽然荆棘满地，但开垦出来都是好田土。那里的环境适合他们构建天地人和谐共处的理念，过特立独行且不被打搅的生活。当然，现在探究他们到底去了哪里已经不重要，重要的是滇池"海弯柳"传承了历代渔民先辈包括"普特"的劳作技艺、生存方式甚至血缘基因。他们为昆明人增加蛋白质能量，为昆明城增光添彩。可以肯定的是，滇池记忆，是一部各民族共同创作的文化记忆，如若不信，你去问问在滇池宝象河以东的那条"倮㑩"河吧。那里距福海乡数十公里，倮㑩是旧时对土著彝族的不雅称谓，河之命名，应与河湖之侧的居民密切相关。由此可以断定，"普特"曾经遍布滇池周遭。据《滇池水利志》记载，倮㑩河于清朝改称洛龙河。

记昆明道士张宗亮

八十三岁高寿故去

从昆明西山三清阁道观到白邑黑龙潭黑龙宫。2002年下半年，我写作《滇池纪事》，于昆明西山龙门三清阁周遭盘桓追索，闻三清阁曾是道教宫观，民国时观中有个小道童名张宗亮，现在还健在，至嵩明白邑黑龙潭可以找到他。提供线索的是一位情寄道统的后生，可惜没有记下他的姓名。旧时，昆明道观甚多，作为中国传统文化载体之一的道教，在宗教界占有重要地位。我正想寻找昆明道教文化的切入点——一个活生生的个案，有此等线索，怎可放过，于是，费尽心机寻找机会，在张榮教授帮助下，终于如愿。其时，张老师并妻子袁天莹在白邑黑龙潭投资，做生态保护兼寺庙修复等文化保存之项目，后来得知，袁老师是昆明名人袁嘉谷之后。得他们相助，甚感激。

张宗亮原名张嘉福（俗名），昆明道人，祖籍四川，生于1923年腊月二十一，卒于2006年冬月十二，寿83岁，曾于1931年至1955年在昆明、嵩明习道行道24年。

张宗亮出身贫寒，父亲早亡，母亲改嫁，8岁在昆明西山龙门三清阁道观出家。三年后，因三清阁与真庆观起宗族财产争端，住持李智芳（昆明呈贡人）处置不当，至道观产权改易。不谙世事的张宗亮被迫下山，先后寄住于昆明三皇宫（东寺街石桥铺）、轩辕宫（翠湖五华山脚下，后为张冲别墅）。16岁（1939年）跟随孙智和道长（云南宣威人）

落脚嵩明县白邑乡黑龙潭道观。32 岁（1955 年）为避祸于白洋道派（又称一贯道，政府定性为反动会道门），道观选择整体解散，他"转道归农"（张宗亮自述），落发还俗，结婚生子，然犹寄情道统，过着不农不道的日子，直至 83 岁病故于白邑黑龙潭龙潭营村寓所。

我于 2003 年 2 月至 5 月前后三次赶赴白邑黑龙潭与龙潭营村，造访张宗亮及其家人并村邻。在他 80 岁时于该村 250 号他家堂屋内，观其着道士装，行道教圣节"三跪九叩"礼，览其收藏——手抄的经书典章，还有翻得有些卷边的《三国演义》《水浒传》《隋唐演义》等书籍。

他的毛笔小楷都是繁体字，有古韵。看着他津津乐道的模样，我知道，他喜欢道士行当，他说，这些是从小习学的东西，不能丢。他没有道学传人，知道我在做昆明历史、民俗文化的考察，便从里屋找出两份资料送与我，是他手书的"张宗亮出身简历"与"昆明市道教会历史纪

2003 年 2 月，80 岁的道人张宗亮在其居所：昆明白邑龙潭营村 250 号郑重其事接待我，手捧的是其道教经典习作功课

要"，还有两张在20世纪80年代于白邑照相馆拍摄的道士盛装彩照，见我讶然乡镇相馆有道士配装，他解释，服装是自己缝的，前后缝过两三套。接过资料，我迅速浏览一遍，薄薄两三页纸，掂出了分量，这是他一生的积累，也是昆明一个已经消逝的时代记录（原文附后）。这次因谈得投入，误了返昆明中巴，在路旁农家小客栈住了一宿，也是难得的经历，这天是2003年4月8日，是我对张宗亮的第二次访谈。

记得2月18日初访老人，见其行状农不农、道不道，令我这个初入其门者有点不适应。后来，翻阅云南省道教书籍，知道于本土民俗，道人有清虚、火居之分。清虚者，居道观，着道袍梳发髻，常年念经吃素；火居者，在家修行，只在礼忏讽颂时吃素，日常与百姓生活无异，其类同佛教之居士。张宗亮于1955年在特定历史阶段以顺应潮流的"还俗"之举，改变了"清虚"道人的生活常态，但他的精气神仍在道学。尤其在20世纪80年代国家采取改革开放政策以后，习艺、素食、礼忏几乎成常态。每年二月二"龙抬头"民俗庙会期间，在黑龙潭龙宫做圣节；每月初一、十五至经坛念经讽颂，似乎仍居于"火居"道人之列。

白邑距昆明城四十余公里，交通不便，加之后来我专事昆明坝子农耕与东郊土著民族文化的"田野"工作，投入的时间精力极大，张宗亮就逐渐淡出我的视野。然而，对这位龙门三清阁道观最后健在的道士，我仍上心，访着家居周边来自白邑的打工者，是几个在餐馆帮厨的妇女，我总要问问老人近况，开始两年，她们说："赶街遇着呢。"后来就说，"好久不见，怕是不在了"。

2014年3月19日再访白邑，至龙潭营村，村貌已有大变，两层楼的新房增加不少，道路也作重新规划，看得出，百姓生活有很大改善。自1982年4月，昆明市政府为保护春城、治理滇池，将白邑列为松华坝饮用水源保护区后，地方党政部门为涵养水源，保护生态，大举退耕还林，经30年不懈努力，事有所成。

20世纪80年代,张宗亮六十余岁,在白邑照相馆拍摄盛装道人像,他身着自己缝制的道袍,一手持道教令牌,一手托《老子道德经》,眉眼中尽显对国家改革开放后可以重操旧业的憧憬

着装的第二套道袍背面有阴阳八卦与北斗七星

找到张宗亮旧居，见到的是他的妻与子，得知老人故去已有七年。问起老人最后的遭际，其子张玉轩说，父亲是在一次赶街路上摔伤，两三年后不在的。玉轩是长子，生于1958年，有一定文化功底，是黑龙潭中学1974年的初中毕业生，当年他的成绩很好，可惜在"文化大革命"时期被耽误，失去了继续深造的机会。后来，他学了手艺，在昆明、嵩明、曲靖等地四处打工，从事木工、泥水及装修。现老屋的侧室后院盖起的新居，就是他的手艺。他与母亲住在一起，老人已有81岁高龄，需要儿女照料。之前，与玉轩见过两次。他理解我做的工作，特意通知嫁在本村的大妹张玉珍赶来与我见过。兄弟张玉新已在白邑老坝村上门，现在白邑乡政府工作。张宗亮共有二子二女，最小的女儿5岁时溺死于黑龙潭内的小龙潭。

玉轩从里屋抬出一只发黄的纸箱，里面装的全是书，正是我于十年前见过的。他说，父亲临终时交代，这箱书不能卖、不要丢。从他说话的神态，我知道玉轩始终未进入父亲的世界。他说，父亲性格固执，不会讲话，对孩子不大关心。过去干农活，主力是妈，后来是我。他在那个年代，念的经是"讨吉利"（平安祈福）。在当地，为亡故超度一般做佛事，两者比较道教法事收入较少。他喜欢道教，平日在家也念念经。未动员我们

2014年3月第四次赶赴白邑，张宗亮故去已有七年，他的遗孀余学英与长子张玉轩在新居大门留影

学，我们也不想学。听到此处，我忆起张宗亮曾对我说，道教没指望。因此，如此结局再自然不过。只是，与一般农村家庭相比，我感慨他们生存的不易。

没落道人　卑微而坦荡

据张宗亮自述，父亲张岐山病逝，家中孤儿寡母，没有积蓄，连后事都是"川帮会"捐资安葬。寡母张罗氏领着两个儿子，老大张宗亮年有8岁，老二仅4岁，住处从大厂巷小富春街次第搬迁至水晶宫、木行街，每况愈下，最终将两个儿子分送寺庙。张宗亮出家在西山龙门三清阁高山之上，从此再未见母亲与兄弟的面，还是旁人告之："你母亲嫁人去了。"无依无靠的张宗亮自此绝了尘缘，一门心思皈依道门。然而，清灯道人之穹庐仍立于人间烟火之上，三年后，昆明真庆观道人居然以"家族宗支财产"纷争而打上山门，11岁的张宗亮生活无着只得下山，寄栖于昆明三皇宫，一年后再借住于轩辕宫，三年后，又遇窘境，民国时期云南省府高官张冲居然看上翠湖边轩辕宫的宅基风水，将其买下。此桩公案，我曾从云南省文史馆员李瑞先生处闻知，当时轩辕宫道观与商界帽行结盟，帽行驻于此宫，有部分产权，张冲是从帽行手中购得房产，道观周围土地变卖所得安置众道士。出身卑微的张宗亮又一次改换门庭，跟随师公孙智和辗转至嵩明白邑黑龙潭道观。

说起道人非道之事，民国时还有一桩。据张宗亮讲述，昆明黑龙潭龙泉道观有上、下两观，香火收入甚厚，两观不和，争夺家当（财产），势弱吃亏一方有人跳潭淹死。适逢省民政厅长张邦翰在黑龙潭游玩，便召集上、下观道人询问事由，闻知是为争家当而起，怒道，既然如此，由民国政府替你们管理，财产没收，随后民政厅派人至观收功德并香火田租谷，官方给道人每人一年三大升米作为生活费。后昆明道教会选出邓教坤至黑龙潭当家，政府才将观产归还。

张宗亮自1939年至1955年在白邑黑龙宫行道16年。据乡邻讲述，他勤俭、克己，生活是安定的，没有受多少苦。1955年还俗，龙潭营村按政策给观中仅有的三个道人分田地，一人3亩共9亩，各自耕种。婚后，张宗亮一家曾搬迁至马脚村生活两年，后因道观房屋无人看守又回观中居住，1976年，龙潭旁的学校因扩建需占用道观土地，县教育局出资1000元委托龙潭营村解决张家住宅，村里买下一个五保户住房，张宗亮从此定居该村。

张宗亮身材矮小，习惯于念经的他于农活不得力。成家后，一家之主的作用不到位，累的是妻儿。妻子余学英是白邑苏海村人，比他小十岁，也是穷苦人家出身，回忆旧时父母生存的不易，她说，爹过去挑柴到昆明去卖，两头黑（即天不亮就出门，天黑尽才到家）。往返八十余公里路程，还肩负柴薪，是能吃苦耐劳之人。在如此家庭长大的余学英，在谋生持家中有足够的忍受力与拼劲。

说起与丈夫的婚姻，她说，是老的答应了。在20世纪50年代，边远农村还盛行父母之命、媒妁之言的传统婚姻习俗。结婚时，张宗亮33岁，为人好，有文化，曾经也有职业（念经）依靠，看来老人眼光并不差。只是余学英自己也不壮实，要支撑起这个家不易，尤其要养儿育女，婚后三年，老大出世，然后，1963年生老二，1968年生老三，1970年生老四。当时的农村仅靠劳力吃饭，张宗亮缺的就是劳力。余学英说，孩子很小时，困难，很可怜，在生产队分点粮食，挣工分，劳力强的人家一年可分现钱一万多，我们劳力弱，分不了多少，用钱主要靠卖粮食，家里用钱的地方还真不少。余学英从丈夫那里知道了文化的重要，老大到了适龄，马上入校读书，连续九年，直至初中毕业。说到筹款交学费，她说起后来为外孙攒学费之事，这应该是20世纪90年代的事，家庭最困难时期已过去。她说，我们挖挖地，栽些菜，早晚生火做饭，白日全在农田做活计。喂牲口，养五六头猪，卖出两头，又有了一窝小猪，多时，总共19头猪。老二（张玉珍）的儿子在读书，卖了猪供他读书。在讲述家庭的劳作时她一点也没提及丈夫，她眼中的丈夫，更像读书先生，成天看书，有时连饭都忘了吃。

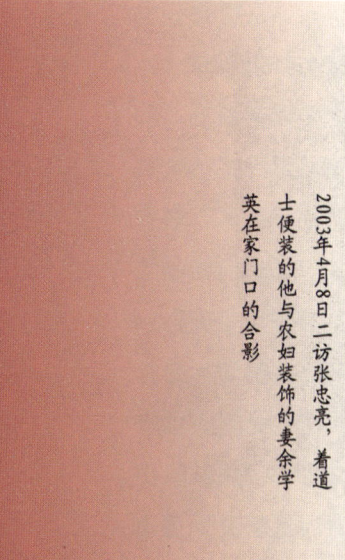

2003年4月8日二访张忠亮,着道士便装的他与农妇装饰的妻余学英在家门口的合影

在儿子玉轩的眼中,父亲也像个读书人,他说,父亲很钻,有空就读书,看书成他的专业了。爱买小说、古典文学、章回小说,一天到晚地看书。他年轻时撰写经书,有些老师会找他认字,白邑五中是个县属中学,老师有不懂的繁体字都会找他。

一次,我请龙潭营村的乡邻在馆子吃饭,他们用当地特有的歇后语表示感谢:"黑龙潭的鱼,倒挠客。"他们眼中的张宗亮仍像个道人。70岁的何忠当过几年生产队干部,他说,张宗亮讨媳妇,不想讨、无法、讨了,生几个孩子。他念经,道经、黄经都熟,道经更熟,喜欢钻研,人是可以的,有时出来玩玩,与人下下棋,唱唱滇戏,在戏曲上熟,喜欢钻研,村民对他尊重。街心有个八十余岁的老人也在座,众人唤她黄昌家嬷(黄昌的母亲),她说年轻时自己爱去龙潭玩,对道观的事知道一些,张宗亮来到黑龙潭,有个孙志和,孙的师父叫王明焕。张宗亮对师父说,他要出来,讨媳妇,后来有了二子二女。初一、十五去龙潭念经,胆子小,龙潭有田地,他做庄稼,挑不动,软点。师父要讲讲他,他不满意。

张宗亮在自家堂屋与当过龙潭营村干部的何忠（右）聊天。张宗亮是文化人，识许多繁体文言文，为人谨慎，受村人尊敬

在众人的讲述中，我知道了张宗亮的秉性，平实、谦和，还有几分软弱与执拗。

张宗亮说过，土地改革时，他的成分定为宗教职业。以我之见，从别样角度观之，作为道士，应该是干着宗教职业的知识者，他的优势在文化上。他曾这样讲述："文化，我不断，只有文化才能安身。"他见过没有文化的道士被欺侮的事。童年，三清阁与真庆观因产业而起的纷争中，面对真庆观道人威逼，师父李智芳先行退却离去，师叔杨智深不服，领着众人在山上坚守，但他没有文化，打开经书，不懂、不会念，被真庆观杨和民、老晋等人羞辱并赶下山去，时当抗日战争时期，省府在翠湖海心亭设站招兵，称为志愿军，悲愤的他，参军抗日去了，后来在台儿庄战役中遗失（战殁）。张宗亮终其一生未进过学校，他的文化启蒙者是父亲，张岐山是个识文断字的裁缝先生，在他病逝前教过长子半年的书，正是凭着这半年的奠基，张宗亮作为道童在三清阁学了三年经，后来在轩辕宫又习经念经三年，大约就在此阶段，道观从四川二仙庵请来大师传授宗教规矩礼行，好学强记的他于数十年后在他家堂屋内向我演绎道教礼行大展规与田字规就得自这次训练。无疑，张宗亮于道学是用心钻研的，在师公孙智和于1950年病故后，如果顺乎自然，他极有可能是掌门的继任者。1955年还俗，有了妻儿，生活负担加重，干农活再不济，也要勉力而为。20世纪"文化大革命"时，在全国兴起"破四旧"浪潮中，他将手头经书烧个精光。80年代国家采取"拨乱反正"、改革开放新政后又有了操持宗教空间，当时他六十余岁还有精力，1987年起应村民邀约，又去道观念经。没有经书，从他处借来抄录，不认得的字，随时翻阅字典，就这样，先后抄录四大本经书。在他的遗物箱内，玉轩拣出这些工工整整的文言文写本，计有：第一本，（一）早功课、（二）雷祖忏、（三）玉皇忏、（四）三元忏、（五）朝真科、（六）朝元科、（七）众圣诰。第二本，（一）地藏经、（二）发文科、（三）章科、（四）开方科、（五）仙灯科、（六）送圣科、（七）静斗科、（八）奏星科、（九）诸斋科、（十）金玉科、（十一）玄门圣诰。第三本，（一）玉皇经、（二）雷祖经、（三）北斗经、（四）三官经、（五）南斗经、（六）斗姆经、（七）黄庭经、（八）龙王经、（九）灶王经、（十）星真忏。第四本，（一）火、（二）洞、（三）仙、（四）经。

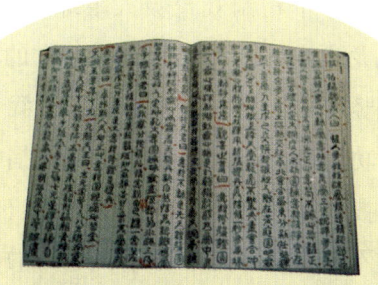

张宗亮的遗作四大本笔记，此为手书经文

道家有顺乎自然、乐天知命的古训，张宗亮为人也有此遗风，叙述自己坎坷人生，他轻言慢语，自然平和，好像在讲述他人故事，只有两次例外。一次是讲述长子玉轩书读得好，在班上名列前三，可惜未得深造，言语中有是不是因自己的道士身份影响其前程的自责。当时玉轩就在旁边，他快人快语不以为然地说："我们一班，读书出去的没多少，个把两个，要有家庭支撑，他们（指父母）软弱是干体力活干不赢别人。"不过，在这个话题中，父与子都忽略了当时的环境，1966 年至 1976 年，国民教育受动乱影响，大学十年未招生，全国被耽误的人才比比皆是，玉轩 1974 年初中毕业，安得例外。另一次是讲述师公孙智和之死，是在 1950 年农历四月十五，师公寿限 60 岁，是他一手操办了葬仪。说起死因，他说，肺病，又吸鸦片又喝酒，跟普通人一样，口气中有惋惜也有不屑。我感觉他做人是有底线的。

在 1949 年以后社会处于大转圜之期，有一批道人走的是张宗亮的路子——还俗，我没有机会接触他人，但我以为张宗亮应是其中结局较好的一位。作为没落道人，他出身卑微而行事坦荡，得乡亲善待，与妻子协力培养儿孙，后辈生活得不输于人。

道法自然　失落的功德

记得初赴白邑，在黑龙潭龙宫院内等候张宗亮的到来，爱浏览的我四处察看。大门内侧，一个精制戏台吸人眼球，它雕梁画栋美不胜收。尤其是一款题为"九龙戏珠"木板彩雕证明了它的不凡。戏台一侧，有一些未成器的石料横竖堆放，里面似乎有石碑，我小心地跨过去，一探究竟，墙边竖着若干功德碑，记载近期龙宫复修捐款人名姓。在边缘一角，有块功德碑不同寻常，它刻于大清嘉庆九年（1804 年），距今已有两百多年历史，碑刻不足百字，随意潦草，透露的信息却不少，对研究解读古人管理盘龙江滇池水系的方法以及道观与邻近村庄的互助互生关系很有价值，谨录于后：

八村重修　黑龙宫募化　昆明县沿河一带地方自三家村小河以至春登里金汁河尾止。

双桥村

春八甲九村　新草房（五里多）

小坝　下坝　北仓　麦地村

春四甲　春五甲　大白庙

旧门里（小坂桥——中闸之间）

苜蓿厂

佴家湾　马军厂

下河埂　麻线营

董家湾　石闸

碑记中的村庄是那次大修龙宫的捐资者，其中七八个村庄，我在考察省坝农耕文化时有过接触。

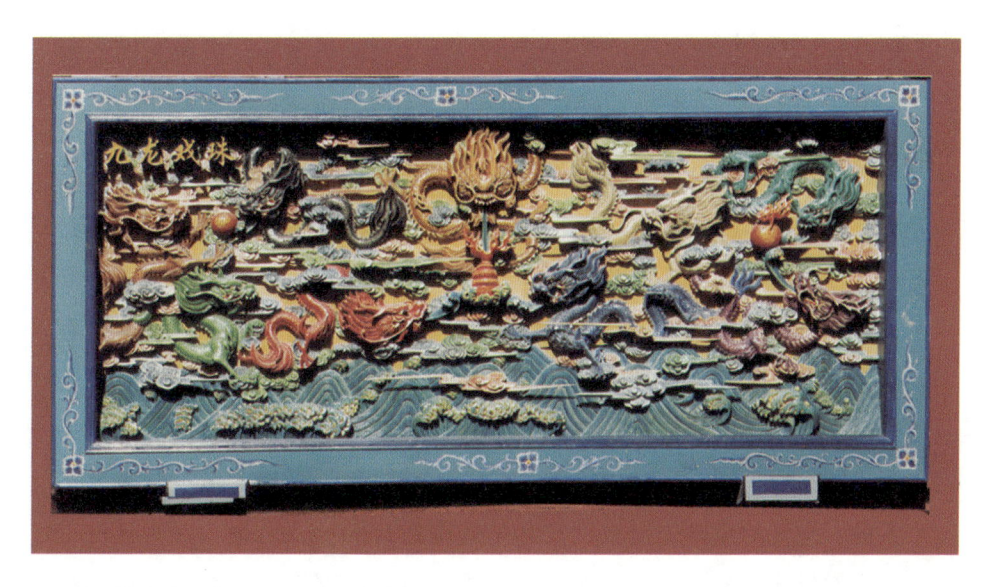

白邑黑龙宫精美的"九龙戏珠"木雕

由官山流出的黑龙潭水晶莹剔透，水中长着繁盛的海菜花（白花）。上游小龙潭曾有两盘水碾，张宗亮在此劳作十余年，是道观主要经济来源

　　碑记的特别之处在于"八村重修""黑龙宫募化"。按民间惯例，凡寺庙重修资金募集，多由该寺主持并实施，至多再加寺庙所在村庄参与，嘉庆九年进行的龙宫复修与募化却是个二元组合。当时的龙宫与八村是何关系，二百多年后的今日还能破解此题吗？当时，我对解读古碑没有期待，因为从碑刻制作的粗糙观之，这是个乡野作品，聊记而已，不会有官家文牍印证。孰料，张宗亮为我解开了谜团，因为古时村寺的互助互动机制一直延续至道观的终结——1955年。他说，黑龙潭名义上是出家人的，念经的经典是道教，实际是周围八村的公众之地，一种说法是家庙祠堂形式，另一种说法是公众的管理方式。宫里房屋烂了，由八村修，什么事都由公众集中办理，八村出来办，要用的东西，安排人，记账本，交由我出钱，因黑龙潭有财产收入。

至于黑龙潭的财产收入来源，他说，黑龙潭原有土地 25 亩，是老根本。孙志和当家时又买了一二百亩土地，后被人赎回。这 25 亩土地来自五个村：腰站 5 亩，前所 5 亩，大营 5 亩，回子营 5 亩，南营界马脚村 5 亩。所谓八村是白邑坝子黑龙潭周围村庄即：腰站、前所、大营、回子营、龙潭营、马脚村、南营、后所。道人将远的田地租予他人，收租米，近的自己盘。收入的粮食主要用于道人的生活，田地又称养鱼田，因为龙潭养着许多大鱼，喂的饲料是斋饭。这些鱼头上有神圣光环，它们是龙王的子民，道人悉心喂养，有时鱼儿跃上池岸，人们会及时将其放归水潭。平日食用的鱼从市场购回。

道观的主要收入，是设在小龙潭沟尾的两盘水碾，一盘称老水碾，另一盘称新水碾。此处水力大动力足，忙活时可以日夜运作，为周围农人碾米，碾 100 斤谷可得 1 斤米的收入。当年张宗亮跟随其师公孙志和来龙潭时才年满 16 岁，正是干活的好时候，村民回忆那时他整日在水碾坊忙碌，手上掌管着道观的这笔收入，故有宫观维修，八村出面张罗，张宗亮出钱之说。

在昆明，许多寺庙都有香客贡献香火费的收入，尤其是一些有点名气的大寺。我曾询问张宗亮，白邑黑龙潭有没有这笔收入。他说，这里不同于昆明，昆明道人念经，是根本与职业，香火费是他们的主要收入。白邑是农村，道人以盘地与经营水碾为主，还要守山，此山名为官山，又名龙潭山，水就从山肚子里淌出，山上有青松、棵松、杉松，大树多，有两人合抱粗细。人们早已懂得，保护青山是涵养水源的重要措施。因此道人平日没时间念经，日常不兴收功德。

至此。我明白了，旧时黑龙宫道观的产权归属八村所有，宫中道士是水源地的管理者，他们以众姓所信仰的道教作为念经经典，向龙王献香火，同时对龙潭、官山、游鱼、花草树木以及宫观建筑进行悉心保护。八村为道观提供 25 亩养鱼田作为道人生存基础，同时道观也得以享用水利资源：饮用灌溉以及水碾运作。

黑龙潭水是八村民众的生活与农耕用水，保证龙潭水的洁净与安全是农民的生存必需。村民选择建宫观，请道人，以保障自己的生存之需，在旧时，这是最佳选择，由此形成的道人与农民，道观与村庄和谐共存的关系正是中国数千年传统文化之承续，也是发端于中国春秋末叶由智者李耳（老子）创建的道学"天人合一"思想的附丽。好聪明的农人与敬业的道士。古碑"八村重修　黑龙宫募化"九字蕴含的内容真是丰富多彩。

再说碑记记载的黑龙潭募化功德的范围，是旧时昆明县沿河（盘龙江金汁河）一带地方自三家村小河以至春登里金汁河尾，其间南北向纵贯总有六七十公里之遥。在昆明坝供奉的本土龙王寺庙很多，少有号召力如此之广的龙宫，白邑黑龙宫龙君何德何能，身居鄙乡，竟有此等影响力。这个答案要从黑龙潭本身寻找。黑龙宫宫阙不大，背靠官山，面西而坐，正殿简约朴素，占地仅二十余平方米，内中安放着高大的龙君

托庇人间帝王（清光绪皇帝御笔）"盘江昭佑"，黑龙宫"龙君殿"雍容华贵，内侧有光绪九年（1883年）昆明人二甲进士陈荣昌撰联：踞盘龙宝象上流为霖为雨；溉金马碧鸡全郡利物利人

坐像及宝座、供桌、幔帐。龙君宝座上方有个金字匾额极为醒目：盘江昭佑。其是清光绪十三年（1887年）皇帝钦命太子太保兵部尚书云贵总督部堂伊里布赐予的御笔之宝。匾额下方对伊里布之籍贯血统有注：白山伊里布，皇室宗亲。他是清皇室发祥地长白山人，有正宗爱新觉罗血统。由这位总督代表皇帝赐匾是再恰当不过了。匾额的"盘江"，指昆明盘龙江，它就得名于距龙宫不远的三家村小河的盘龙古桥。盘龙江汇集的河水是滇池最大源流。"盘龙昭佑"之意是盘龙江仰仗黑龙宫神佑。龙宫正门楹联揭示了由黑龙神佑的水润泽昆明功德至重至大，这是清光绪九年（1883年）二甲进士昆明陈荣昌的撰联：踞盘龙宝象上流为霖为雨；溉金马碧鸡全郡利物利人。

有关黑龙的神话被民国时期云南省主席龙云演绎过一次。1943年，昆明大旱，笃信龙神威力的龙云亲临黑龙潭求雨，据说龙王显灵，普降甘霖。凡此种种，令好戏谑的昆明人给白邑黑龙潭这位"神龙"呼了个雅号：总督龙王。

黑龙潭之北数公里处还有一个大龙潭名青龙潭，有关它的历史记载似乎更早。据方志《盘江之源》载：清康熙年间，有使奉命查河，从昆明至此，寻见此潭，悬上一额曰："星汉逢源"并注跋语其上，乾隆四十一年（1776年）草建青龙宫。光绪甲午年（1894年），大旱，泉水乍涸，禾苗焦枯，其旁的凤邑村人在老龙潭之下另掘一潭，涌泉也大，时逢滇督锡良遣使寻河至此，即呈请拨库银百两，新建青龙宫，题额"泽济苍生"，并赐龙池2个……与黑龙潭相较，这位青龙神大约因距昆明更僻远，没有总督部堂亲临，更未得皇帝的御笔墨宝，声望小了许多。青龙潭也有道观名"青龙宫"，我曾考察于此，环境尚属幽静，但铺陈松散、杂沓，没有黑龙宫的凝练直观。以方志观之，此宫应为官办，因为它的龙宫宫阙似乎都是官库拨款建造。

人们统计，白邑青龙、黑龙两龙潭的出水量甚为可观：分别在每秒0.5立方米以上，年出水量达1.2亿立方米。据水利部门测定，过去滇池在正常年景由各河流注入水量每年5.5亿—7.1亿立方米。白邑除了

端坐的黑龙神享用昆明百姓数百年香火，1943年云南主席龙云至此求雨得而，黑龙宫道观由此声名鹊起

黑龙宫精致的戏台正对着"龙君殿"，表明这里的演出首先是酬神

两龙潭之水，还有许多较小水流，史称"九十九泉合流"，汇成冷水、牧羊两河入盘龙江，汇入滇池之水量约占三分之一。

"龙神"的功德因镌刻于古建筑而彪炳千秋，这是上苍对昆明人的厚爱。然而俗话说，吃水不忘挖井人，这掘水与护水的功德也不该被忘记，何况，盘龙江金汁河灌区数万亩良田自元朝以来就是云南府的重要粮仓。

因追访昆明道人张宗亮而至白邑黑龙潭并八村，如果不是那块刻字浅显潦草的石碑，世人会疏忽许多。就一般的道观维修，不会如此兴师动众，也就在八村与道观范围之内，此碑昭示了古人对水系维护的全局观与系统论意识——与现代人相去不远。当然招式截然不同，它托庇的是"神"，是敬神的随心功德，其原则是自愿，因碑石铭刻的村庄只占灌区偌大范围的小部分。

公正评价张宗亮的一生，他与黑龙宫的道长及伙伴对白邑——昆明及滇池水资源的保护是做过重要贡献的，作为黑龙宫真正的地主——产权方，白邑八村极有底蕴，就以距龙潭最近的龙潭营村来说，村民何忠介绍，祖上传说，村民是由南京充军过来的，现在，村子大，有500余户人家，1400多人，全村有二十余个姓氏。以此推断，应是明代中原移民之后。从八村的村名尾缀断之：营、所、站，也是旧时军屯编制。八村之一的大营，在清末民初出过一位有影响的人物，此人名叫顾秉钧（1873—1922年），字衡斋，聪明过人，尤善理财。他通晓云南财赋厘税的收入、官粮薪饷的支出，其公务阅历由民国云南粮饷局被服厂科员，而至军务司军需科长、造币厂长、军需局局长，直至富滇银行行长。

白邑八村是有分量的。

说到八村的强势，我不由想起张宗亮说过的一件事：师公孙智和买过一二百亩田地，后被农民赎回。当时我没在意，未及细问，现在想来，必有文章。以黑龙宫25亩养鱼田及2套水碾的运作，其收入要养活道士数人，大鱼数百上千尾，龙宫维修的不时之需，还有其他开销（例如孙智和吸食鸦片需花费不少钱财），积蓄无多，对于日常没有香火收入的

中华民国早期，鄙乡白邑出了一位人才，顾秉钧（字衡斋），他任过云南督军府军务司军需科长、造币厂厂长、军需局局长。还任过富滇银行第二任行长。乡人为其在龙君殿侧立碑留名，既有褒奖衡斋先生之意也有提携后人奋发之功效

寺宫，绝买不起如此数额田亩。我联想起1943年云南省主席龙云的那次求雨得雨的即兴之作，为感恩"黑龙神"并道观神职人员，他必施以不菲功德。其时孙道长携徒张宗亮到寺观已有五年，一定是这笔意外之财，令孙智和道长凡心大张，将资财投资于购买不动产百余亩土地。可以想见，数十户失地农家生活因之陷于窘境，这种大量积聚财富的做派与宗教劝善积德、施惠众生之教义不符，也与道家清心寡欲，淡泊人生的传统相悖。八村是黑龙宫道观的产权持有方，对功德费的支配使用也有主张权，只有他们的干预才能中止道观的不妥之举，这应是失地农民赎回田地的重要背景与助力。八村为黑龙宫拨正了方向。这应该是发生在1943年至1950年七年中的事。否则，两年后道观在新中国土地改革中的遭际会是另一番景象。有意思的是，道观土地的得失恰恰印证了道家创世者老子的古朴辩证法：福兮祸之所倚，祸兮福之所伏。人生之起伏，道观之兴衰都是世间常态。

附：张宗亮出身简历（自述）

（我）原名张嘉福，生于公元一九二三年腊月二十一午时。父亲原籍四川省，母亲贵州省人氏，父名张岐山，母张罗氏。流落云南省昆明市租房居住，开裁缝铺为生，所住地址大厂巷小富春街。一九三一年父亲病故身亡五十八岁，母亲年约三十有零，因家无资产难以维生，川帮会员投资将父安葬，母子生活无依亦无家族亲眷，尚有兄弟一人，时我年仅八岁兄弟四岁，只有母亲做针线手工度日无法生活，将铺房转予他人又搬迁水晶宫、木行街二处住座一段时间，遂将我弟兄二人送入寺庙各在一处，三人未得见面，成为母子三人各在一方不知下落。最后只听旁人言道，你母亲嫁人去了。从此，母亲兄弟永久未得见面了。

我出家在西山三清阁拜师出家，师名李智芳，我取名叫作张理清，将及三年之期，寺上发生家庭宗支争吵变故。事因昆明真庆观与西山三清阁为一宗支各立门户，真庆观争执要上西山三清阁，当家李智芳神志昏迷，许可同意，后即到昆明，数月后未转回山，时值年关岁月，寺上生活无人照料，伙食欠缺，我只得下山离寺到昆明三皇宫寄住将及年余，三清阁只剩李智芳之师弟杨智深一人，无能为力，被真庆观赵、晋二人将杨智深痛打赶出寺外，杨无力抵抗遂转昆明，时值抗日战争之期，翠湖设立征兵机构，杨应征自愿报名入伍，即时将我从三皇宫带出转寄予轩辕宫住持陈理贵扶养，当时言明，待到退伍之日有了安身之处再来领取于我，嘱毕即入伍名为志愿军，及后永久杳无音信，想已阵亡。

我名张理清，因与陈同一字派，遂将我排贬低降一字，取名张宗亮（1935年事）。

将及四年，轩辕宫又发生变故，事因轩辕宫是帽铺行业会馆会议室基，其中道士是侍奉香火者，会内决议，将其殿宇房屋卖与云南省张冲，将大梵宫座落上等土地十八工良田给予宫内道士作为搬迁生活费，脱离关系。我于当时跟随师公孙智和转到嵩明县邵甸白邑乡黑龙宫内长年居

住时年十六岁（1939年事）

　　及至1950年全国解放，师公羽化去世。政策落实为农村人口应分土地互助合作发展生产。当时情况复杂，为白洋道派影响甚大，恐诬我道教宗派声名，遂依政策法令转道归农，于1955年落发还俗结婚，原居于宫，参加农业生产成立社会新家庭，1966年宫内建立农业中学，经教育部门决议，令生产队吸收该户人口入队，搬迁入农村，部门给予资金币1000元予生产队以作此户人口建房住所，永为农村人口，及至破旧立新之时，宫内圣像建筑物全被毁灭无存，及至1981、1982两年之间，又重新修建塑造神像殿宇，复兴宗教事业，我现刻（现刻，"现在"之意——作者）寺内逢香火会期到寺参加宗教功课，闲下寓居家中以度晚景。

　　谨此自述

云南省嵩明县白邑乡龙潭营村
龙门正派二十三代后学弟子张宗亮年七十五岁
公元一九九八年十一月三日　记

附：民国后期昆明市道教宫观概要

（原作名称：昆明市道教会历史纪要）

金殿，原名太和宫，另有环翠宫。太和宫住持：刘理正。徒，不详。

昆明黑龙潭，原名黑龙宫，上名龙泉观。方丈：邓教坤。徒：黄日元、胡日晖、桂绍明、桂绍清、王道尊。先辈：李元奎、冯明汉、铁傅昇、张正元。

西山三清阁，下有如意观（住持张元祥）。三清阁住持：李智芳。徒：杨智深、陈元清、张理清、高理纯。先辈：杨本翠、赵智海、王永龄。

虚凌庵，地址：上庄。住持，不祥。系张匝虚真人修道处。

土主庙，地址：昆明武成路土主庙街。住持：张绍开。徒：陈绍朴、周绍全、沈述玄。

轩辕宫，地址：翠湖边五华山下。住持：陈理贵。徒：罗理冰、张宗亮。先辈：王教傅、赵永锡、耿元妙、王明祥、罗智忠。

城隍庙，地址：（现昆明五一路北端五一电影院——作者）原名劝业场菜市。住持：陶明义。

炎帝宫，俗称火神庙，地址：南校场木行街。住持：廖绍义。

三皇宫，地址：东寺街后石桥铺。住持：金教荣。太理修、杨理全、张宗林、陈宗信。先辈：太智丰。

千佛寺，地址：书林街。住持：杨智聪。徒：谢理安、王理元、李宗仙。先辈：李明清，云南省道教支部会长。

三元宫，地址：拓东路。住持：朱宗玉。徒：尹诚仙、陈信元

真庆观，地址：拓东路。住持：赵明玺。徒：普明喜、肖智全。先辈：吴元庆。

青帝宫，地址：昆明市小菜园。住持：杨正雄。徒：赵教让。

中和宫，地址昆明市土桥。住持：赵诚兴。徒：张信慧、张信悟。

玉皇阁，地址：昆明市纺纱厂。主持与徒不详。

云龙宫，地址：豆腐营。住持：吕智贵。

武侯祠，地址：五华山。不详。

邵甸黑龙宫，地址：嵩明县白邑乡龙潭营。住持：孙智和。徒：张宗亮。先辈：刘阳葵、吴教文、蔡永琴、王元润、王明焕、赵理静

说明：真人姓刘名渊然，出家于昆明黑龙潭，生于明朝年代，得道飞升，其地出有刘渊然，邵日新，俞道纯。三位真仙历史有碑一块刻有灵符一道及历史说明。

关于云南省只有两大宗派。

长春祖师邱处机留名（龙门派）文字曰：

道德通玄静　真常守太清

一阳来复本　合教永圆明

至理宗诚信　崇高嗣法兴

世景荣惟懋　希微衍自宁

真人系王重阳真人弟子之一

宋朝末年元朝初年人也

二长春真人派，后俞道纯真人续留，绍述仙宗，共合二十字，其文曰：

日道大宏，玄尊崇妙。

真显元和，永传正教。

绍述仙宗。

1998年冬月初二　张宗亮笔

（注：附二《民国后期昆明市道教宫观概要》西山三清阁张理清，轩辕宫张宗亮，邵甸黑龙宫张宗亮，为同一人——作者）

金殿非物质文化流韵识记

在昆明东北郊鸣凤山顶,有太和宫道教宫观,观中矗立着一件稀世珍宝——金殿。这是一座重二百五十余吨的铜屋,通体铸铜,却以柱、梁、瓦等无数构件,穿斗榫构成。金殿高六点七米,宽七点八米,深七点八米,内部装饰精致华丽,据石玉顺编的《昆明金殿》描绘的殿宇结构装帧细节:其十六根立柱为宝装莲花础,上端镶有旋转八卦铜球。铜殿四面斗拱装饰,中间饰以雕云龙纹火焰宝珠,沟头滴水雕云龙纹。殿四壁的三十六扇格子门分别铸浮雕云龙、龙凤呈祥及浮雕"寿"字等图案。殿内的八角藻井由四条龙柱斜撑,上饰云龙彩凤浮雕。这样一座饰以无数云龙图案、至尊至贵的金属宫殿,它的主人是道教神仙:真武帝君,即玉皇大帝的四方护卫神青龙、白虎、朱雀、玄武中的玄武是也。

金殿由明末云南巡抚陈用宾首铸于万历甲辰年(1604年),崇祯十年(1637年)此殿被移往大理鸡足山,清康熙十年(1671年),平西王吴三桂又铸金殿,保存至今已有三百多年。这是当今中国最大、最重的铜殿,1982年,国务院颁文将其列为国家级重点保护文物单位。

太和宫金殿被围护于紫禁城内,审四季之色,纳天籁之音。春日,艳阳高照、林鸟啁啾、百花盛开,金殿身披霞光,喜气洋洋,确乎一金殿;冬日,大雪纷飞,鸟兽遁迹、一片肃杀,金殿身笼雪被,温文素雅,俨然成白宫。大风时,层林摇撼,气流从殿中七孔八道鼓吹而过,犹如太宇玉清指挥管弦乐协奏;雷雨时,电闪雷鸣,大小雨滴击打筒瓦板瓦,恰似玉皇大帝情兴击磬而歌。

金殿供奉的道教神仙真武帝君

昆明鸣凤山金殿——春金殿，由200余吨滇产铸铜铸成，仿湖北武当山金殿形制，于清康熙十年（1604年），由云南巡抚陈用宾主持建成，继建于明万历甲辰年（1604年），由云南平西王吴三桂。太和宫宫墙内省立1983年列为中国国家级重点文物保护单位。

金殿尽览数百年人间春秋，我细辨其浓重的非物质文化流韵。

悲情金殿

首创鸣凤山金殿的陈用宾是福建晋江人，他于万历二十年（1592年）任云南巡抚，在任17年，政绩卓著［此说采用倪蜕编年体史书《滇云历年传》，按刘文征（天启）《滇志》为陈用宾于万历二十一年任云南巡抚——作者］。史称其"有雄略，用兵如神。甫下车，察滇形势，即题设蛮哈守备"，时缅甸久为我边患，陈用宾设关于腾冲，侦知猛卯酉应里携众，号三十万，象百只入寇，擒诛之。建八关二堡，筑关屯戍。不仅如此，陈用宾于万历皇帝崇尚的道教上也用情至深。他至滇三年即在昆明相度山建环翠宫，更相度名鸣凤。七年，在是山建迎仙桥，九年谋划建太和宫金殿，三年后建成。前后十年，将昆明鸣凤山太和宫道观建得有模有样，颇具规模。深得皇帝嘉许。

陈用宾于环翠宫建成后作七言律诗一首，全文为：

> 十二楼台紫翠开，祥云飞拥凤凰台。
> 松深雨细箫寥亮，月朗天空鹤去来。
> 杖起葛陂轻九转，槎臣汉使傍三台。
> 蓬来会赴功成后，沧海桑田任几回。

在环翠宫建筑群的吕仙祠，陈用宾题对联一副：

春梦惯迷人，一品朝衣，误了九寰仙骨，鸡鸣紫陌，马踏红尘，军门向哪头跳出？

空山曾约伴，七闽片语，相邀六诏杯茶，剑影横天，笛声吹海，先生从何处飞来！

鸣凤山环翠宫,道教宫观,巡抚陈用宾主持建成,较金殿早建十年,距金殿仅数十米。一山纳两道观,环翠宫在坡下,金殿在山头,前者称下观,后者称上观,旧时统由金殿道长管辖

  诗词中洋溢着对道教神仙意境的追随迷恋,对仕途通达功名遂成的自慰自得。可谁曾想,这位于仙于仕皆春风得意的封疆大吏竟会在太和宫金殿建成后的第四年(万历三十六年,1608年)获罪下狱而死。获罪缘由,据《滇云历年传》〔(清)倪蜕辑李埏校点〕载:"武定土目郑举纠夷酋阿克反,犯会城,索武定府印而去。"原来,云南武定府当时是土官与流官并治,土官郑举富有,知府陈典贪婪,为敲诈勒索,使出一计,他以廉政名目将郑举关押,郑举将金置于鱼腹馈之,获免,陈典贪得无厌,如此再三再四索要,郑举怒,便纠合彝族头领凤阿克反。其时陈典到省府昆明朝贺去了,郑举等人先攻破武定府城,杀指挥、千户并男妇四百五十余人,推官白明通归顺,一干人马便随白明通杀奔昆明,

途中百余里竟无一兵一卒迎战。其时，巡抚陈用宾、总镇沐睿均在城中，但主要兵力驻扎在外，城防空虚，只得紧闭城门，郑举等人索要府官的冠带印信，不得，便在城四周分道四掠，将沿城的村镇市焚劫一空，眼看要强攻而入，镇抚不得已，将武定府印用绳索从城墙垂吊而下，郑举等人得到府印，便拔营而归。翌年，云南左布政使、右参政、副使、都司、游击、守备自上而下分兵讨平郑举、阿克，事后，致仕黔国公沐昌祚劾其子都督佥事沐睿及巡抚陈用宾，万历下诏，将睿与用宾逮至京城，沐睿除名，陈用宾死于狱。后陈典、白明通等皆处死。倪蜕评陈用宾获罪死事为：陈用宾以十七年巡抚，整理缅事颇有规模；一旦变起萧墙，束手无策，身填牢狱，为天下笑。

　　阅蜕翁所述滇云之事，令我疑窦顿生，陈用宾对缅用兵，行政老练，战功卓著，人称"用兵如神"，为何对"祸起萧墙"的国人内部纷争却

环翠宫祀三国人物蜀汉大将关羽、周仓，弘扬的是中国传统风骨——忠君爱国

束手无策，行事幼稚，前后判若两人，用宾不得善终，"为天下笑"，是否与其沉迷玄学有关。为解谜团，我翻开《明史》，搜索万历皇帝执政年代的世情民意，中国封建社会最荒诞的一幕慢慢呈现在眼前。

万历皇帝就是葬于北京天寿山明十三陵定陵的那位陵主神宗，名朱翊钧，在位48年，寿58，是明朝皇帝中有计年、谥号的倒数第三位国君，大明朝就是在他手上千疮百孔、江河日下的，可以说，明朝之亡，实亡于万历。

大凡历史上的亡国之君，他们面临的天象气候也往往是悲戚的，万历朝自然环境之严酷，令我惊讶，计有：日有食之15次，京师地震13次，黄河决口8次，其他洪涝干旱海溢蝗灾瘟疫也隔三岔五发生，连皇陵也常常波及。开始的几年，朱翊钧还强打精神应对，每次日食、地震后，他都要"敕修省"，拜祀天地、检讨自己、警戒群臣，以请上苍息怒。大面积水旱灾后也采取全国停刑、停止元旦灯火娱乐等舒缓民力的措施。可是不久，万历施行的就是逆天而行、荼毒苍生的作为了。

万历于十二年、十三年、十六年三次到天寿山自己正在建设的陵墓即"寿宫"谒陵，为督促进度，拨国库"太仓银"20万两作阅陵赏费。为筹办诸皇子的婚礼，二十七年，取太仓银2400万两，户部拿不出这笔钱，便严令从天下积储中榨取。

在严酷的天灾面前，万历为保护自己的"龙体"，竟躲入深宫，"罢朝"达33年。期间，文武百官很少有机会面见皇帝奏事，作为亲信顾问的内阁大学士也难以得到召见，对大臣的奏疏，大多搁置不批，称其为"留中"。过去一些作为联络君臣关系、统一上下对大政时事认识的惯例如升授官员面见皇帝谢恩的制度，研读经史、讨论时政的经筵讲席几乎全部免除，连对太庙祭祀的大礼也由臣下代行。此外，对敢于忠言直谏的大臣动辄杖责、贬黜。种种为君不君之事，终至君臣隔膜、廷臣纷争、天下离心、君道败坏。

万历还有一项昏聩之举，为弥补皇家挥霍之不足，他于二十四年"始遣中宫开矿于畿内。未几，河南、山东、山西、浙江、陕西悉令开采，以中宫领之"。就是将太监放出京城，作为皇帝的钦差特使，主管各地的开矿、采珠、织造的税收。此策一出，即有能臣力谏，可万历帝还振振有词，说矿产、珠玉"徒取山泽尔"。万历帝的杀鸡取卵举措，加剧了天下的无序与混乱。三年后，万历二十七年，临清民变，焚税使马堂署，杀其参随三十四人。二十九年，武昌民变，杀税监陈奉参随六人，焚巡抚公署。五月，苏州民变，杀织造中宫孙隆参随数人。原来天不可测的日食、地震演变成了由万历亲自导演的汹汹民情。

云南是矿产大省，危害更烈。在万历二十二年，皇帝就追加云南的贡金三千两，云南并不产金，要用钱向周边采买。二十六年，诏下云南大理采石，以供两宫铺地，供役者十死六七。二十八年，太监杨荣到云南监采阿瓦、孟密宝井，终至酿成乱局。

陈用宾于变乱之际，勉力支撑。他于万历二十七年，上疏皇帝，力请罢中宫开采，不报。二十九年，又上疏争之，至三十三年，奉旨封闭（矿井）[见刘文征 明（天启）《滇志》]。用宾大约见人力难于挽回危局，便于杨荣到昆明两年后在鸣凤山仿湖北武当山太和宫形制铸金殿，期望太上老君搭救滇民于困厄。用宾愚，作难为之为。天将倾，主张天人合一、和谐自然的道教岂能平复君民拂逆、君臣离心之危局？

杨荣在云南"恣行威福，杖毙数千人"，而且连指挥与六卫官都受其逼害，万历三十四年1606年，指挥贺世勋、韩光大率领被激怒的军民，烧毁杨荣公署，杀杨荣并焚其尸。皇帝得报，气极，不食，说：荣不足惜，何纪纲顿至是，在太后劝解下，只惩办了首事者：世勋下狱死，光大戍边。在这次事件中，陈用宾做了一次道家的"无为而治"侥幸避开灾祸。他心系民众、反感杨荣，又不能以巡抚之职惩办钦差，在中下层军士、民众与杨荣的激烈冲突中，他委曲调停，并且在关键时刻采取袖手旁观之策。但是，在次年发生的武定土目郑举纠合阿克围攻昆明事件中，他的仕途便以悲剧终结。用宾死，淳厚的滇人肯定为之恸哭。

在国将不国之际，难于施行大吏辅君抚民之职的何止陈用宾一人，万历三十七年1609年秋九月，左都御史詹沂封印自去；三十九年1611

年冬，户部尚书赵世卿拜疏自去；四十年1612年二月，吏部尚书孙杰扬拜疏自去，这股大吏辞职潮延至四十二年1614年，五年中共有七位朝廷中枢大吏辞职。再后来，清廷大军压境，史书不断出现的是武将的败没、死之、战死。四十八年1620年秋七月丙申，朱翊钧死，葬定陵，身后仍铺垫七十九锭贡于云南的金元宝。

如果说，陈用宾首铸昆明金殿令金殿见证的是悲凉，三十三年后的明崇祯十年1637年，云南巡抚张凤翮、黔国公沐天波将金殿迁至云南大理宾川鸡足山；又三十四年后的大清康熙十年1671年，镇守云南的藩王吴三桂重操故事，再铸金殿于鸣凤山，都没有给运筹者带来好运：沐天波与明末永历帝一起被清平西王吴三桂绞杀。吴三桂的藩王之乱又被英年天子康熙荡平。

明末清初，昆明金殿铜屋注满的是悲戚、苦涩。

解读《太和宫官田记》

陈用宾首铸金殿用心是很专注的，在数百吨重的铜屋落成后，他即撰写《鼎建太和宫记》与《太和宫官田记》两文，令官制成两块高规格的石碑立于金殿左右，前者讲述为什么要兴师动众建道观，即所谓以神道设教而天下服，服之悦者，柔其血气，心知而皈诸道。后者讲述道观如何管理并世世运作下去。

然而，要从古碑辨识两文难乎其难，毕竟，它们已历经400余年风雨剥蚀。我是从1949年后金殿公园老主任石玉顺所编《金殿》小册子读到前文，从《云南地方志道教和民族民间宗教资料琐编》一书读到后文。

细读《太和宫官田记》，可知太和宫的体制、规格、规模、管理方式及员工（道士）的职责与奖惩，从中我们可以看到四百年前古人对神道这个社会特殊阶段的公益事业（类似现代的精神文明建设）的管理理念与智慧。

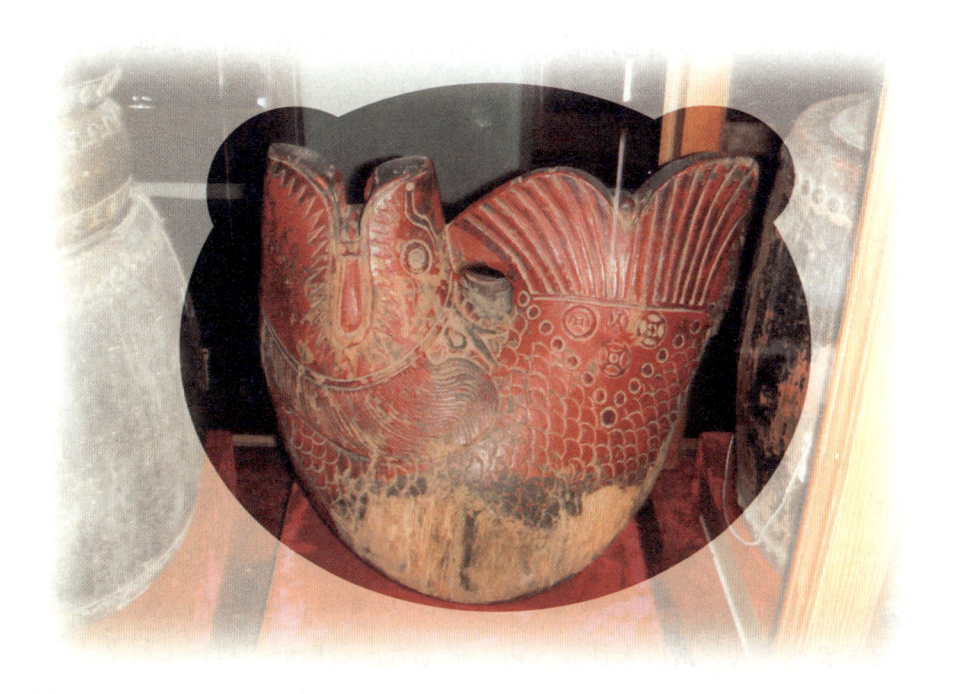

金殿道教法器木鱼，诵经时的伴器。取鲤鱼跃龙门形象，鱼身还雕刻4枚铜钱，以彰显道观之精到

一　太和宫体制是官办民助

太和宫的产业主要由官府置办，它由两部分组成：宫观物业，计有以帝殿为中心的十七处殿、房、楼、阁建筑群。其中200余吨重的帝殿动用的是滇产铸铜，这种金属当时是中央政府铸币及制作冷兵器的重要物资，非经皇帝批准是不能动用的。其他建筑，以先于金殿建盖的鸣凤山道观中的"环翠宫"形制观之，也应大部出于官资或官员俸禄中的资助。据《滇志》（明　刘文征撰）所述，陈用宾于抚滇三年，命官于鸣凤山建环翠宫，内有一阁二殿，祀吕洞宾与王、陶天君并何、柳二仙。以此推断，太和宫修建之资费，其来源一为官费，如铜殿等，二为由省府出面募集的官员薪俸与民间赞助（见《鼎建太和宫记》）。

常住田，《太和宫官田记》碑文开宗明义：本宫常住田，迺本院部同按、镇司道衙门则置，供奉玄帝群真香火，上以护国祝釐，下以佑民保境。这笔由当时云南省政府最高军政部门长官筹措的开办费即香火田共有四百余亩。

太和宫道观的主持者是祠禄官，他们是太和公署李常亨、帮着徐应礼；本宫提点徐正元、副徐正心。以明朝中后期规制，他们是食官俸、但无官阶的官员，据《昆明道教史》载，在太和宫落成后，万历皇帝为云南派来一位七品都纪司沈妙章任昆明太和宫住持。

二 太和宫殿宇众多，管理人员分工明确、具体。

明万历甲辰年（1604年）建成的鸣凤山太和宫规模宏大，计有17个殿房楼阁，分别为帝殿（即金殿）、左雷神殿、右雷神殿、天王贞殿、左经房、右经房、震亨楼、公说楼、三元阁、左赤脚大仙殿、右女青真人殿、十一曜殿、左群真殿、右群真殿、观音殿、天君殿、第一天门。原环翠宫的一阁二殿应未计算入内，据笔者向金殿佃户村伍家村老人了解，直至20世纪三四十年代，环翠宫是与太和宫分院管理的，环翠宫是太和宫的下院。

太和宫管理人员以碑记为17人，除上文所录的4个祠禄官以外，尚有道士13人，他们是秦守一、张阳明、潘阴扎、瞿贞一、蔡真中、姚应洪、赵一道、李常如、刘一璇、李国华、李玄真、何明步、阮来高。加上随后沈妙章住持及其随从的到来，太和宫开观的管理人员应有二十余人。《太种宫官田记》将每个道士的岗位落实至各位供奉的道教仙家。其中帝殿是重中之重，有秦守一、张阳明两人管理；三元阁、左赤脚大仙殿、右女青真人殿三处由李国华一人管理；十一曜殿、左群真殿、右群真殿三处由李玄真一人管理；第一天门、天君殿命德玄王、天君殿三处由阮来高管理，其他殿阁均一一落实到专人管理。

三 员役职责

碑文为道士们规定了这样的职责：尔等务晨昏钟鼓，以时香灯勿阙，宣扬经典，除洁堂挡，滋培树木，莫忘一饭，从来可也。即，从住持到道士，你们都要勤于道德功课，暮鼓晨钟以弘扬太和宫法旨。准时在供奉的各位神仙真人面前敬献香火，不可懈怠缺失。诵读道家经典，维护宫观清洁，还要遍山培植树木，保持景观美丽。

四 任用与惩戒

官碑谆谆以训，"尔在宫员役，新承员选趋事之始，谅图弗虔。顾今以往，岁月转迁，而各员役更替有难齐一，好歹则不同心，其中岂无视官田为己业，日久私图典卖者乎"。碑文大意是说，你们这些已经录用的员役，新上岗执事，谅你们不会不虔诚认真做事。但岁月流转，新老更替，鱼龙混杂，其中难道会没有将官田中饱私囊，日久便私图典卖的人吗。"有一于兹，便负置设永传之意。"只要有一个这样的人，便辜负了省府设置太和宫官田以便永传的意愿。所以特令官勒石颁布约束，以训将来。

1. 该员役在宫（在岗），奉香火（履行职责），便许岁收其入，可以得到衣食报酬。

2. 子孙徒弟后继者，有能力及品行承继的，方可许其世承，不然就革其子弟辈。为此而缺出的员役职位，由中军官向上报告，更换能者，同时承继原分之田。

3. 员役中敢有将官田典卖给势豪之家的，对典卖者实行重治不贷。

身负巡抚云南重任的陈用宾为太和宫备下了这样一份厚重的产业，《太和宫官田记》将置过的各地田地亩数坐址，并岁收租粒银钯，及分给各员役香灯齐粮数目备载碑内，总共米一百六十三石二斗一升一合七勺六抄七撮九圭一粒，谷五石四斗九升五合，银三两，钯一千索。

由太和宫早期的两碑观之，昆明金殿在创建时期具有浓重的官方色彩，其管理甚至纳入官府的行政序列（都纪司）。以后来的巡抚张凤翮、黔国公沐天波将金殿搬迁至鸡足山之举，他们行使的也是官府的所有权（动迁权），清初吴三桂的重铸，仍是官府的行政行为，所以，当吴氏反清兵败被灭，其在平西王府与安阜园的万千珍宝荡然无存，连王府内一座显赫的玉石牌坊都被搬迁至太华山作了寺庙的门面，以鸣凤山200余吨铜屋的庞然大物而幸免被毁，应不是偶然。因为，金殿所负载的道教文化是历代封建政体的肥硕土壤。这种文化以陈用宾在《鼎建太和宫记》中的体会是，"予细译，帝（指真武帝君）训至于吃着国王水土，终身不得忘恩。有此发肤身体，须当孝养双亲……"大清立国，在"忠孝"道统上与明代是一脉相承的。

我看过昆明不少有来历的文物之碑文，其中不乏出身名门、身世显贵者。它们中有云南大理国（宋）布燮（官名）袁豆光为故去的鄯阐侯高观音之子高明生"园功"而敬造的经幢（国家一级保护文物）。有元仁宗于延祐三年（1316年）颁给筇竹寺的圣旨（碑）：赐给大藏经，命和尚玄坚住持"以祝圣寿，以祈民妥"，为此，寺内所有田园、地亩、人口、马匹、当铺、澡堂，任何人不得侵犯。后来的云南王阿鲁于元惠宗至元六年（1340年）甚至将自己的体己钱楮币一百五十锭给了该寺，让和尚每年用其利息做功德，颂大藏经为皇帝与自己的皇室宗亲祈福。还有明特进荣禄大夫镇守云南总兵沐琮倡导，镇守云南太监罗珪出资，于明天顺二年（1458年）建造的金刚塔（云南省级文物）。从目前现有的资料看，它们都只有上篇：为尊者祝寿或"园功"，为民众祈福而给予寺庙钱物与权利，而没有下篇，即要求寺庙管理者按投资者（大多为国家、行政机构或政府官员）的要求（约定），秉公管理、遵守寺规。由此可见鸣凤山太和宫创立者的理念与管理手段的先进，也足见金殿的宝贵。

陈用宾规制的两碑令太和宫受益匪浅，从鸣凤山道观遗留的最后数块石碑碑文看，金殿运行三百余年后，其管理机制仍比较规范，规模与影响在昆明仍首屈一指。这些石碑记载的是太和宫最后的三位住持李元龙、李明清、杨智聪经手的重修太和宫事迹及他们的寿塔铭。

碑记表明，最后的太和宫在昆明众多道观中仍是重中之重：李元龙是太和宫第十九世住持，时任云南都纪司登仕佐郎；李明清是太和宫第二十世住持，任云南都纪司奉直大夫；杨智聪是太和宫第二十一世住持，任中华民国中央道教会云南支部长。他们都是当时云南道教的掌门人。

金殿供奉的"皇帝万岁万万岁"灵牌，左右各有龙盘柱而卫，额顶象征天宇，有云纹状饰，一龙作匍匐哀悼状

金殿藏画"领袖诸山"，以额题"都纪李师老爷接篆志喜"判，当为太和宫第十九世主持李元龙经手物件。李元龙任云南都纪司登仕佐郎，太和宫在他任上大修一次，他的信徒后辈在他接掌都纪印信时赠画作贺。金殿自巡抚陈用宾熔金铸殿，三百余年间在云南道教丛林山场都是鼎足而立的

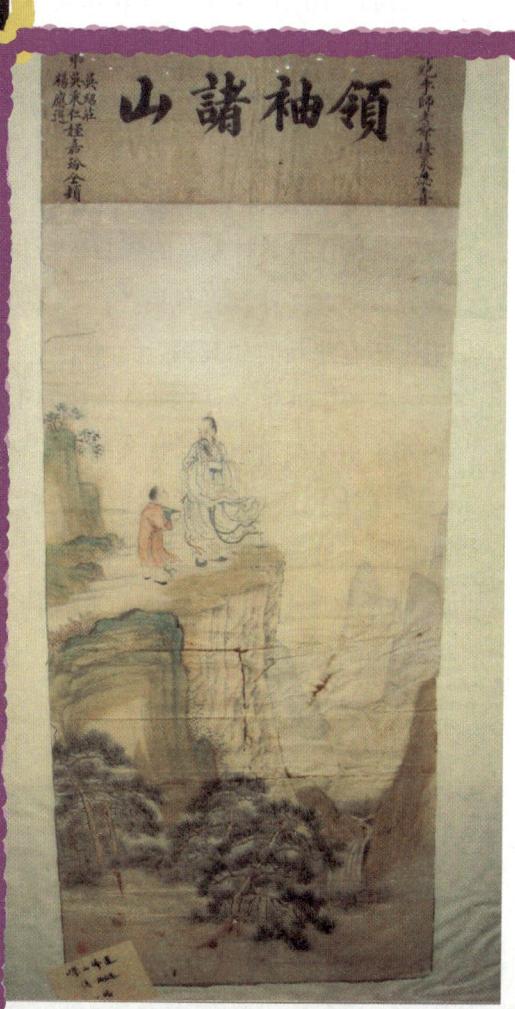

碑记表明，太和宫的财务管理仍然公开透明，有一定章法：

李元龙住持期间，恳诸耆老倡起功德赊存银二千余两金，又起牌坊、偏殿、钟鼓楼若干间及装严一切，工程自光绪己卯之春起至光绪庚寅年竣（1879—1890年）。

李明清掌观期间，自1890—1905年，十五年间共做31会，收会资香资银二百三十二两六钱，历年共收得各善姓捐银三千五百三十一两七钱，并且得云南巡抚唐炯倡助铜一万斤，遍约同人量力捐助，铸造亭子、侍座、神像、格扇、瓦片，并重修山门、牌坊、殿宇。于光绪十六年兴工三十一年竣工（1890—1905年）。总共收出两抵外，实不敷银一千九百二十九两七钱八分。此项不敷之数由住持李明清典田清款，俟功德充溢，再为取赎。

杨智聪住持期间，自光绪三十一年至中华民国二十一年共27年（1905—1932年），计做54会，共收零星功德洋三千四百一十六元，历年所捐得善姓功德洋一千五百八十六元。总共开支十六柱工料洋四千四百四十六元，出刻碑石工价银二百一十元，出买墨石碑价银三百元，入出两抵之外，实存银四十六元。

三位住持林林总总的账目，令世人窥知太和宫道观对陈用宾约定的坚守。除此之外，更有甚者，《昆明道教史》披露，在明末清初，昆明道士还有悲壮的"死国"之举。

顺治十五年（1658年），风闻洪承畴亲引清兵分三路大军进逼昆明，南明永历帝朱由榔弃国逃往缅甸，随行者三十余万人。昆明的道教徒亦尽点精壮131人，不分墨道、武道、医道，凡45岁以下、16岁以上的俱随沐天波、李定国一同护驾西行。顺治十七年（1660年），永历帝被擒押回昆明，而护驾西行的道教徒几无生还。顺治十八年（1661年），道士梅阿四率弟子缪士鸿等三人，从滇西李定国处来昆，配合昆明知县张奇，并联络沐天波第三子沐忠显及各土司和昆明各大寺观尚存的道士，约定于四月十二夜在昆明起事，欲救出在押的永历帝，因有人举报失败而遭吴三桂镇压，其中遭难的道士就有四十余人。

陈用宾，福建晋江人，于万历二十一年（1593年）任云南巡抚，在任16年，史称政绩卓著，然结局悲情，殁于由皇帝万历一手导演的混沌乱世：万历三十六年（1608年），于云南巡抚任上获罪下狱而死。此画像由金殿道观保存，348年，历22代主持

  前后两批赴死道士一百七十余人，他们扮演了先秦壮士荆轲、高渐离的死士角色，他们追随的是鸣凤山山头大石碑的理念：吃着国王水土，终身不得忘恩。他们尊崇的是中国发端于三千年前的春秋文化要义：舍生取义、忠君报国。

  昆明鸣凤山太和宫道观体现的昆明道教文化有章法、有约定、有气节，读后令人尊敬。

  陈用宾首铸金殿后，太和宫道观保存了一幅陈用宾画像。为延续脉脉情愫，道士们将画像精心收藏，手手相递，经二十二代住持交接，历经了348年，一直保存至今日，这份文化遗产，该有多么沉重。

  虽然，现存金殿为吴三桂所铸，但吴氏先背明主崇祯帝，再背大清康熙帝，不仅己身身败名裂，于道教倡导的忠义名节也背道而驰。据清人张九钺《游铜瓦寺记》，他于乾隆十余年间因至滇省亲，游鸣凤山，一位年九十余岁的老道士出迎，说起吴三桂铸金殿，道士说吴氏建金殿

是"欺天邀神",因他平日贪酷"诛求杀戮,草菅人命,惧天降罚,乃遁于佛屠老子之教……"满口不齿。故吴三桂重铸金殿,只留下在铜屋脊梁上一行字:"大清康熙十年岁次辛亥大吕月十有六日之吉平西王吴三桂敬筑"。(1671年夏历十二月十六日)

金殿与民众

金殿曾经生活在民众之中,它的香火田的耕作,功德会费的积攒,住持道士人员的补充,都离不开昆明百姓,反之,昆明人也从道观得到无限乐趣与慰藉。我以金殿周遭三个乡村:云山村、伍家村与六合实业村村老的讲述,为你揭示金殿与民众是怎样相互依存的,还有鸣凤山上下的欢笑与眼泪。

云山村是个老村,它位于鸣凤山之南约一公里处,原名沿(延)山村,村中有老寺名为"钟云庵",庵内一块石碑立于大清雍正十年(1732年),即"钟云庵捐设常住并重修碑记",碑文由当时云南府学政谢履厚撰,履厚因有祖坟葬于北山,每年于春秋两季谒墓时都栖息于该庵,流连久之,他记下了当时风景独好的沿山村:"耸太华以为案,拖昆水以为襟,枕太和以钟灵,带金汁而毓秀,左右山水回环,远近烟村错落。"甚是美丽。

鸣凤山南隅云山村老寺"钟云庵"有数百年历史,老村紧邻金殿,与太和宫道观有人文、历史、经济、人脉的互动

村中老姓何、武、杨等，祖先都是明代江南移民，但原先并未居住在该村。据村老何志忠说，何家原住呼马山何家大地，移居云山村已有十几代，近300年。他认为该村最早的居民是撒梅人（彝族支系），因村北遗有祭天山与西波坟的老地名。在昆明东郊撒梅人聚居区，村村都有祭天山，而西波则是他们的祭司。可以说，祭天山与西波坟是撒梅人村庄的地标。何志忠判断，在明末清初平西王吴三桂攻入昆明时，此地发生过恶战，立足不住的撒梅人迁往他处。居住于昆明城周围的移民便逐渐搬迁至此，何姓先至，然后武姓、杨姓陆续迁入，武家原住昆明南郊五里多南天台，传说原先是镇守南天台的兵将，移居云山村已有七代人。杨家原住昆明东门外的小龙村，迁来本村也有数代。

云山村

云山村是个大村，新中国成立之初，就有农户一百多家，人口560余，田地上千亩，其中田500亩。按说田地不少，但水利条件很差，只有二三十亩田靠两个积水很少的新、老堰塘灌溉，其他都是雷响田，插秧无保障，三年两不收，农民大多吃荞窝窝。伍家村人说，云山村人经常揉制荞面将两手染得黄格格的（格格，本地土话，语气助词），洗都洗不掉，村人上街怕难瞧，便将两手笼在袖管内。那时大多数人家要靠卖烧柴、松毛、抿墙草等山货贴补家用。

云山村虽然生活穷困，但江南移民硬朗的底蕴十足，各老姓都出过一些人物。何家在清朝咸丰、同治年间出过一位五品官，是云南府粮道名叫何有为。1964年何家迁祖坟掘出的棺木头上写着云南粮道何有为，打开棺材，故人官衣冬帽躺在绸缎中，官衣是蓝缎的。喜欢历史的何志忠随后找到云南地方志做了证实。武家一子弟过继给徐姓亲戚，名徐武，后来成为一名武将。武家家风尚武，八九十年前堂屋两厢还插着十八般兵器。

杨家给金殿贡献了一位住持，他俗名杨兴，号心园，法名杨智聪。昆明鸣凤山太和宫在明代开山之时的住持沈妙章是北京下派的，当时皇

老照片，金殿太和宫山门正中站立的老道为杨智聪，是宫观第二十一世住持，任民国中央道教会云南支部长，道号心园，云山村人。前人记述，他精通道论，且音乐、绘画、书法、赋诗、作词无所不能，一支笛吹得娴熟，有"铁笛道人"的雅号（摘自《官渡区文史资料》）

帝崇尚道教，那些有来头与职称的道士可以满世界走。清代皇室基本执行的是尚佛抑道，道教的饭碗不好端，昆明各道观的掌门人大多来自本土。从金殿后期可以追溯的四位住持，他们都是昆明人：李元龙是昆明太和街凉风桥人，李明清是昆明人，杨智聪是昆明云山村人，刘理正是昆明岗头村人。

说起杨兴，云山村人对这位自小出家在外的先人印象淡淡的，说老杨兴做人做事一般，云山村的人砍着金殿地界的树，他知道了，不打不骂，提着一个能装七八斤油的土陶罐找上门来，说你砍着金殿的树，得罪了菩萨，你打一罐香油。好些人都打过油，为此杨兴落下了绰号"老油罐"。杨智聪殁于1940年，金殿后山上他的寿塔铭对他的功绩却记得浓浓的：他十岁便入道观拜李明清为师，勤洒扫、习经典，师父爱他，称他为"高定"（高足之意）。年稍长，随师祖从云（李元龙）居城隍庙，从云是云南道教教长，事务繁忙，心园是他的得力助手。从云羽化，心园仍归太和宫，明清了解他的才能，委以太和宫主持。中华民国时心

金殿第十九世住持李元龙灵塔

金殿第二十一世住持杨智聪灵塔

园成为云南道教领袖，任"道教滇支部正部长"，这是杨智聪的道行简历。从道行政绩看，《寿塔铭》述，心园到处募化，积攒经费，新建大客堂，又建观音、太乙雷神、土主等殿，竭尽全力，圣像焕然一新。心园还配合师父李明清从云南巡抚唐炯处募得捐铜万斤，新铸阁门十扇、铜瓦四十三沟、对子四副，及两旁侍庙圣像，于是铜房钜形顿复旧观。心园更大功绩还在金殿处于困顿时，《寿塔铭》述：清宣统年间，政府操办新学无经费，将太和宫田亩提走大半，道众无衣无食，大有星散之势，心园移东补西，促使饥者得食，寒者得衣，人心因之稍定。应该说，以金殿道长而论，杨智聪是优秀的。

我到金殿后山去瞻仰杨智聪的塔冢。它坐落在参天的松柏林之中，质朴而清秀。我细辨石塔斑驳的文字，忆起前人为他记下的一段文字：杨心园，又名杨智聪，精通道论，且音乐、绘画、书法、赋诗、作词无所不能。我知道，这段文字是寿塔铭漏记的。

刘理正是金殿道观的末代住持。他知道师父因公废私亏着自己的乡民，便特别注意改善与云山村村民的关系。他为云山村建庄房铺面两个；村里建活动戏台无木料，他送上木料；山上做会办事缺人手都请云山村村民参与；平日里也常常走动关心着。村民是领情的，说刘僧（即刘理正。旧时，滇地民众对释、道区分不严格，故有此称谓）当家时，金殿与云山村关系较好。

但云山村与金殿真正的"神交"是每年正月初九的金殿庙会，是日，山上必有群众自发组织的大型歌舞会演，这种歌舞是云南农村的民间艺术，称为"花灯"。滇池北地的"老灯"、玉溪的"新灯"，以及唱调子、演曲剧的都会以到鸣凤山一展技艺为荣。人们游春的、烧香的、纵情歌舞的，将鸣凤山头点缀成人间仙境。王定明主编的《昆明歌谣》，其中一首《烧香来在鸣凤山》记载了当年庙会场景：

正月初九好风光，烧香来在鸣凤山。
三道天门通金殿，铜瓦铜柱铜屋梁。

> 四方铜门金晃晃，金钟一响震八方。
> 七星铜旗高高挂，楚石栏杆绕画廊。
> 人山人海赶庙会，求神拜佛香火旺。
> 院中茶花千万朵，含苞怒放红灿灿。
> 品种名贵世间少，都是九芯十八瓣。
> 山前山后对调子，忙煞民间采风郎。

云山村毗邻金殿，山上的花灯情种流布下来，浸润了老村，村民不顾谋生维艰，于清末民初便组建灯班。人们在钟云庵设灯神牌位长年敬香，请来教灯师傅传授技艺，数十个青壮年男子每到农闲便齐集庵堂苦心学艺，数十年的坚持，花灯技艺有成：一台台庆典歌舞"歪歪精"（歪歪，当地土话，即河蚌）、"大头和尚戏柳翠"有模有样；一出出花戏灯"蟒蛇记""柳荫记""玉堂春""包二接姐""白蛇传"令老村名贯北地。然后，云山村便与昆明南城门外的老鸦营村结成花灯亲家，两村灯班每年结伴参与正月初九的金殿庙会与正月十五玉皇阁庙会，并且相互做东道主，在钟云庵与庆丰庵（老鸦营村庵堂）彻夜联欢，以戏会友。灯班与老官渡滇戏窝子土桥村也结为弟兄，年节以戏相酬。艺人何才、何贵能等还当起教灯师傅，于农闲时节到昆明东郊普照村，小偏桥与三十亩村传艺。

鸣凤山金殿闹春酬神的庙会会火令一盏盏花灯照亮省坝（昆明坝子）村村寨寨，其中云山村的那盏灯是很明亮的。

伍家村

伍家村位于金殿西侧，临界迎仙桥，比云山村历史稍短，但也有两百余年了。村子最早的五姓为蔺、张、陶、高、孙，他们从滇黔的苦寒之地宣威、东川、毕节逃荒出来，流落至此为金殿道观盘整土地，年长日久，形成村落，起名伍家村。后来的外来户投亲靠友，加入此村，村子稍有壮大。该村八十岁的罗彬老人告诉我，他们罗家老祖背着一个又高又大的背篓，里面装着全部家当，手拄棍棒，翻山越岭，从贵州毕节步行数百里来到这里，途中累了，就用柱棍撑住篓底，让重量压在棍上，休息片刻，十分艰苦，因原与孙家熟悉，便落脚该村，传至他已有五代。

像伍家村这样的村庄，按昆明的说法，叫展家人（即搬家人），展家人是相对于本地人而言，当时昆明的本地人主要有两大类：一为彝族撒梅人，他们是真正的土著居民，其远祖甚至可以追溯到两千年前的古滇国，现分布在昆明东郊。二为明代随沐国公而来的江南移民，是来戍边屯垦的，因人多势众，且有政权力量的庇护，得以居住昆明坝子。展家人在昆明是个弱势群体，非得加倍努力苦拼才能立足。

金殿在清水河畔有香火田，48 工，以三工合一亩计量，共有 16 亩。田亩以丘分割，大小不等，由伍家村人一户一丘佃种，秋后一亩交租米二小砣（以马驮子为计量）合四五十公斤米，较其他地方的租米稍少些。金殿的香火田被佃户称作狗饭田，是因北地大波村（移民村寨）少数富户有几块田的粮专送金殿，大约为功德，大户底气足，揶揄道观，说是喂狗的，山上也确实养着几条狗，于是众人皆把道观田地称作狗饭田，道士不劳而食也难与众人计较，香火田便得此"雅号"。

由于地处局限，伍家村一直是个小村，至中华民国后期，全村仅十五户，六七十人。小村被周围森林裹胁，人单势薄，野狗（土狼）猖獗，饿急了便进村拖小孩，村人记忆，1949 年前后村中曾有三个孩子被拖走，只有一个被母亲拼了性命从野狗嘴中夺回。小村因此建盖一个土地小庙，村民于年节时供猪头，求土地将野狗管紧，莫来扰乱。

伍家村人吃着金殿的山水，山上来叫帮工没有不应承的，数十个道士的日常生活用品，做会火时的繁杂事务，如背粮背炭、砍柴以及到金山沟头挑水等，都是小村人爬坡出力干的，村民说，由于有了依仗，道人们变得很懒，一小样东西都要叫村民来搬动。

伍家村与金殿常年相安无事，但也有例外。我采访云山村时听到一个故事。某年冬，昆明连下三天大雪，伍家村有一户佃农断粮，山上道观的底子他是知道的，便上门求借，无德的道士一口拒绝。当晚，一人摸进道观杀死数名道士，有一道士翻墙出逃，被竹子戳穿脚背。事后，伍家村人合力将杀人者杀死，了却此事。讲述者何志忠说，此事发生在杨兴的师公一代，应是李元龙当家之时。道士们平日口口诵念救世经，关键时却为富不仁、见死不救，以致招此横祸，实是可叹。还有一件非常之事是我在松华坝调研时听说，大约在清代，是在某年的正月初五、初六，金殿道士叫伍家村妇女上山筛米，晚上道士将妇女留下不准下山，所干何事，讲述者未挑明，但后果是道士被人杀死，且未破案。伍家村虽然弱势，村民却并不软弱，农民凭劳力吃饭何惧之有，当时社会大约也没有被欺侮者正当宣泄的孔道，便发生此等悲剧。不过，明智的太和宫道长因此加强了道观惩戒，在金殿的"宫规戒律"中有"违犯国法奸盗邪淫者以火化示众"，够森严。

太和宫道观的钟声撞响三百余年，其中有些许不和谐之音无伤大雅，伍家村老人对金殿有许多温馨记忆，他们说，金殿道长与本村关系较好，尤其在环翠宫崔成道当家时，本村一姓尚的还去做过一段时间的道士，当时，鸣凤山太和宫、环翠宫与昆明三元宫、中和宫、千佛寺五处宫观关系密切，像兄弟一样，伍家村老人都可以去烧香或游玩。说到近六十年前的庙会，老人的回忆星星点点、断断续续，但真实有趣。金殿过去一年有两个会，正月初九一次，七月初一一次。正月初九的会是纪念披发祖师（即真武帝君）的诞辰。参会者有万把人，上山的石坎路上人挤得满满的，连路都走不通，一过迎仙桥，在牌坊近旁有个小吃店，一副对联引人注目：中八士闻香下马，汉三杰知味停车。游人可以吃热炒饭菜。再上去一点，要钱的花子坐满两旁，有的为博取同情竟用几根缝衣针撑住眼皮。头天门上去，没有了花子，多的是烧煮饵块摊，直排到太和宫门口。饵块是昆明人春节期间的美食，煮炒方便，价格便宜，人们乐于享用。有的游人为图节省，自带饵块让摊贩加工，只消付几块通洞钱（即：铜板，相当于现时的几分钱）即可。山上有耍龙的、跳狮子舞的、对山歌的。一些香客进祖师殿进完香，便满山坡地瞧热闹。有些耍龙灯的二号老倌（二号老倌，是当时昆明人对年龄近四十岁男人的俚称）边舞边唱：正月初九耍金殿／头天门吃糖茶／二天门吃苦茶／三天门耍一耍／耍一耍大茶花／东边耍耍铜人人、七星旗。唱词中的吃糖茶、吃苦茶，是有钱人的赐予，这在旧时的庙会中是常事。第二段唱词居然以"正月初九当花子"开头，之后的歌词，讲述者已经忘怀。但这些被民众称为"当花子"的乞讨行当，在昆明也有些说法。其一，我曾听东郊撒梅老人回忆，旧时农村厕所简陋，将一块木板或石板搭在猪圈坑上，就当厕所蹲位了，因此，一些大意之人落入厕所也偶有所闻，当落厕者爬将起来，洗涮干净，换换衣衫，便自觉自愿地当花子三天，无论贫富，都是这样，目的是冲走晦气。这种习俗大约也是道教中的"厌胜术"，即以毒攻毒，以丑制丑。其二，撒梅人是个自尊心极强的族群，再穷困都羞于乞讨，只有面临饿死威胁时，才会向邻里讨要一二顿饭。但有一个例外，就是金殿庙会。这天，穷困者坐于山道，身旁放上一个小盒盒，面无愧色地接受善心人的施舍。贫富者就在这取舍中体会着宗教教义。我想，已被人们遗忘的第二段唱词，抒发的大约就是这种温馨的情感。看起来，这一天在金殿山道当花子的，没有苦楚，反是欢乐，大约花子们是成全发愿心做好事的人"圆功"吧。昆明的老习俗着实令人匪夷所思。

七月初一的会是在晚上过，也有万把人，是纪念观音的，千手观音供奉在环翠宫楼上，楼下是端坐于猪身的土主泥塑。进香的人很多，但进门需付2元资费。环翠宫在半山腰，进完香的人再攀登二里多山路便到太和宫。一些人在山上拉起二胡，唱着撒花调，铜房子周围密密麻麻站满人，村妇形容像插筷子一样，人们要在山上玩一夜。这一夜，山头的人都是精神的守夜者，在浩渺星空下，他们在自己信仰的万花筒中不知看到了多少奇妙场景。

六 六合实业村

在金殿东北方一公里处有六合实业村，它记载着金殿的一段开发史。在20世纪二三十年代，金殿的住持杨智聪是位有谋略有胆识的道长，他邀约了一些富户及有能力者，组建一个果园与林木加工厂，起名六合实业。"六合"是六方合股，其中有金殿、云山村杨家、小东门外罗家油坊、吴雷光等，其他两方已不可考。实业选址金殿后山，因地处金殿里边，人们又简称为"里实业"。经营的果木有花红、桃、李，还有茶叶，林业加工为制作火柴盒子与火柴棒。日常管理由金殿负责，金殿派出得力道士并雇用东川的展家人在此劳作。杨智聪羽化后，由刘理正接手管理。中华人民共和国成立后，根据当时国家政策，令道士还俗，金殿道观人员星散，六合实业遂告终结。

有关六合实业具体情况，在我走访的云山村、伍家村、龙头街民众中还有些许记忆，其中一则是，当"里实业"花红园红扑扑的果子挂满枝头时，附近一些半大孩子忍不住口水，悄悄去偷采，一旦被守园人拿着会被打一顿，但多数时候拿不着（即：抓不着）。另一则，六合实业的合伙人之一罗家油坊，坊主罗二爷极为精明能干，他的油坊连锁店直开至龙头街，经营的油菜籽加工与成品油买卖业务延伸至邵甸、富民、东川等地，这还不算，罗家经营的更大业务是中药材的收购与加工，买卖一直做到中国香港。罗二爷家祖坟地在金殿后山，坟头几个石标杆证明祖宗也是显贵的，以此推断，罗家油坊应是六合实业的大股东。

为了解究竟，我走访了现在的六合实业村。这是个很小的村子，有二十多户，六十多人。有沈、陈、付、王四姓。我访问现年92岁的老人沈高氏，她告诉我，她是16岁（1916年）从昆明茨坝嫁过来的，听上辈老人说，六合实业是城里六家人办的企业，在这里买的山场，后来转到金殿的老道管理。本村姓沈的原住北边沈家山，搬了下来，是独家人，后来，陈、付、王几姓也搬来。此地水源紧缺，只有一小点出水处叫小闸箐，以前水只够几户人家饮用，有五六亩稻田，其他山地都是老瘦地，种苞谷、小麦、荞子以及豆豆脑脑。过去田地全部是租种，还要交租，生活困难，从山上采集松球、松毛去城里卖，有一条道路可以走牛车，金殿守山的为了守住柴禾不准外流，禁止卖柴人通过，只好背着柴翻过苦马山（即呼马山）多走十多里山路去城里卖。此村还有一个副业是打

正月初九,金殿庙会,头天门、二天门、三天门通向太和宫的石阶山道人头攒动,游客中有求神拜佛、旅游赏花、文化采风、花灯杂剧展艺,还有"扮叫花子"挣点小钱的,花会是以金殿庙会开启大幕的旧时昆明数十个庙会中

庙会民俗"缠红线",以祈求男女婚姻顺当、幸福

草鞋，山上长的羊草很多，一篷一篷的，高的有六七十厘米，编织出的草鞋又细致又柔软，很好卖。

现在，村民用的是自来水。呼马山与该村仅一沟之隔。在数百米外，有村名叫水晶，一问，才知是从昆明凤凰村迁来的。

听下来，六合实业村居民竟与六合实业毫无关联，当年的六合实业，仅留下一个地名标记。

神话金殿

以国人传统，凡神圣之地，必附丽若干神话。再说，当年陈用宾于危难当头、情急之中筑金殿不免有急功近利之浮躁，一篇洋洋洒洒的《鼎建太和宫记》，满篇是风水与忠孝的宏论，于金殿宫观的匠心建筑却未予记述。此等疏漏，为日后金殿留下若干扑朔迷离的空间，也为民间文学创作腾出一方想象的天地。这里且不说金殿创始人云南军门巡抚陈用宾神会吕洞宾，受其点拨建鸣凤山太和宫的古话，仅说昆明百姓自己的创作。

我曾听说金殿披发祖师夜巡宫阙，随从们打着红灯笼前呼后拥。这更像无稽之谈，我一笑了之。但一次特别的机会，我听到了亲历者的说法。

数年前，我撰写田野考察本子《滇池纪事》，为山邑村民众所述的西山传奇"天灯一盏"（地名）而迷惑，其说是"天灯"曾发出红光为滇池夜航船导航。我访问云南省文史馆馆员李瑞老先生，他用昆明地貌矿产气象的知识为我解惑。小时，他随父到金殿游玩，夜宿山头，有几次看到这样的情景：山林中，一团亮光在移动，它的形状有时像只大红灯笼，有时又像一支燃烧的火把，据童年李瑞的目测，移动的速度比汽车还快几倍，移动的区间在一公里左右。当地人称之为"鬼火把"，又说是金殿祖师出行的仪仗，李瑞的解释是，这是地气（类似天然气），这种气体低温时会发光飘动。旧时，昆明人烟稀少野物充盈，此种现象并不少见。

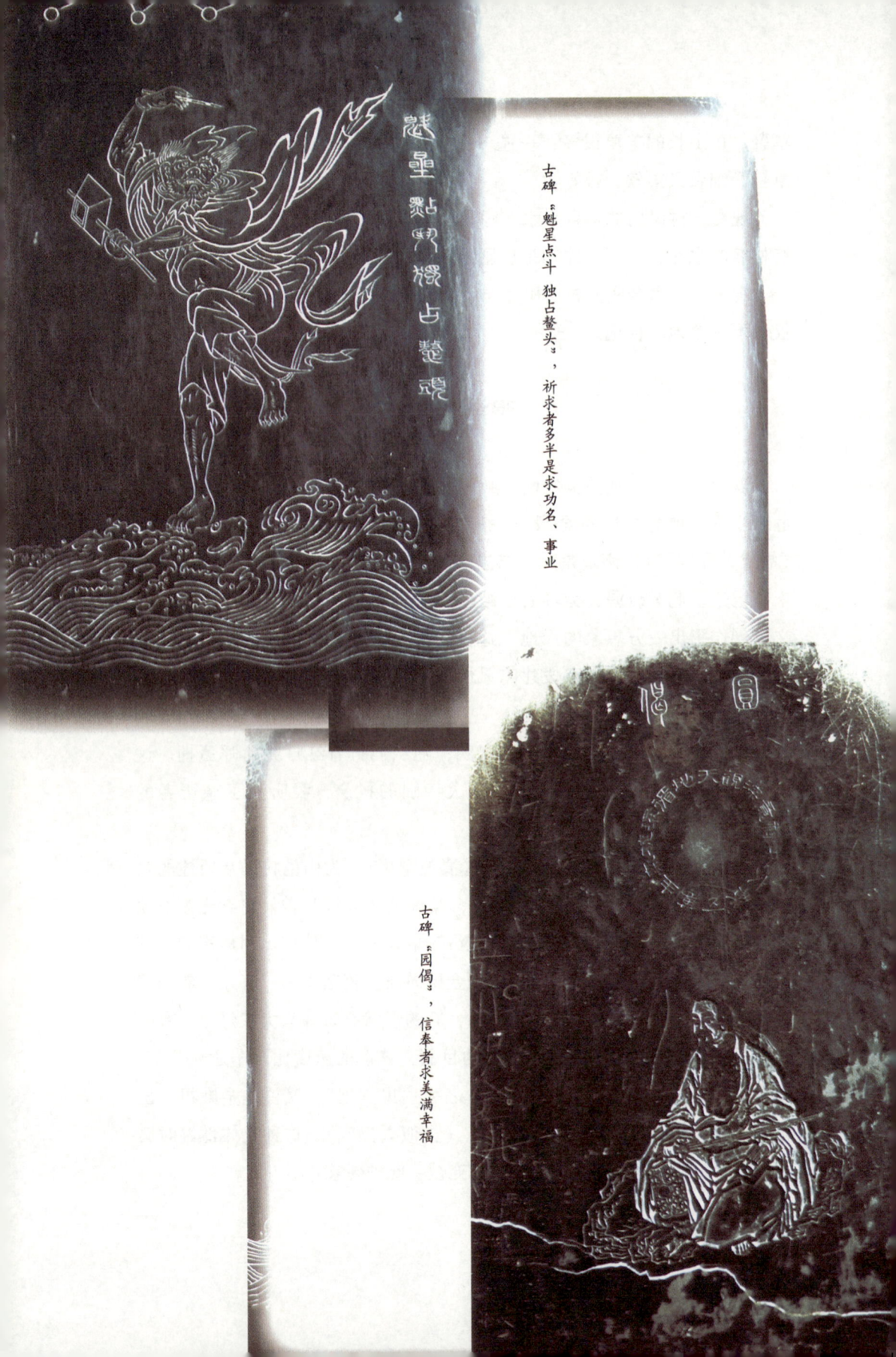

古碑"魁星点斗 独占鳌头",祈求者多半是求功名、事业

古碑"园偈",信奉者求美满幸福

看来祖师出行之说是有据而谈，只是说法的理念有所不同而已。

像许多地方一样，金殿的壮美神圣令周边山头为之"争胜"，有关金殿的选址也有几种说法流传。我在昆明北地数村听说，本来铜屋要盖在九龙湾（莲峰山），人们将石刻（土话，即石级）起好，三根大梁抬去，山叫了起来，地理先生说，这是母山，它难于承受金殿之重，随后，大梁自己飞去鸣凤山。人们便在鸣凤山以木头作柱，以瓦覆顶，建的是普通土木结构房屋，一股生火（土话，即野火）飞来，将屋烧成铜的了。在松华坝上坝村则有另一种传说，松华坝分水闸东面有山名"寺山"，金殿原本要盖在这里，先生正看着风水，山发出公鸡样的叫声，先生说，这是土地在叫，受不住，便作罢。还有一则更奇的传说，此说甚至渗入昆明的墓葬文化，影响了民众数百年。鸣凤山东邻呼马山，呼马山高大绵长，其形胜不逊鸣凤，而且此山与昆明古老的金马传说相关，那匹阿育王放出令三个王子追赶的神马就是在此山被三王子呼住的。传说也是讲金殿原本要盖在呼马山，先生插上七星旗，山闷叫几声、晃动数下，三股水流了出来，顺着山箐南下，流水傍依的三个大缓坡便叫大金星、二金星、三金星。当然，金殿未建是处，但这里却成为昆明墓葬的风水宝地，是当年城里有钱人撵地葬老人的首选。在呼马山南边的坝子里，有裕丰村、青龙村、洪桥村等彝族撒梅人村庄，老人们讲述的墓葬风水故事一出比一出精彩，什么金鹌鹑的传奇，活人坟的故事，但是它们果然与金殿、三金星的传说有关吗？我有点疑惑。2007年10月26日，我去凉亭外十里铺村，这个村与洪桥村相邻，是个汉族村寨。我找村民王寿了解其祖上老王官的情况，老王官名叫王辉，是清廷武官，在咸丰年间云南回族起义时，他率昆明东郊的撒梅人、汉人与回族义军一搏，留下一些故事。王寿有心于家谱，将先祖于明代随沐国公征南而后的谱系捋了一遍，临别，他意犹未尽，领我去洪桥村的祖墓地，这是个家族坟堂，墓碑书：皇明入滇王氏始祖之墓。他不无自豪地说，此墓地在三金星的眼睛上，祖宗要有一定官职才能进入此坟堂。至此，呼马山三金星的说法得到了最后证实。然而，我仍不能释怀。我知道，任何神

人们列队在两块道教高人制作的古碑摩挲,有男人、女人、孩子,以求好运

话均植根于本土民俗之中,三金星之说居然会成为老昆明墓葬文化的一部分,其中定有更为深刻的缘由,我从多年阅读与踏勘的积淀中苦索其详,端倪终于逐渐显露。

那时,昆明人特信奉风水之说,尤其在选择祖坟地上,但凡经济条件好些的人家,都会请地理先生为去世的老人撵坟地(撵坟地,是本地风水先生择坟地之专称)。择坟有何要素,我曾请教过精于此道的撒梅先生,他们用一些通俗的话对我进行启蒙:首先,要风景好,有山有水,赏心悦目。其次,坟堂背后要有靠山,即所谓坟堂落在一把靠椅中。最后,坟前不要有遮拦,可以放眼望去。至于专业名词,则玄之又玄,不易听懂。

我曾多次行走呼马山坝子,那里的几个撒梅老村是我经常采访的地方,听了先生说的择坟要旨,对比眼前的山川地理,我大致揣摩出三金星之说的缘由了,因为那块地方的大环境太符合风水先生的说法了。呼马山由东北向西南缓缓而下,余脉都是圆润土山,且互相包容、偎依,山坡上绿树成荫、野花飘香。发源于棠梨坡与青龙村大龙潭的几股山水涓涓流淌,水色清丽。散布期间的几个彝汉村落在和谐自然中日出而作、日落而息,民风淳朴。整个坝子弥漫着祥和的氛围。

三金星说法大行其道应是在清末民初。当时,随着滇越铁路通车、螳螂川石龙坝电站竣工发电,初尝现代实业之果的城市鼓荡着求变革、促发展的欲望。建设需要空间,但当时昆明砖城以外的村庄到处可见坟冢。小东门外水晶村后的凤凰山是一个乱葬岗子,村中寺庙天顶寺有大坟公司,一些还未寻觅到风水穴地而"寄厝"的棺木(寄厝:停柩,把棺材停放待葬,或以薄土虚葬)累累相摞,因寄放时间过长,尸体大发、尸水横流,令居住在周边的民众苦不堪言。一些大坟占据要地,有背景的富家子以祖坟富贵,拒绝搬迁,也令政府官员大伤脑筋。

这时,一些有名望的风水师开始大显其能,他们看到了操作空间。鼓吹的依据是现成的,什么"牛眠地""五色土结穴成球",还有自明以来长虫山"交王坟"的典故等。一些富户豪门被说动了,他们扶老携幼成群结队去呼马山坝子参观考察,被眼前风景折服,决定捷足先登。坝子中的彝族撒梅人也乐观其成,因为他们有的是不出多少粮食的山地,卖坟地、做坟活也是一笔收入。

就这样,旧时困扰昆明人的丧葬之事顺利解决了。美丽的呼马山麓因此多出一道风景,人迹罕至的山坡出现了一座座规整的坟茔和祭祀的石桌石凳,还有一些表示坟主身份的石标杆。

二十世纪六七十年代,因时代的变迁、理念的更换,三个金星上的豪坟阴宅在农村"坡改地"的耕作活动中基本被平整完毕。

尾声

金殿览数百年人间春秋,自身也数历劫难,先是在明天启辛酉年(1621年)宫中失火,将太和宫建筑烧去大半,铜屋被烟熏火燎,弄得灰头土脸。后是清咸丰、同治年间杜文秀起义,鸣凤山成为清廷团练与回民起义者争夺之要地,战火将鸣凤山道院四百余间屋宇全部烧毁,铜殿也遭严重破坏,其七扇铜格子门、寺座及四十三沟铜瓦被拆去制作了炮弹。最后一次浩劫是在1966年,所有古旧文物成为红卫兵革命对象,当时金殿已是公园,堂皇的铜屋自然吸引红卫兵的眼球。由于时任昆明市委书记赵增益、市长潘朔端思想睿智,方法得当,公园职工费尽心力加以保护,鸣凤山金殿主体与两块古碑得以保全,但当年由陈用宾首铸后移去大理鸡足山的铜殿却被炸毁消融,这座与鸣凤山金殿堪称姐妹篇的铜屋就此灰飞烟灭。

2009年2月3日,是农历己丑年正月初九,又是金殿庙会。鸣凤山现在是森林公园,但传统民俗活动依然鲜活。我背上相机去采风。下午两三时,正是山头最热闹之时,金殿铜屋前敬香之人挤得水泄不通,不由令我忆起伍家村老讲述的一景：中华民国时，七月初一夜晚的金殿庙会，人们在环翠宫进完香又到金殿耍一夜，站在铜房子周围的人像插筷子一样。眼前情景，何其相似。

我转身走向陈用宾石碑，是《鼎建太和宫记》，碑座驮载了若大石碑后剩余的咫尺空间中摆放了虔诚礼敬者的若干生香。以前来过多次，都因石碑距铜屋及紫禁城墙太近，鲜见阳光，难于辨识四百年前的文章，这次却见一抹阳光射至石碑背面，我举目一望，是用宾记载当年首筑金殿捐款最多的数十人名姓，当头一个，竟是中宫太监杨荣，令我一惊，心中感慨，五味杂陈。我再次端详这座铮铮然蕴含无尽中华文明之国宝，浮想联翩，恍惚中，仿佛看到当年庄子《逍遥游》中那只一飞九万里的大鹏，它飞行数千年，情怠意倦，停歇于昆明鸣凤山头，幻化成一座黑色厚重的铜殿。它圆睁双眼，歪斜鹰头，凝视着东张西望窥探的人们，似乎在问：人啊，你意欲何为？

陈用宾篆"鼎建太和宫记"石碑，碑后列捐功德者名录，中宫太监杨荣排名第一，然金殿落成仅三年，杨荣被民变者杀死并焚尸。民变因明万历帝与其忠实执行者横征暴敛苛政激起。乱世多悲情，此乃天道铁律，金殿神仙爱莫能助

记民国时期龙头街"洪发油坊"老板尚文宽

龙头街尚家

尚文宽（1887—1960），昆明北郊浪口村人氏，祖籍江西尚家湾。其先祖于明末清初随平西王吴三桂迁徙昆明，擅武功，为吴三桂保镖。尚家十数代人，随滇海风云沉浮，至文宽，家中尚有底蕴。文宽年幼时入私塾启蒙，因生性不喜读书，读《三字经》初识文字后，乃祖将其送至昆明圆通街号称昆明第一楼的酒店学厨师手艺，满师后留店掌勺。民国时期昆明政坛风云多变，时势维艰，文宽返浪口。浪口村地处偏僻，村子窄小，全村仅有二十余户农家，文宽弟兄四人，难于舒展，便各谋前程，老三搬至蒜村开铺子，老大、老四留守浪口祖业，文宽娶龙头街杨姓女子，看好三里外舅家这边的街子有前景，便迁徙至此。

龙头街是旧时昆明四大农村集贸市场之一，其他三个市场分别为大板桥、小板桥、马街。滇地民众习惯将市场称作"街子"（Gai Zi），街子日期以十二干支所属之日约定，龙头街街期为子、午，即属鼠、马日为街期，一周有两个街子天。街子日中而聚，日夕而散，适应了农村生活规律。龙头街又名龙头村，位于昆明北郊，距省城昆明近十里，村为老村，是明代移民村落，已有六百余年历史，街为新街，形成仅一百三四十年。村子东依宝台山，西面是上千亩平整农田，一直延伸至盘龙江大花桥，金汁河居中穿越，龙头村属金汁河头排灌区，水利条件好。村子得名于宝台山，此山为南北走向绵延数十里的五龙山之首，故称龙头。龙头街也因此演绎出一台好戏：舞龙灯。龙灯属花灯杂戏之列，过去昆明坝子有数条龙舞动嬉戏，但龙头街这条龙非比寻常，它的首与身之关节点均用洋铁皮箍就，别处的龙用竹篾扎成，舞动时只能左右扭动、摇摆前进；龙头街的龙却可以翻着身子前行，内中还有活动机关，装置着盏盏不灭的灯火。唐继尧督省时曾邀请这条铁龙上五华山献艺。龙头街因龙头村而名，街子随市场繁荣声名远播，数十年后昆明人竟只知龙头街而不知龙头村。只有本村人仍呼村名，因为村中百分之九十的农民仍以务农为生。

尚文宽眼光极佳，到龙头街没几年，中华民国政府在邻近的大波村建滑翔机训练场，为此架设电线，龙头街沾光用起了明晃晃的电灯，成为当时昆明郊区农村用电最早的街子。同步进展的还有，随着1937年"七七"事变中日战争全面爆发，国家为保存国之精粹，将许多临战区的企业与高校内迁至大西南，其中相当一部分迁入昆明，还有大批避祸逃难的民众也蜂拥而至，为昆明带来新一轮的移民潮；滇缅公路与驼峰航线的开通，连同民国早期建成的滇越铁路，三条国际通道使昆明成为第二次世界大战中具有重要战略地位的国际城市。短短两三年，昆明人口呈数倍增长，与民众相关的衣食住行各种商品出现严重的供不应求，为此极大地带动和刺激了昆明与周边农村集贸市场的商品贸易。

尚文宽先是带着妻子在龙头街租房开铺子，卖点香烟火柴等杂货，有了积累。看到北边山区油菜籽产量大，决定开油碾坊。便向当地人李湘买了临街的三间两耳的老屋，大修后又盖了后院的三间两耳，将全家从浪口搬来，然后请上几个榨油师傅，做起菜籽加工制油的生意来。住房、碾坊、油铺都在新置办的前三后三四耳的大宅院之中。

那个给尚文宽带来兴隆生意的龙头街，街面用青石板铺就，全长近三百米，宽不足三米。街口在南，有宽大的米场心（指主要交易大米的广场）；街尾在北，邻近棕皮营村大石桥（又名宝云桥）。村子周围有围墙，南、北、西三面共有四个栅子门，南、北门主要通商旅，西门为农

2008年，龙头街，夹在现代简易楼房间的土基老宅已寥寥可数。七年后，龙头街街市移至百米外临北京路的龙头街新村，街期为周三，自早至晚赶街民众近20万人

尚家老屋，在油碾房对面，称新房子。抗日战争时期云大附中搬迁至龙头街宝台山弥陀寺，租用此屋作为云大附中合作社，卖小食品、香烟等。20世纪50年代，人民银行也租用此屋。图右起：一，小寿尚友仁；二，尚开芳媳妇张淑仙；三，尚开芳；四，采访的媒体人

耕主道，行走农民与耕牛。民居列于街子两旁，临街是铺面，一家紧挨一家。数十家铺子中有油坊两家、土杂铺四家、案板（肉铺）五六家，馆子七家，其中回族馆有两家，烟酒茶小食品铺十数家，其他是卖凉米粉、凉饵块、豌豆粉、烧饵块等小吃食摊几十个。平日里铺子馆子都开至半夜。尚文宽的铺面临近街尾，据其长孙尚友仁（小名小寿）回忆，小时候，晚上睡在床上，还可听到隔壁馆子伙计的吆喝声：凉鸡一盘，卤饵块一碗，免青（不加豌豆尖），免红（不加辣子）……

街子天龙头街热闹异常，全天总有五六千人在进行着各种交易。米场心占地数亩，进行的是大宗买卖，有大米、肥猪小猪、鸡鸭，还有牛马。街口两旁摆放着成堆的蔬菜。街子中间买卖的是农妇最爱的撒花的鞋、围腰、衣裳、花布、竹木土陶日用品，四季鲜果与各种吃食。街尾临牌坊处交易的是成排成垛的块子柴。大宗商品都从产地过来。白邑是产米区，一个街子会有三十多匹驮马驮着大约两千公斤大米过来，还有人挑马驮的烧柴十余吨，栗炭、菜籽、板栗是挑着背着来的。贵州普安的牛、马，威信的大、小猪是从东川大道吆过来的，一个街子总要交易数十头匹牛马。从清水河、严家山分道过来的猪群尤为引人注目：猪倌背着锣锅和猪鞋，吆着大群活猪，每个街子天都有他们的身影。猪群走得极慢，每天二三里地而已，数十上百里的商道跋涉，猪的蹄子磨破出血，猪倌便将随身携带的牛皮或稻草破布编织的猪鞋套其脚上。昭通龙家的马帮是极有名气的，有时马帮由清一色的大骡子组成，驮子上插着旗子，马锅头骑在马上，还有一匹马专驮马掌以便随时更换磨损的马掌。猪油从昭通巧家过来，肩挑或背背，挑用篾笼，背用背架，都是特定工具，还有备用的十多双草鞋挂在扁担上，以便自己路上随时更换。鸡与蛋也大多来自东川大道，用花篓、篾箩装着，鸡蛋一挑二三十公斤，鸡四十余只。街子天，只有蔬菜反而是从昆明用马驮来的。

尚文宽作为一个外来户，十多年内便跻身于龙头街成功商人之列，他初识《三字经》，却对天时地利人和的经营之道心领神会，他诚以经商，厚以待人，谨以治家的种种作为，至今被人称道。

尚文宽的财产积累主要来自油碾坊，他树了两副油榨，雇用四个榨油师傅，养两头大水牛，生产过程不是太复杂：一炒籽。将油菜籽倒入铁锅加温翻炒，火候要恰当，不足则出油率低，过火则油苦色深，影响质量。二碾压。将炒好的籽均匀倒入石碾槽，由一头大水牛拉着高2.5米、厚40厘米的石碾砣反复碾压成油面。三蒸。将油面倒入甑子内蒸透至汽汗水滴下。四压榨。将蒸透的油面踩成26个油饼，装入栗木制成的榨内，逐块加入木楔，用20公斤重的雷公锤击打木楔，三楔时油滴，五六楔时，油饼中渗出的油哗哗直淌。油坊每天加工四榨，每榨加工一百多公斤菜籽，四榨共出油一百三十二公斤。头榨称为头油，颜色金黄，质量上乘，二榨称为烧油，质量稍差。菜油在铺子卖给农民，还装入羊皮口袋，由驮马拉到昆明小东门外灵光街"洪发油坊"，卖给城里人。从菜籽到成品油，需要精到的技术与非同一般的力量，这是尚文宽雇用的打油师傅与蓄养的大水牛提供的。尚文宽用诚信与感恩回报他们。

　　打油师傅掌控着榨油的全过程，出油率的高低、质量的好差都关乎于他们。尚文宽除付足薪酬，平日里将其视作家人对待。每日三餐，尚家只有两张饭桌，高桌是男人们的，他与儿子及打油师傅一桌，矮桌是女人们的，他的妻子与女儿、儿媳、孩子及做饭的女佣一桌。师傅的烟酒茶是备足的，甚至还为极少数技术精湛但有抽大烟癖好的师

2005年，龙头街，尚家老屋右侧小巷，通向李家小井。当地建房规则是，后盖之屋要让出老屋（图右）的滴水，故有此两栋宏大土基房之间狭窄通道，它原本不是小巷，被图便利的左邻右舍踩成通道

傅备好大烟。每年十月间是为全家人做过年行头之日，家中请来裁缝师傅，为所有人量体裁衣。腊月二十前后，文宽手托"牛屎托盘"（民间对一种长方形木制盘子的称谓），盘中周正码放着师傅们的衣、裤、鞋、袜，还有红纸封着的奖金连同工资。他双手托着给雇请的五个人，其中两个是打油师傅，一个是炒籽的，一个是放牛的，一个是做饭的，一一发放。并且说，对不起你们了，赶紧回家，去招呼老人，招呼娃娃，要过年了，该买什么就买什么，过了年早点回来。师傅们每人还有一顶瓜皮小帽。话不多，听得人心暖。人心是互换的，雇请的五个人在各自岗位上兢兢业业、任劳任怨，碾坊的正常运作得到了大半保证。

　　在菜籽榨油的过程中，最吃重的是碾压，即将炒好的菜籽碾压成油面，当时没有电机，只有畜力，就是两头大水牛，在主人的安排下，分作两班倒劳作，一头拉上午，一头拉下午。它们拉着重约一千公斤的碾砣绕轴心做圆周运动，每一步有千钧之力。当头道油榨出，剩余油面中还有一些没有碾茸的菜籽，要对油面做二道、三道碾压，此时的油面黏稠，碾砣深陷其中极为沉重，没有经验的牛甚至会因为使猛力而摔断牙齿。我听过小寿讲述牛踩三道油面的情景，牛团紧身子，攒足力气，用韧劲拉动石碾砣后慢慢行进，牛足的八字脚绷得老开。听得我心头也沉甸甸的。

　　像对人一样，尚文宽对两头不会说话的苦力也是恭恭敬敬，精心伺候。干完活的牛先要歇凉之后睡一小觉，歇息透了，主人才拉它到村后金汁河饮水，用稻草为它擦洗身子，清洗口腔。这时，家中有人拌好半箩豆糠守候着，牛吃料时，糠的表面撒上用水发好的干蚕豆，吃完一层又撒一层，两头牛一天的精饲料是十多公斤干蚕豆。每月三四次给牛加的餐是鸡蛋，喂蛋时，一人将牛头轻托使其仰起，另一人一手轻拉牛舌，一手将两个鸡蛋捏碎后连壳塞入牛喉。两头牛一次喂十五六个鸡蛋。

　　为了防寒湿，每月喂一次姜糖，将生姜与红糖在盐碓内捣茸后，一手拉牛舌，一手抓姜糖塞入牛喉，每次塞两三把。

　　冬腊月间，为了给牛增加热量，文宽命人用腌肉熬稀饭喂牛，并烧热水为它们擦洗牛脚，用麻袋片热敷牛膝。

牛活到十五六岁后，渐入老境，胃口与体力都有衰退，文宽安排牛减半劳动，每天还加喂二三公斤饭团。

每晚，他要照看牛几次，添料加水，有时叫小寿看顾，他在屋里问，牛是站着还是睡着，说睡着；问牛鼻是干的还是湿的，说湿的有露珠；问牛嘴是不是动着，说动着（反刍）。才放心。

牛老死后，文宽会痛惜落泪，对牛的关爱与感恩以另一种方式表达出来。他笃信道家关于人畜生死转换说：请人将牛皮完整剥下，置于牛身再用草席覆盖深埋，祈祷它来世做人。为防贪心之人盗掘，这些都是乘黑夜进行，并且数日内他要去察看几次。

尚友仁，小名小寿，尚文宽长孙，为访其老爹（爷爷）及叔尚开芳，我追访他数年

我在追寻省坝曾经辉煌的农耕文化，了解人、牛关系以撰写《消失的阡陌》一书时，寻访到小寿，得知其祖父对牛如此使用、爱护和感恩，并且引出一段关于道家牛文化的佳话，心有感念，故数年中对其儿孙及邻里访谈不辍。

地处庭院后侧的三间两耳碾坊在文宽精细化与人性化的管理下，有条不紊地运作，临街售油的铺面同样如此，每个街子天清晨，洒扫铺子与街面后，都要在门口放置一个红铜大茶壶，内装凉白开水，一个大木桶，盛着洁净凉水，桌凳之上放着干干净净的洋瓷口缸、水瓢，供路人任意饮用。店里还备着沙药、万金油、八卦丹以备感冒与中暑之人服用，不要钱，叫赐药。油铺的销售方式也是灵活的，客人可以来买油，或卖油菜籽，也可以菜籽换购食油，支付加工费。诚信的经营之道令洪发油坊生意日益红火。后来，竞争加剧，油源吃紧，尚文宽派出驮马，到淌甸大道上的花鱼沟收购菜油，有时一次收购数十驮马匹驮来的上千公斤油料。

尚文宽油铺利润丰厚不忘回馈社会，每年临近年关，他都要派出马车到马街采买数十床草席，这是西边街子的特产。农历大年三十晚上，他与老伴亲自对乞丐进行施舍，儿子们在大簸箕内倒入几袋大米，用量米的升斗引量，人少之户一人给一二角米，人多之户给一升米，外加每人两小提菜油、一床草席。

文宽用感恩之心待人，这种情愫也延及神与祖先。店铺对面从宝台山下来的路口有天灯埂小庙，里面有个小菩萨，敬神的香油由他提供，并且亲手添加。店前街子只要有乱抛的字纸，他必提着个小篮用钳子夹入其中，晚上在家门口用铁锅焚化，将纸屑倒入金汁河顺水漂走，说不要抛撒字纸。清明、冬至上坟，家中有马车他不用，再远的路，携儿孙步行而去。村中有"老人茶铺"，专为解决村社住户发生的各种矛盾，他是主裁之一。人们愿意听取这位慎笃、有爱心之人的意见。

中华民国后期，龙头街街尾的尚家与街口的桂家（桂国义，经营油坊兼酒业），都是有钱人，街子天有人使着富滇银行发行的250元一张的滇币兑不开就奔这两家而去。尚家由开油碾坊起家，又开新民百货商店，从前店后坊的坐商发展到不拘形式的行商。小寿回忆起十几岁时随大人的几次经营历程。家中有马车五张，供着钱局街造币厂每天十一车的烧柴，是用来化银子的。厂门口的工人要入更衣室换上工作服，佩戴胸牌，出厂时要检查。造币第一道工序是冲压，第二道是烘烤，第三道用硫酸冲洗，最后用清水漂，有几个工人在检查钱币字样，有否夹边、凹坑等，最后用牛皮纸封装，一百个一封，三四斤重，这是一个十多岁的少年看到的铸币梗概，后来的事关乎自家收入，一定更准确清晰：柴火钱两天结一次，给的是铸币，两个大人才拿得动，这些钱会放入马口袋内藏着，再藏入马车的车心中，两边用绳子、烂席、蓑衣盖着，以防戴着头套抢人的强盗得手。邵甸的货也常由尚家送，盐、糖、布等商品甚至要送到几十里外的白邑梁王山。当地牧羊人将成块的锅盐放在火塘上烘烤捣碎后拿去喂羊。

尚家无闲人,尚文宽的几个儿媳带着孩子,做不了大事,干不成重活,文宽便向宝台山上的龙泉小学租六工学田,犁田请牛工,放水、栽秧、薅秧、割谷,便是妯娌们的事,实在忙不赢,便请几个工。当时有人劝文宽买下这些田,他说,买是买得起,怕以后送都送不掉。敦厚的文宽骨子里还有世故与老道。

尚友仁(小寿)的媳妇在老井汲水,年岁七十有余,仍勤俭持家,遵尚家祖训:家屋无闲人

祖孙俩

尚文宽为人勤俭,严谨,知礼义。尚家与昆明小东门外罗家交谊极深,文宽与罗家三弟兄以兄弟相称。罗家是大户,发家早,中药材、皮革、茶叶生意做到中国香港,两家相约开油碾坊,前后一年开张,店名同为"洪发油坊",在后来的经营中,既独自运作,又相互提携。中华民国后期,物价飞涨,为了解昆明城内食用油行情,文宽于龙头街街期的头一天必亲往罗家咨询。两地相隔七八里,文宽脚穿草鞋,头戴草帽,身穿家常便服,顺乡间便道步行前往,至白庙村距小东门已不远,他坐

在河沟边洗洗脚,穿上随身携带的布鞋,换上见客衣裳,周周正正去罗家,只为礼数。

瓦窑村爱唱花灯的刘凤堂与尚文宽之子尚开芳交友甚笃,他回忆尚文宽的处事为人,称之为"古风",每次经过临街的尚家铺子,看到文宽,他叫一声"大爹",尚文宽会亲切地回一句:"哎,老侄。"二句:"来来来,来喝茶。"有时刘凤堂进店堂找开芳,文宽正在吸着小烟筒,顺手递过来说:"老侄,来吸口烟。"那个小烟筒很精致,筒体中间有道白铜籀,上面装有银链链,链子顶端有个小夹子,吸黄烟时,有时要用夹子将烟蒂夹丢,刘凤堂亲见尚文宽清洗小烟筒,那种细致,令他难以忘怀。早上,文宽取出小袋,将袋中十多颗滑皮马牙石装入烟筒内,掺清水摇晃,小石头在其中"咣啷咣啷"与筒壁摩擦,片刻,将水倒掉,又加入清水,如此重复三四道,才装入干干净净的烟筒水,如此,吸烟时烟味更纯正,烟丝中对人不利的东西过滤更好。随后,文宽将小石头用水冲干净,装入小袋晾干以便明日再用。在农村用烟筒吸烟之人很多,如尚文宽这样规范的却极少。

文宽创起偌大家业,儿孙满堂,在整洁、勤俭上仍率先垂范。吃饭的碗筷、喝水的瓷杯自己清洗。早上起床,铺床叠被、清洗便盆不假手他人。在铺子售油,身上系块围腰,熟人来找,摘下围腰,出来见客,哪怕穿点粗青黑蓝衣裳,干干净净,没一点油渍,令街坊赞叹。

文宽自律严,教育儿孙亦然。长孙小寿,他挚爱之极,责之亦切。孩子从七八岁入小学起,便有了社会身份:学生,学习知识与学习做人便同步进行了。小寿与奶奶一起睡觉,起床后,便要喊老爹(即祖父)、奶。放学回来也要个个喊遍,并且是站好了喊。穿衣要扣好扣子,不准披着、敞着,否则,老爹会说,"衣袖没用,来,把它夹了"。稍大点,便剃了光头,不准跟风梳东洋头,进高小时,就留学生头。添饭时,要把筷子摆放在桌边,如夹着筷子去添饭,会打手,说"哪个教你的"。饭只能添平,不能添尖(满出碗),添尖了,他就骂,"你吃监饭哪"。饭甑很大,要两个人才抬得动,添饭要从边上转着挖,不准从中间挖,中间叫饭堆，只能任它自己垮缩下来。在家中向供桌磕头，要恭恭敬敬，一下是一下。小寿上小学二三年级时因贪玩，随便磕了一下，被老爹用牛鼻绳打，边打边说"会不会磕头"，说"会"，叫磕给他看，于是，规规矩矩、恭恭敬敬磕了几个头。做完作业，要给老爹看，同意了才可以出去玩，临出门，自己拿炷香点着插在门边插香处，在外面玩不敢走远，要回来看香还剩多少，如果点完了再回家，要在堂屋罚跪。

在老爹严格管教下，小寿也铸下美德：严谨、有责任心。现在七十多岁的小寿自己也当上了老爹，儿孙众多，当他给儿孙们讲述当年他与老爹的故事，会自豪地说起1938年，女老祖（老爹的母亲）丧葬办灵，场面豪华，材子（棺木）沟用木头挡住，扯起白布，用彩扎罩着棺材，两边有两条龙，叫高抬龙杠，由二十多人抬着绕棺回灵，自己是长重孙，由父亲抱着坐灵轿，老爹都轮不着。点点滴滴。但是，说着说着，他会加上一句：现在你们幸福了，不像我小时（受老爹管教）那么苦。

儿女们

文宽有三子两女，为两个妻子所生，第一个妻子生育二子一女，后病故。妻妹寡居，文宽将她娶进家门，是为第二个妻子，为他生育一子一女。两个妻子均贤淑。

文宽五个孩子，个个有文化，老大尚开发，高小；老二尚开祥，大学；老三尚桂英，初中；老四尚开芳，高中；老五尚桂芬，大学。在培养儿女读书上，文宽开明，谁有多少能耐就读多少，决不强求。以中华民国时期大众受教育状况，尚家是出众的。但文宽有遗憾，他一生最恨吸烟、赌博与唱花灯，老大、老四却各占一样：老大吸食大烟，老四沉迷花灯。

其实老大尚开发在做事上有乃父风范：踏实、认真、守得住。开发染上烟瘾，其父有相当大的责任，尚文宽为延揽最好的打油师傅，容忍其中有吸食大烟者并且为其提供烟品（当时男人中吸食大烟者为数不

1935年三月初十，尚文宽一家。尚文宽与老伴尚杨氏端坐于自鸣钟两侧。前排右起：尚开发（长子）、尚开芳（四子）、尚桂英（三女）、尚桂芳（五女）、尚开祥（二子），尚开祥身后为其媳妇。此日，尚开发媳妇临盆生小寿

少），开发从父亲开办榨油坊起就与打油师傅一起劳作，学习技能，日日厮混在一起。一定是出于好奇，一口两口品尝大烟，然后不能自拔，开始是在外面偷着躲着抽，时间一长，被父亲发现，大怒，不管儿子当时光着膀子人赤着脚正在劳作，穿的是打油的短裤，被打跑出去，小寿当时七八岁，看到了父亲狼狈的模样。尚开发先在龙头街舅老爹家穿上衣裤、鞋子，一趟便去了昆明甬道街，在小寿的大姑妈家开办的桂香斋酱菜厂帮工，做酱油、黑大头菜、磨芝麻油，将近一年，文宽思念儿子，亲戚们也说好话，便允儿子归家。小寿也看到了这一幕：老爹说，你以后还敢吗，父亲说不敢了。然后进碾坊，像牛一样出力干活。但是烟瘾难戒，背后还是抽。尚文宽五十岁左右，将油坊交与长子管理。尚开发是在中华人民共和国成立后戒掉大烟的，旧社会留给新中国的包袱之一，

是一批吸食大烟的人。龙泉镇人民政府将尚开发等全镇一百多个吸烟者集中在宝台山弥陀寺内强制戒烟，大米与伙食费自带，戒烟者一律不准外出，以有效断绝烟源，还安排紧张的政治学习与劳动生产。一番灵与肉的痛苦挣扎后，戒烟成功，最后，组织者安排这些人用绳索将弥陀寺内三尊高大的佛像拉倒拆毁，以示洗心革面，各自返家。

老四尚开芳的痴迷花灯却是至死不悔的。古人说，食色，性也，饮食男女是人生的一部分。中国传统的农村生活，日出而作，日落而息，精神生活乏之又乏，花灯为那座封闭老屋开了天窗，农人喜欢。他们在花灯中自由表演、自我欣赏，花灯是农民自己的艺术，也与生俱来带着农民的质朴与泥土气。有一首花灯小调很能反映花灯之俗，名字叫《笑来笑去就成双》："一进南门三牌坊，两个狮子蹲两方，公的望着母的笑，笑来笑去就成双。"此等土俗的东西，在尚文宽看来不堪入目。但是，文宽并不反对所有的艺术，他喜欢滇戏，相对于花灯的俗，滇戏显得雅，它的内容形式承续的是中国国粹：京剧。

年节时，龙头街村董们为营造节日气氛，会请滇戏或花灯班子到村内公演，这时尚文宽的好恶便十分鲜明，演滇戏，他多出份子钱，有时演出三天他承担一天的费用；演花灯，一文不出，并且家中前门上闩，后门落锁，他坐镇客厅，老伴与三个儿媳妇在后院做针线活，上厕所由老伴为其开启后门之锁。其实，后院之人个个爱瞧花灯，大家一声不吭，只听得从米场心传来叽咯的二胡声与唱戏声，心中痒痒。如此严厉，可文宽仍挡不住花灯的脚步。那是1946年八月三十日，白邑河里湾的谷昌坝水库竣工立碑，省政府举办盛大庆典，龙云、卢汉亲自到场，文艺演出有滇戏花灯。尚文宽作为地方绅士也在被邀之列。演出花灯《柳荫记》，他的儿子尚开芳竟然出演生角梁山伯，二十岁的小伙子与龙头街著名艺人李永年（旦角，演祝英台）联袂出演，满场叫好。开芳偷着学花灯仅两年，便能担纲如此场面，才情很是出众。文宽当晚因儿子回家很晚，不便发作，第二天中午，小寿经历了那场暴风骤雨。他放学回家，一大甑米饭冒着热气抬入堂屋，老爹在骂：一个都不成器，又是吸大烟

（指老大开发）又是唱花灯，滚滚，将东西盘出去。这时开发有两个孩子，开芳有一个孩子，两家的东西被搬至后面院子，开祥家早已别居。这时号哭的是女人与孩子们，包括文宽的妻子。尚家也由此分家。

没有了父亲的仁慈庇护，开芳一家过着不太平顺的日子。两口子带着才一岁多的小松寿，先做旱碾生意，为人碾米，收取加工费。又拉棚车，这是拉客人的马车，从龙头街拉到福德桥（交三桥）。再拉铛铛车，是拉货的马车，为大哥家倒运烧柴，头天从松华坝拉到龙头街，第二天上午再拉至昆明大西门钱局街造币厂。后来是盘整田地种庄稼。妻子张淑仙跟着吃苦，然后是埋怨争吵打架。开芳的儿女们也有唱灯天赋，也喜爱花灯，看到上两辈人为灯闹翻，再不敢涉足。没有了父亲的羁绊，开芳纵情花灯，年节时远近左右四方出演，农闲时收徒教授，当起花灯灯头，不亦乐乎。然而收入极少，支出反多。尚开芳与刘凤堂两人将龙头街花灯搞得红红火火，远近闻名，成了花灯窝子。开芳虽然有理，但拂逆父亲意愿，终有歉意，可他不能割舍心中至爱。2005年尚开芳病故，终年80岁，给他跪棺送行的花灯后辈们呼啦啦跪了一长溜，个个悲切流泪。他的老伴与孩子们在他坟前置放了他最爱的乐器：一架胡琴、一架小碗胡外加一个烟筒。

我访龙头街另一个有造就的花灯爱好者——李永年之子李明，说起文宽父子因花灯而起的冲突，他笑说尚文宽是个"老牛筋"，当时龙头街这样的"老牛筋"有好几个。

文宽三女尚桂英嫁与大波村一户"地理先生"家，先生是做风水及祭祀的，后离异，在昆明自谋生路，再婚。

文宽二子尚开祥可能最得父亲赏识。从1935年三月初十那张全家福照片上（其中少了尚开发妻子一人，这天她临盆生育小寿），老二气宇轩昂，有先祖武将之风。他读书成器，小学、中学、大学一气呵成，做了清波中学教师。家中弟兄三个，三丁抽一，轮着他去当兵，在部队也是一员勇将，参加1938年4月与日寇激战的台儿庄大战，滇军死伤一万多人，他是副团长，团长阵亡，他火线代理，打退日军。打完仗，调江西训练，写信回家问安，父亲称病叫他回来，回家后文宽不准其再回部队，将新民商店交与他手。1949年后，因其旧军官履历，一路蹉跎，一直至"文化大革命"期间病死在外。

文宽小女尚桂芬跟二哥走了截然不同的路，她读书也成器，一级一级直登上云南最高学府。因憎恨政治腐败，参与学潮。1945年消防警察用水龙围攻云大爱国学生，尚桂芬立足不住，于1946年离开云大，已是大学三年级，更名尚刚，到邱北成为边纵一员打游击。1949年后，先任邱北县委书记，后调任澜沧县县长，又调景洪银行工作，是一位扛过刀枪的离休女干部，现年近八旬，文宽五子女中，仅她健在。

尚文宽家庭在1949年后先被划为工商业兼地主，后因其耕种的六工田是租的，更正为工商业兼中农。1960年困难时期病故，享年73岁。

尚文宽一生不虚，自己丰厚，儿孙亦多彩。

松华坝上坝村　一个水火淬炼的移民老村

我喜欢松华坝，坝侧的凤岭与我名重合一字。凤岭其貌不扬，一个普通山包，既不高大也无险峻，却与东边的莲峰大山并肩扛住一泓好水。我写松华坝，还因为那里有一对我熟识的夫妇，他们精明强干，与松华老村一样有许多故事。

松华坝村（上坝）——凤岭坡下一老村

五龙山北启嵩明白邑，南束昆明龙头村（宝台山），首尾绵延数十公里。与昆明名山碧鸡、金马相较，名不见经传，然于昆明水利，它该有一席之地，称其为昆明主山也不为过，它是主昆明、滇池风水之山：五龙山自邵甸甸头发端，经甸尾、小河，五龙接力，将一条长达11千米的盘龙江拥于峡谷，左呵右护直送至松华箐山口，随即被慧眼识宝的云南首任省长——元初平章政事赛典赤·赡思丁（1211—1279）扼住龙头，逼水入河（金汁河）。自此，松华坝人受省长之托，不露声色，管束这头一首双身的水龙长达600余个春秋。

我倾听从松华箐飘来的歌谣，它讲述的是一个水与火淬炼的老村故事。在这里，可以领略昆明坝何以为省坝；可以听闻"方獭猫捞金盅"逸闻；康熙朝云贵总督范承勋与百姓互动；匠人后裔范品祥细说烧窑方略；"化铜罐"铸大清"通洞钱"故事；甚至还有金殿铜屋与坝上人家可能的渊薮……

松华坝上坝村 一个水火淬炼的移民老村

松华坝（上坝）坐落于凤岭南坡向阳地，村名源起于元初的土木结构松华箐分水坝，立村开端是戍守并管理重要水利资源，原始村民职责半为戍水半为垦殖。

老村最早的民众来自何处，包括村民姓氏、人数，已荒不可考。村老忆及古话，谓方、孙、范三姓是老姓，其中方姓到达最早，因最得水利之便的是方家院，他们有选择的优先权；孙氏是第二个到此落户的，其宅地紧邻方氏，而且水坝东侧的小山即名为孙家山。据村人范品祥讲述，范姓是明代移民，范姓老祖公是南京御林军，随沐国公南征，还带着家眷，族人范品惠讲述略有不同，谓范姓老祖是从南京应天府柳树湾高石坎九道坝充军而来，此处"充军"两字多半是随军，移民真正因犯罪而流放者极少。

也许是运气和技能之不同，至1949年，上坝全村80余户400余口，范姓几占90%，为70余户；孙姓4户；方姓已绝。21世纪初，当笔者进入该村，范姓已达200余户，一千多口；孙姓仅十余户。昆明坝数十上百老村，各村都有繁衍甚众之大族，然如松华坝此等悬殊者，少。

松华坝有上、中、下三村，以开端计，当指上坝，因上坝居住地最得山水之利，分水闸亦世代由其主管。中坝与下坝距上坝有数十上百米，曾与上坝间隔一个小山包，村人落脚此地较晚，姓氏杂，其中还有不少搬家人（不同历史时期因逃荒、躲兵、战乱而从四方零星迁入者）。本文以追溯最远之移民村上坝述之。

2004年1月，我初入上坝村，在凤岭摄下老村一角

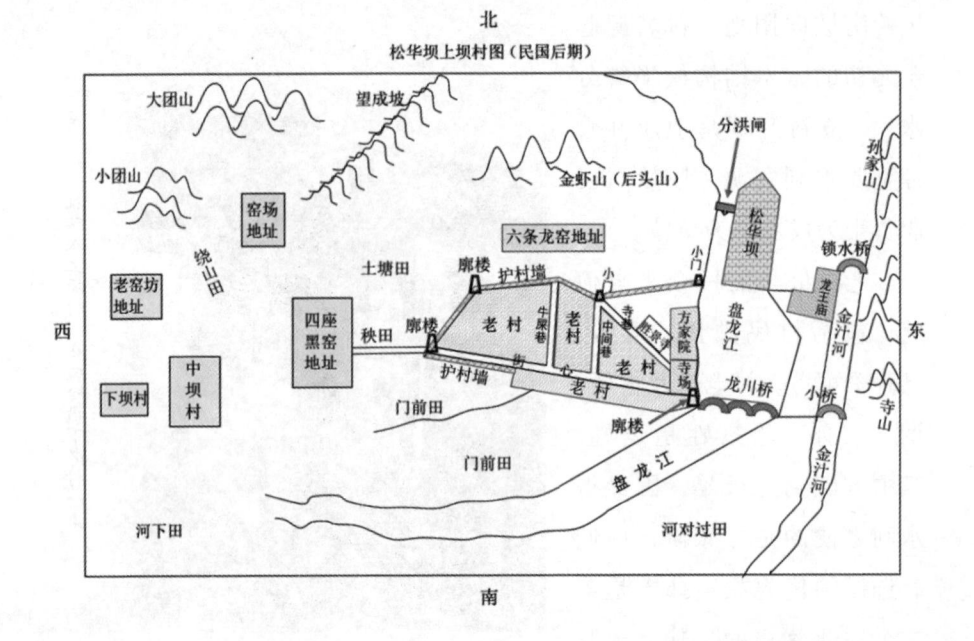

1949 年前后，上坝村略图（范品祥供稿）

　　松华坝村配合官府管理分水闸责任重大，然于水利也甚得其便。至中华民国晚期，全村有田地千余亩，其中 600 余亩水田、百把亩雷响田（需靠雨季天水灌溉耕作之田），300 余亩山地，分布在村庄四周称作土塘田、绕山田、门前田、河下田、河对过田等地块。至于古籍记载的凤岭，村民约定俗成呼之"金虾山"（又称后头山，上文之"对过"及此处"后头"，均为江南惯习用的方位词）。清末民初社会不靖，匪抢成风，百姓称之"闹匪风"，府县资助地方建围墙碉楼以作防范，老村建的围墙东西长约 400 米，南北宽约 200 米，如此，老村面积公制约 8 万平方米，约合市制 121 亩土地，墙内民居、街巷、水井、寺庙、祠堂、畜厩，挤挤挨挨。人们于围墙东南、西南、西北设三个廊楼。廊楼即碉楼，又称栅子，位居东南的因紧邻龙川桥而称为龙川桥栅子，西南的称为卷槽沟栅子，西北简称为栅子。另于村北围墙设两小门作为便道，供上坡劳作的人与牛马出入。墙内依山坡走势纵列 4 条街巷，自东至西分别称为寺巷、中间巷、牛屎巷与一条无名小巷，村南依墙有一条东西向主街称街心，每周三赶街，称松华坝街，从北地白邑、小河方向人挑马驮过来的柴禾、木料整驮卖给当地人，以便当日赶回家中，往返路程有二三十公里，也有马帮途经此地，但不作停留，径直从龙川桥过盘龙江，沿金汁河埂，分两条路线进昆明，一条从任旗营—三竹营—金刀营—北街进城；另一条顺河埂从波罗村—下河埂—小坝进城。

那个名实相符的胜景寺就在寿巷东侧，直面盘龙江，规模颇大，有前堂、中殿、大殿，寺门朝南。寺东有寺场，临盘龙江，大小船只会在此上下货物，如砖瓦、土陶器外运。

松华坝水库一角，曾经的马帮驿路白邑道淹没在水下

1958年，因社会安定，围墙失去功效，遂拆除。胜景寺搬迁至凤岭半坡。

2004年，笔者初入老村，街巷大模样还在，当我行走在牛屎巷石级，问村老巷名何来，说巷两旁大多是关牛的厩，牛于清晨出厩上山，总要于此痛快排泄，故名。看到巷道石级坎坷，感慨牛之不易，庞大身躯，眼力不济，跌闪了如何是好，村妇笑说，牛马聪明，走熟的地方不会跌着。不由失笑自己为古人忧，为牲畜忧。不过，也由此领略昆明人取名的土俗、搞笑：不管名称雅俗，实用就好。例如在请大客时用的抬菜托盘，上可置五六盘菜，居然取名"牛屎托盘"，不是糟践上面的菜肴，而是指其盘面大小相当于一泡牛屎，以此区分其他类的托盘。"狗头坡"称谓，形容较小的山坡拐弯处，意为不大一点的坡。"狗饭田村"是今昆明东郊金马山侧和平村旧名，该村曾是金马关旁大寺的香火田栽

凤岭坡的胜景寺，1958年建松华坝水库时由村中迁移至此

种佃户，另外，金殿北隅的大波村也有狗饭田称谓，是金殿的香火田。旧时官家文书也有此指称，当是入乡随俗也。

守护"皇闸"的人们

自云南首任平章政事赛典赤·赡思丁修建松华坝始，云南府为省坝六河（盘龙江、金汁河、银汁河、宝象河、马料河、海源河）并海口配置360个闸丁夫役与360匹马（坐骑），其中松华坝闸丁4人，每人月支银4钱，名姓刻于石碑，立在闸神庙。明万历四十六年（1618年），云南水利道副使朱芹主议大修松华坝，将元修土木结构的闸坝改为石砌金焊，史称"皆选石之坚厚者，长短相制，高下相纽，如犬牙、如鱼贯，而钤以铁，灌以铅，彷诸槽，扁以巨舫"。创建的石闸"高一丈余，长三丈七尺，广一丈七尺"，以今之计量占地合50余平方米。用时两年，用工5万7千余数，耗银"八百七十两有奇"。经笔者查阅史料，自明修石闸始，松华坝大修，甚至重建共8次。第一次，清顺治十六年（1659年），清兵入滇，松华坝已毁，七年后的康熙五年（1666年）巡抚袁懋功、李天裕"题请支盐课葺之"。第二次，康熙二十二年（1683年），巡抚王继文会同总督蔡毓荣题请捐修。第三次，雍正八年（1730年）云贵广西总督鄂

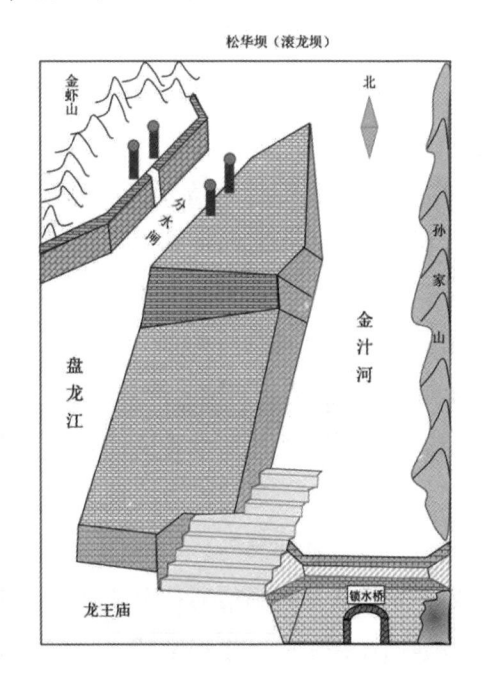

1958年前的松华坝分水闸，始建于元至元十一年（1274年）（土木结构），续建于明万历四十六年（1618年），为昆明坝数万亩良田与民众生活用水提供源源不绝的琼浆玉液（根据范品祥供稿，电脑处理）

尔泰、云南巡抚张允随题修。第四次，光绪三年（1877 年），云南粮储道崔尊彝、水利同知魏锡经、委员陈勋、绅士张梦龄、张联森等筹款重修松华坝墩台、闸坝、河道，经四个月竣工。第五次，光绪十六年（1890 年），云南粮储水利道督同清军动支库币重修闸墩。第六次，1943 年，修砌松华坝水闸闸墙、翼墙，开支国币 15640 元。最后的两次大修并技术之改进发生在 1949 年后，1951 年昆明市政府拨大米 25 万市斤修松华闸，加固大闸墩脚及闸底凹陷部，改排洪闸为冲沙闸。1953 年改建松华坝木闸为机械闸，启闭机造价大米 6220 市斤，铁闸枋造价大米 49978 市斤。

由是观之，松华坝的创建与维修均为政府出资并动用国家力量（政府主持，有时动用军队）实施，8 次维修资金来源于盐税、库币（国库）、地方财政及社会捐款。其中以康熙二十二年的"捐修"最为艰辛。是年，清廷对吴三桂的平叛刚结束，8 年用兵，昆明坝水利设施败坏严重，所需修复的经费浩大，据巡抚王继文呈报皇帝的"请修河坝疏"，需银万余两，而此时国家财力吃紧，昆明百姓更是流离失所，大部分农民成为流民。除定例的"岁修" 800 两有定支，巨大的缺口要从"通省官员及各属土司酌行捐助"，然而"甫定之区人方拮据非有鼓劝之恐难必其乐输"。巡抚请皇上允许动用"政治资源"——"嘉奖记录"给予捐款者，并且要比照他省更优厚，"至工竣之日臣造册送部照例叙录则河坝固而水利可通俾四散之民咸图归计渐次开垦将见生聚浸昌而昆邑粮赋可以望其复旧矣"。一场旷日持久的战争令昆明坝流民四散，哀鸿遍野，康熙帝焉有不纳巡抚上疏之策，如此，河坝修，昆明定；而昆明定，则西南夷兴。此等提纲挈领之大事，难怪元平章赛典赤在定策云南省府自大理东迁昆明时，将六河水利经略作为头等大事，亲自动手，并借偌大民力与军力落实之。

1958年建水库，从分水闸底部棱体基础中挖出的明代水坝金属焊件，名"蚂蟥绊"，起固定巨石作用，铁质（摘自《昆明市水利志》）

"蚂蟥钉"，铁质，与"蚂蟥绊"起同样作用（摘自《昆明市水利志》）

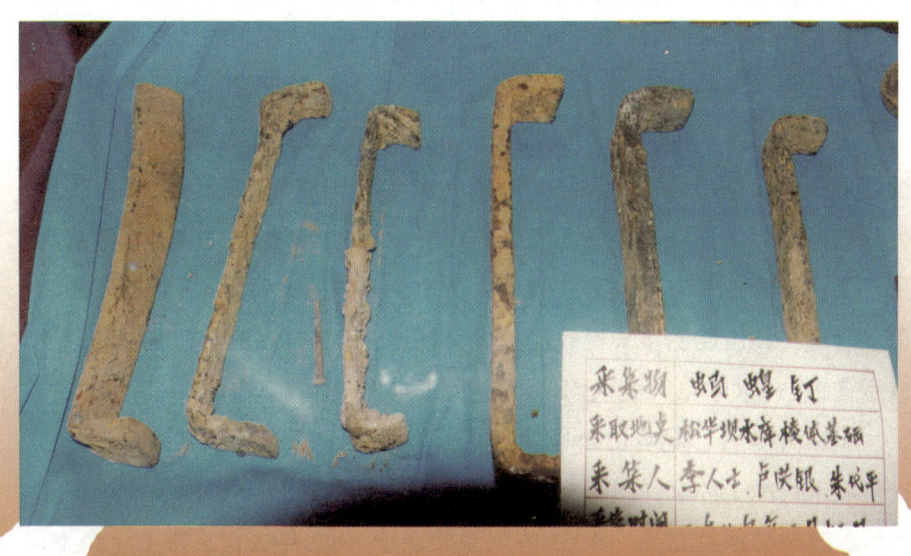

闸丁孙寿与他的妻子。孙氏闸丁世家，起自明万历四十六年（1618年），终于1958年，前后延续340年（孙家兰供稿）

松华坝作为昆明的水利枢纽，农民尊其为"皇闸"。对"皇闸"的日常管理与运作是松华坝人年复一年的劳作，自元建土木结构闸坝至明万历四十六年（1618年）升级至石、木、金属构体闸坝，历时342年，松华坝闸丁未留下姓名（闸神庙原始记载石碑已毁）；而后340年留下了一个管水闸丁世家记载，据《昆明市松华坝水库志》（以下简称《水库志》）载，明万历四十六年建石闸后，选定上坝村农民孙氏家族世袭看守，有闸丁十数人，直至1912年孙氏后人孙寿仍负责管理，为管理组组长，设闸丁2人。1946年，盘龙江上游建谷昌水库，设管理所，归昆明县政府领导，中华人民共和国成立后松华坝闸沿袭过去管理办法，由孙寿的孙子孙家义任组长。1951年改为机械闸，用葫芦吊起闭，极大地节省了人力，管理人员为3人，每人每月报酬12万元旧币，管理人员由昆明市人民政府建设科领导，直到1958年松华坝水库建成后撤销。《水库志》为人们留下珍贵史料。

2004年3月，笔者访松华坝闸丁孙寿后人，见着其家族接班人——松华坝末代闸丁孙家义，得知他是孙寿儿子，时年85岁，因患中风不能言谈，其妹孙家兰在场，年63岁，说父亲于1962年去世，寿七十余岁。自明万历四十六年建石闸起，以一代闸丁劳作20年计，孙家义应是第十七代闸丁了。松华坝方姓、范姓闸丁谱系未留下记载，但范姓末代闸丁在1946年云南省水利局档案资料有载：他名范启龙，与孙寿并列为"一

上坝村人范品惠（左）、孙家义（中）、朱志（右）。孙家义为孙寿儿子，末代闸丁

上坝村闸丁范启龙（握锄者）

级"闸丁巡水。以国人传统做派推算，此等代代相续的水利管理者大都为家族血亲传承体系。自元代创闸至1958年废闸的682年里，大致有三十余代闸丁巡水传人。由是观之，松华坝老户人等是这些闸丁巡水之苗裔。

闸坝的所有权应为国有，此是民众所唤"皇闸"的应有之义，但其营运规则却似官民合营，根据史料与乡民口述，其中官府的职责与权力为：1. 支付建筑与修缮闸坝的费用，支付聘用的闸丁水夫（仍是农民）工资；2. 以官府的权威行使对闸坝的所有权、管理权；3. 昆明坝农耕一年两熟的"大春"（稻谷与玉米）与"小春"（豆麦）灌溉之期，省水利署制定规则并现场督导；4. 水闲（秋冬），将闲置闸枋贴以官府封条，交由村保与闸丁看管，无有应允，不得拆封；5. 年节，府县官员巡视慰问松华坝保甲长并闸丁巡水人等；6. 按额收取昆明坝享用水利的农民皇粮国税。松华坝闸丁巡水职责也不轻，这是长年累月的责任与担当：1. 负责松华坝分水闸有效运作：按每年因天象气候之变化而形成的不同来水量以及盘龙江．金汁河灌区数万亩田地的公平用水，并冬季城市用水指令（来自省水利署公文），启用不同数量闸枋；2. 日常尤其在洪涝年份的闸塘防洪护堤须昼夜看守；3. 参与每年于冬腊月进行的河坝"岁修"；4. 执行水利署的各项派差，如接待官差．陪同巡视，解决实际问题；5. 领取按月发给的薪酬。

由此可见，松华坝人自立村起始，他们将昆明坝戍水之职责担当了682年。

松华坝"皇闸"的管理模式也延伸至昆明坝其余闸塘，如海口闸、盘龙江南坝闸、金汁河小坝闸、老李山大闸、宝象河鸳鸯坝闸等。1946年的省水利署发放酬金的名录有二十余人之多。这些关乎国计民生的官民水利合作关系有传统契约铁券性质，又类同当今的混合股份合作制。在数百上千年中，它们是社会平稳发展的重要保障，被习惯法以石质文书——碑刻的形式保存下来，在"皇闸"侧旁"闸神庙"曾有咸阳王赛典赤制定的规则石碑，在大将村（今名迥龙村）金汁河碑埂、棕皮营与

助我考察松华坝与金汁河的同志。左：范品祥（原上坝村书记），右：刘建昌（原龙泉镇镇长），立足处为龙川桥（创建于元初），背景为寿山

上坝民居，背后的山沟名老爹箐，右侧不远处有奶箐，雨季有山水涌流注入松华箐，入盘龙江、金汁河

上坝村金汁河第一闸。功能，上木枋（木板），提水位，用于灌溉左近田园，金汁河全河西岸（俗称外河埂），有许多闸枋，枋侧配有沟渠，是乡规约定的灌溉枢纽，枋之高低，沟之宽窄与灌溉田亩的多寡有关

2003年8月，盘龙江与金汁河灌区的稻田，拍摄地点：龙

龙头街交界的河道堆土处……据说金汁河通河有4块水利约法石碑。中华人民共和国成立后，这些石碑有的被迁至官渡区官渡古镇碑廊保存。

有关六河的坝闸操作规则，在清雍正八九年间，云南水利署副使黄士杰曾作《云南省会六河图说》（以下简称《图说》）。对六河及海口的河道、源流、桥梁、闸坝、涵洞以及使用规则、治理要点、存在问题作了详细记录，是一本权威专著，有重要历史价值。但该书也存在明显瑕疵。俗话说，实践出真知，保存历史真相的还有民众口碑，正是在松华坝戍水人后裔那里，笔者找到真知，对《图说》作了两个重要勘误更正。

每年大春插秧时节，田地需大量水源，然昆明此时尚处旱季，盘龙江来水不多。无奈，人们商定，将35公里长的金汁河灌区分为五排，轮序灌溉，称"放排水"，先自上游头排轮起（松华坝至老李山大闸），至二排（大闸至波罗村），三排（波罗村至小坝闸）、四排（小坝闸至地藏寺）、五排（地藏寺至燕尾闸），周而复始。《图说》却载：先自五排轮起，然后四排、三排……此其谬误之一。

昆明坝六河之一的海源河分水闸附近的分水鸡嘴

松华坝大闸每年封闸逼水入河以资灌溉在四月十二日，此过程会延续至八九月稻谷收获止。《图说》却载：松华坝大闸每年系于腊月下旬封闸逼水入金汁河以资灌溉至次年栽插毕开闸放水入盘龙江以泄水势。此其谬误之二。

　　松华坝民众受官府所托，精心管理大闸，同时，还做了件"分外"之事：礼敬龙王。天象难测，偶遇的大洪水对闸坝的损害非人力可控。当然，此等做派主要在旧时代，笃信龙神文化的人们对江河之神不敢懈怠。于每年"二月二"龙抬头节气，全村大姓家族派出一对童男童女由族老率领，提篮背篓，用升斗盛3公斤大米，外加猪肉、糕点、水果、香烛，恭送至分水闸漫水坡墩台，供在迎水的五面石台，齐刷刷向北方龙之源——白邑方向叩首：这条长十余千米，在五龙山森森林木簇拥下，如披着绿色盔甲的水龙。

繁盛的窑事

　　乡人于戍水之余，奋力垦殖虾山坡脚土地，因地势局限，人均耕地仅3亩余。约三分之一为近水田地。本以为这就是他们除闸丁巡水工资收入之外的唯一营生了，谁知不然，村人告知，除管闸和盘田外，他们还有两种谋生之道：其一烧窑，其二驮马运输。大部分家庭养马匹，多至三四匹，少则一匹，主要为窑场运输砖瓦、土陶、柴禾。此两种营生，可归为烧窑大类。待问及种田与窑场孰轻孰重，答曰：两者在农家营生中各占一半。

　　本为调研农耕水利而来，未曾想还有如此规模的手工业窑场。随后，展开专题调研，村人范品祥、范品惠、范元清、范海清提供不少窑场故事，其中以范品祥之讲述最为精到系统。我与范品祥夫妇因询河闸相识，交往数年，是他们家常客，连那只看门土狗都会对我摇尾示好。近距观摩过品祥种稻，大约在2005年，当时，松华坝还有少许土地，他在溢洪道侧种几分稻谷，水源来自沟内少量存水，用简易水泵抽取。也吃过用此稻米烧制的米饭。那年丰收，数麻袋谷子囤于耳房，老两口一年吃不完，由是感知土地于国民的重要与宝贵。观摩品祥媳妇王珍凤种菜养猪喂鸡，品尝她用山里挖来的野生黏山药做的山药豆腐。品祥是有知识的人，他是农村退休干部，当过上坝大队党支部书记、上坝乡书记，后来是上坝办事处书记。因其还会作画，应我请求，绘制松华坝分水闸塘（村人称"滚龙坝"）以及松华坝老村图。珍凤一字不识，却是个干练女人，偌大家族，治理得井井有条，口才不比丈夫差，于耕作、畜养、家政、人情世故甚至纸火"喊魂"样样精通。他们喜欢我写的书，与我投缘，知道昆明坝即将消逝的农耕文化之宝贵，领着我满村满坡地跑。见我注重图像物证，便将家中阁楼存放的农耕及农家生活用品翻个遍，从蓑衣斗笠、河道巡夜灯、可盛放七八十公斤大米的大瓮、囤箩、锄头、簸箩、筛子全搜罗出来。珍凤甚至将她用过的数十年上山打柴的行头穿戴好供我拍摄，后来又移师长虫山西侧桃园小村孩子舅家，在此建立另一个田野考察基地。（珍凤病逝于 2015 年，享年 68 岁，惜乎）

品祥叙述的烧窑事从祖先入滇开始。这天是 2008 年 9 月 8 日，在凤岭老村他家堂屋，他兴致很高，吸着自制土烟，喝着酽茶，为我摆开窑场龙门阵。

松华坝范姓祖先是两弟兄，哥范泉江，弟范龙江，是江南窑匠。哥哥擅烧黑窑，弟弟长制龙窑，数百年前移民至滇，来到昆明。

也许因松华坝是云南

21 世纪初，范品祥、王珍凤夫妇，身后即"范家大屋"，门楼墩脚大砖有（清）道光××窑匠刻字，名姓字迹已模糊

府国计民生要地,哥俩被派驻屯戍于此。此地窑泥甚多,凤岭周边的大小团山、锅盖山、马鞍山、长岭山、矮岭山直至金殿附近的摩天岭、三丘田都有此泥,哥俩正好可以施展身手。窑泥又称"酸泥",侍弄庄稼不成,烧制窑货少它不得。松华坝烧窑始于明,续于清,至中华民国中期,因日寇侵略至中国战略大撤退,许多机关厂矿学校西撤,昆明人口剧增,城市建筑因之掀起高潮,砖瓦需求旺盛,松华坝烧窑业至全盛期。全村有10座黑窑,8条龙窑(其中一条为绿窑),为便于管理,匠人建立窑业行会两个,黑窑行会称"黑群会",黄窑(龙窑)行会称"黄群会"。

清末民初,昆明商贸颇盛,几乎百业有行会,就连三迤马帮、纸业、酒业、红白喜事等都有行会。昆明城外农事散漫,收成除了上交皇粮国税,余下主要在家庭消费,流入市场并不多。但农耕关乎国计民生,由官府倡导,各村均有"青苗会",是为农业的行会,大村一村一会,小村数村一会。在一些村寨寺庙碑刻遗留中,还有"青苗会"内容,类同今日之乡规民约,办会经费由税前提留中支出。其他诸如渔、樵、猎、窑等行当,涉足行会者鲜有。笔者行走昆明坝近20年,只在滇池南岸昆阳小东门访着滇池船运行会一个,称"昆阳船业民船公邦"。后来于滇池北岸福海、大观楼一带渔村,识得两个渔家行会,分别称"网竿大会",又称"大香会";"捞兜会",又名"大鱼会"。这烧窑者的行会是首闻,我精神大振,细问慢捋,接下来的谈话便有了更多温度与互动。

窑人行会规模不小,每会各有会员60人左右。会员从窑上产生,都是一线窑工,季节临工不得参与。会头(会长)由全会选举,以技术精、管理强、劳力好,年富力强且有威信之人担当。会头以下是窑主,他们是行会中坚力量,是真正的产权人,有资本、技术,懂些经营,也要能吃苦耐劳。会头与窑主组成行会核心,类似当今的学会理事。会长职责不轻,其一,要洽谈订货与发货事宜;其二,需核算成本,确定员工工资,以便财务执行;其三,决定添置设备以扩大生产规模。他平时固定在一个窑场工作,重点管理砖坯收取环节,检查质量,统计数量,以取得统筹行会的基本数据。

窑行成立时间，以昆明商业发展环境与松华坝窑场规模计，大约在清末民初；终结时间在1952年，最末的会头，黄群会是孟希华，黑群会是范成明。是年，上坝村进行土地改革，几个窑主被定为地主，行会难以为继，遂解散。

1958年，因建设松华坝水库，为保护坝基，金虾山南坡所有窑场关闭，为此，政府作出相应补偿。

烧砖瓦的黑窑像个倒置的土锅，其上树着四个烟囱。昆明人称之为土锅窑，或团窑

松华坝烧窑曾散居于九龙湾、大波村、小窑村、金殿后山及本村，后来规整至本村西、北侧的大小团山、窑冲头等地。其原因：一是窑场集中，便于管理；二是村子西北有一条"回龙沟"，用水近便；三是中华民国后期一批玉溪窑匠入昆购房买地，开发窑场，由是增加了竞争对手与烧窑成本，松华坝窑场行会更显其集约整合优势。

黑窑俗称"土锅窑""团窑"，它像个巨大土锅倒扣于地，薪火构件置于地下，窑体顶部有四个烟囱，是过火通道，专烧青砖白瓦和"沟头"等建材；黄窑也称"龙窑""长窑"，其长约50米，斜依山坡，火道由下而上，烧造时像条火龙，故名。黄窑烧制土陶，品种繁多，是旧时百姓生活不可或缺之用品，有土锅、大小瓮、水缸、鲊罐、油壶、酒壶、药罐、土碗、陶盆、米盆、茶盆、各式花盆，甚至还有工艺品兼神器"瓦猫"，另有专烧寺庙所用琉璃瓦的绿窑，也属黄窑之列。

烧窑属手工业范畴，以匠师技艺为主，由泥、水、火甚至天时地利诸多要素组合生成，由此决定了烧制成品之不易，其中于火候要求甚高，处置不当，满窑物品便成废品，故旧称"火中取宝"。烧制窑品又是国人历史悠久的工艺，古代墓葬出土的粗陶瓷极为普遍。至唐宋以降，皇家官窑烧制的精致瓷器如"唐三彩""青花瓷"等都令人叹为观止，瓷器成为古代"丝绸之路"对外贸易的抢手货，中国也因此被烙上"CHINA"（瓷器）的专有国名。

品祥以黑窑为例，讲述烧制窑货的六个阶段。在松华坝烧窑技艺中断半个世纪后，以保存村社非物质文化遗产的平和心态，为我披露烧窑秘籍。在之前的乡野调研中，我于呼马山麓聆听彝族老把式毕明讲述种稻经与狩猎技艺，于滇池老渔人张洪启采访录制捕鱼谋略及渔具用途种种，最后，凤岭窑人后裔范品祥又坦陈窑匠技艺，于省坝农耕渔猎窑匠事几乎划上完整句号，此等美事，岂敢不用心。

黑窑工艺由泥工、制坯、晒收破、装窑、烧窑、出货六大步骤组成，具体分工为：

1. 泥工

挖泥1—2人。

挑泥1—2人。

踩泥1人，役牛两头，一人驱使两头壮年之牛。活重，两头牛分上下午轮班劳作。

泥工是窑场最基础的活计，全过程需五六天。先挖个圆形泥塘以便勾兑搅拌，踩成黏稠泥团。泥塘直径二三米，深约50厘米，挖来窑泥需经太阳晒烤，这样役牛踩泥可以省点力。还需兑沙，泥沙之比约7∶3。一塘泥一万多斤（市制），有的两万多斤，一片瓦需泥一斤，一万五千斤泥可做一万五千片瓦，两头牛踩一塘泥。役牛要喂细料，将料草打细拌以豆糠和麦草糠，还要外加一公斤泡胀的干蚕豆。

2. 制坯

掼砖1—2人。做板瓦，用"闸子"模具，一闸可剖4片瓦；做筒瓦，用"筒子"模具，一筒可剖2片筒瓦。

做"沟头"1人。"沟头"即瓦当，是屋檐末端的盖瓦头，俗称

"猫头"。制作"沟头"也有模具,"沟头"末端有装饰花,大多以菊花、桃花、鸽子饰之。做1个"沟头"可抵2片筒瓦的工时费。"沟头"在制作时就需与一片筒瓦粘接,工艺必须在两者半干时进行。

3. 晒、收、破

做好的大砖用线切割成需要的长宽尺寸,但不能分开,待其半干时再破开晒。大砖比农家砌墙砖大数倍,此地习惯在大城砖塑成时划成民用标准砖。

砖九成干时上码(即码成排摆放),码约一人高,砖横放,其长处是码的宽处。

筒瓦晒半干,翻晒时划为2片(不破开),装窑时再破开。

板瓦,边晒边园,半干后翻晒,收时,破板瓦。

"沟头"需阴干。

4. 装窑

生坯需达95%干燥程度才装窑,否则易变形。

先用山沙铺平窑底,砖置其上,摆成沟形,二三层以上摆出网格形,再二三层以上放板瓦与筒瓦,少部分"沟头"和筒瓦填于空隙间。

装窑忌实,不能装得严严实实,要分码头、桔形、中空,此称"拦火",中间用"拦火砖",直至窑顶,拦出井形,以使窑货均匀过火受热。

中等黑窑,可装四五万块砖瓦,大的黑窑可装十万块砖瓦,以装5万—7万的中等窑居多。如此规模,关系重大,烧废一窑货,足使一普通农家生活陷于窘迫。

5. 烧窑

①先燃小火,将不完全干的坯子烘干,需两天多。窑内有4个烟道,是主火道,烟囱先冒白烟,白烟散尽,表明水汽干了,加火。

②中火。要在烟道内见火,外观4个烟囱冒火,无烟。

③做顶。窑顶有个蓄水池,面积约占顶的一半,深10—15厘米,内放泥土,倒水入内至5—10厘米高,称"压火",以使窑底增温、窑货

熟化。开始烟囱不见火苗，至窑内温度达一千多度，才能烧出高品质的青砖青瓦。两三天后，烟囱又冒火，表示头、底均已烧透。

将4个烟囱用干泥巴封住，烧火的火门也封住（用砖砌，再糊以稀泥），使窑体处于密封状态。七至十天内，于顶部水池加水，池不可干。水汽会往下渗，一定时间可从烟囱送点水下去，不能多，此举是激出水蒸气，确保使红砖红瓦窑变为青砖青瓦。

6. 出货封窑十天左右，窑体逐渐冷却。

出货先将窑体的小顶揭开，从顶上近小窑门处（此处是装卸货主门）取出约10%的砖，其余窑货从小窑门出，取出的成品砖瓦堆于近处窑场，装码后再计数。

烧窑前会有人提前订货，买方须出1%—2%的预订金。昆明城内卖窑货的铺子也会前来收购，在窑场成交。过去盘龙江的大船可驰松华坝，通过水运，一些货销往昆阳海口。运送昆明的货大多用马驮、牛车拉，那时，北市区各村养着不少牛马，如麦地村有五六十匹马驮砖瓦、木料；瓦窑村有六七十匹马驮窑货与烧柴；羊肠大村、小村驮马更多，各有七八十匹。有时运出的货多时，会动用沿途各村劳力，手手相递运至城内，由买方付劳力费。

见品祥对窑事如此熟稔，询问其经历，得知他在窑上干过，熟识全套把式，老爹（爷爷）范成荣经营过一座黑窑。老爹去世，家中无人经营，将窑场转给二妹夫。我好奇地问，转手是否发生转让费。品祥说，窑活苦又累，完全凭技术与劳力，窑卖不掉，无人经营的窑就荒着，因房屋简陋，则成为叫花子住的地方，古来如此。

说到窑货的销售与收入，范品祥说，黑窑砖瓦数量多、批量卖，黄窑土陶量少，大多零售，黑窑比黄窑多赚10%—20%的钱；黑窑窑工苦累脏，黄窑工作相对轻闲卫生，其报酬也不会很高，而黑窑工人收入较黄窑则高出10%—20%。

烧窑属手工业，手艺好会经营的，收入比务农高。范品祥说起一些由窑致富者。在新中国成立后的土地改革（1952年）评上"高成分"

黄窑窑场，荷者肩挑的花盆称大龙盆，栽花木之用

的，黄窑主评出一个富农名范汝才，他经营绿窑，生产琉璃瓦。黑窑窑主评出四个地主：范正端、范文端、范加盛、范成义，全是上坝村人。务农盘田者成分大多在中农以下。松华坝窑场主姓范者居多，与来自南京会烧窑的祖先世传有关，孙家只有一座黄窑，巡水孙寿于水闲（指农闲管水工作清闲）在窑上打点临工。

烧窑使一些家族兴衰起落。2004年4月7日，与村人范品惠（80余岁）、范有端（87岁）、朱志（70岁，原羊肠村人，上门至松华坝）谈及窑场沉浮。听闻一位范姓烧窑世家故事，是范品惠的祖父辈三弟兄的事，名姓已无人提及，只说绰号：大板锄、二板锄、三板锄，显然，此板锄与农耕种植无关，是烧窑挖窑泥的本事。品惠是三板锄的孙子，他从老祖（曾祖）说起，老祖名范思存，窑主的佼佼者，力大无比，家中房屋石脚长1.5米，宽40厘米，厚30厘米，一块重约200斤（市斤），请石匠在外面打好，他一块块扛回家中。他活了一百多岁，昆明县长董广布赠其百岁匾,书"庆衍其序"。其长子大板锄,品惠称其大老爹,力气也大。他喜好滇戏,一次三兄弟去小河听戏归来,天已黑,砖瓦窑火烧得正紧,他去顶上查看,顶水已干,红通通的,急需加水,一时未找着扁担,操起2个头腔桶,以两臂作扁担,拎了四五十挑水,此桶满装水达一百多斤,一时传为佳话。烧窑攒得偌大家业,三弟兄的房屋都讲究,是用上等松木作枋与板,称"双披双挂"。其中大板锄的房屋更醒目,仅雕花一项用工三年,24道格子门雕着24孝图,正室前三后三(即前庭三间正室,后庭三间正屋),两天井内各砌一个花台,置一口及人高的大石水缸,以作花木灌溉及防火备用,还有一棵山茶花,花朵及碗口大(此屋毁于1955年的一场火灾)。谁知树大招风,引来豺狼,老大死于清末民初一次匪抢,二十多个匪徒闯入家门,逼其交出钱财,大板锄性烈,破口大骂,恼怒的匪徒用簸箕挖个洞套其脖颈,将他活活烧死,时年五十余岁。

2004年,上坝村两个范姓老人站于龙川桥侧,右侧范品惠,他是上坝烧黑窑匠人,绰号"三板锄"的孙子。左侧是范元清

黄窑制品除了锅碗罐盆等日用品，还有宗教寺庙用品，如庙宇琉璃瓦，翘脊上装饰的卷尾兽（鸡、犬、龙吻等）。还有图示的"瓦猫"，这是昆明民俗居所的镇邪用品，多用于门楼。此图摄于昆明呈贡海晏罗爱军"瓦猫"非物质文化传承作坊

　　松华坝烧窑史除了口传还有物证，在寺巷之北有一堂皇建筑，称"范家大屋"，屋子正门础石之上有数块大砖，阴刻（清）道光年间窑户××（字迹剥落不清），此砖称"坝砖"，对应之有"坝瓦"，在老昆明是一种品牌，品祥祖上专攻"坝砖"，他为我讲述松华坝这种独门商品。"坝砖"有三种，第一种名阴沟砖，又称门墩砖或城墙砖，他丈量了天井内搁置的一块城墙砖，长37厘米、宽32厘米、厚13厘米，其登堂入室的用途首先是构筑昆明老城墙，只要官府需要，上窑就烧造，用了数百年；其次是高门大户门楼的墙墩基脚，由它把门护宅牢固坚实；最后是用于阴阳水沟的管道，在形塑阶段，于砖块正中用模具塑出半圆通道，制成后两块半圆砖头尾相对咬合，成排连通，便为阴沟，一块单砌，凹形朝上，顺序而成，便为阳沟。第二种砖称"慢砖"，砖长31厘米、宽

15.5厘米、厚7.5厘米，覆于民间高大的土基墙外侧，从墙根脚砌至半腰，称"墙皮"，也呼"金包银"。他引领我至邻家土基房侧墙，观察到已有些年头的高大土墙果然规整结实。我走过许多昆明老村，观赏过各种土基房都未见此等墙皮。品祥说，过去有钱人家才会用。第三种称大方砖，长、宽各35厘米、厚5厘米，做飞檐之下的垫塞，他家堂屋瓦檐下砌着此砖，果然美观周正、经久耐用。看到松华坝窑匠此等作品，我不由赞叹起来，品祥有些自得，他说，城砖只有松华坝做。过去城里有钱人盖房要的异型砖都来本村定制，只要客户出示砖的大小尺寸和用途，均可制作，先用木材做模子，就可以在模子上掼出，大方砖因面积大，是用脚在模子上踩成的。

"坝砖"与"坝瓦"，说的是黑窑窑匠的技艺。还有黄窑匠师的技艺不可不表，他们大量烧造的是百姓生活须臾不可离的锅碗盆盏等陶器，但不止于此。

此间流传着"化铜罐"故事，这事与云南府财政币帑有关。"化铜罐"正式名称为"坩埚"，多用陶土或白金制成，耐高温，是旧时烧金化铜工艺必不可少的器物。1956年，村民在金虾山俗称窑冲头的地方清理黄窑废渣，挖出不少"化铜罐"残件，其中也有完好品。其时范品祥十余岁，看热闹，也捡了个完整的拿回家中，看此物象碓窝，孩子家家地把玩冲碓，不久就玩烂了。据他回忆，此物是陶罐，高35—40厘米，上宽下窄，底宽5—6厘米，厚3—4厘米，底部尤厚，每个重约5公斤。他好奇地问老人，这么厚重，是作何用。老人说，是过去政府熔铜铸钱烧的罐，至于烧罐的年代以及是否就在松华坝浇铸铜币，不得其详。后来，品祥极留意有关烧罐之事，了解了更多情况。他为我一一道来，"化铜罐"要耐高温，制作的泥头容不得半点杂质，泥要好，水要净，官家带着匠师四处找好泥，在瓦窑村旁白泥山、桃园村后麻山、大波村新山大塘子都发现了理想的泥料。前两处有政府划拨，后一处由上坝村购买，据说，是在清嘉庆年间，还立了碑，规定这些泥山由上坝窑场使用。但在泥山取泥也难，烧一般土陶只要在裸露的泥山开挖，而烧熔铜的罐要打洞取泥,以此保证原料的纯净。此外,还要好的水质,近旁的盘龙江在窑场侧旁的箐沟内,窑高水低,不便汲取,而且水中有杂质,不能用于调制泥头。村西北有股理想山泉,是从距上坝七八公里处的马家庵、三丘田流过来,原为他村所用,因烧"化铜罐"是官家铸钱要务,官府出面,将此水引入上坝,优先使用。水沟从望城坡顶(今溢洪道)引过来,分三股,一股流向老煤厂,一股至上坝窑场,另一股至村后作盘田洗菜之用,村庄的农耕用水也得到助力。如此,则每年的水沟护堤保水工作自有上坝全部承担,冬闲时节,全村劳力当伕,为水渠培土除草,人多时挖3天,人少时需4—5天才完工。

待品祥讲解完毕,为弥补无"化铜罐"实物,我请他画了简图。

事后,为取得"佐证",在中坝东侧的小树林,我向三四位正在晒日头的年近八旬老人询问"化铜罐"事,这些目光无神的老人顿显精神,说挖着罐,还有些通洞钱(铜币),有人拿了罐装茶水。上坝烧造罐罐,才得着用水(指"倒回龙"沟水)。我征询是否有人保存了此罐,都说"早烂了",见我失望,有人补了一句:上坝村要搬迁了,如果这里盖楼,会挖出罐罐,那时,你可以来拍照。

松华坝黄窑烧制的"化铜罐"(坩埚)模拟图(范品祥供稿)

闻松华坝范汝恭后人保存着黄窑家谱，数次探访未果，及至找到其后代范聪的家人，说十多年前从贡桌找出来，已被鼠类啃噬败坏，无法保存，丢弃了。然此是该村窑事重要书证，我决定向村委会（小组）求助，找着村主任范志（50岁），他说二十余年前，由他家保存着这本家谱，他仔细看过。家谱说，祖先从南京柳树湾高石坎过来，兄名范泉江，弟范龙江，黄窑传承于范龙江，由老祖至孙子已有16代，仔细计算，约18年就是一代，已传288年。祖辈孩子生得多，至现代，松华坝范姓已繁衍至100余户，数百人口，占松华坝上坝总人口90%以上。家谱只载人口繁衍、族支谱系，其他情况未载。

如此，以范志所述，则另一说——范姓移民来自明代，推断曾为昆明鸣凤山"金殿"烧制"化铜罐"无有佐证，本文不作认定。上坝部分

方家院旧址的一栋老宅，因一直有人居住，房屋得以保护，内庭整洁、宽敞，很实用。范元清祖宅，他过世后，子嗣仍坚守于此

上坝老街心。老街心属旧时村庄的主干道,干道上赶集做买卖、过马帮。在有围墙的时代,东边有龙川桥栅子,西边有卷槽沟栅子,栅楼上村民轮流荷枪值夜。街子人气足,全村家长里短的新闻也是在这里传播的

居民已迁至邻村迴龙村的新村,老村许多土基房因长期空闲而成危房,我请村主任派员引领我拍摄老村老巷老屋,他爽快答应,派出村干张明,这是个熟知村情村貌的热心人。他领我走遍全村,将五条街巷,十余栋有影响的老屋悉数摄下,还特别指出:一栋人称花大门的大院内有3栋大土基房,曾住着十数户人家(即三个板锄兄弟及后代);只剩下门楼的范总督建的"范家大屋";中华民国时老镇长的住宅;胜景寺老屋残存的大殿及花园;还有数栋百年老屋。这些老屋繁华不再,但身架在,证明着上坝曾经的不凡。

中间巷局部

古巷古朴，行走者张明（村民）是我的向导，带村长抱老猫来，引领我走遍全村主要街巷及老屋

牛屎巷，旧时牛们蹒跚其间，走北小门去干活或上山吃草。

老大门，花木门，范氏集德堂留下遗物，破败中留目日的风采。男人坐…

2004年首访范品惠,他引领我至老屋拍摄堂皇宅第,并讲述祖宗"三板锄"的故事,引人入胜

老胜景寺的大殿及庭园,它坐落于"龙川桥"之侧

我行走老村十余年，感知上坝是昆明坝子少有的农业兼手工业（水利管理与窑事匠作）的专业村。

松华箐传奇

1958 年，随着现代省会城市功能的提升与扩张，松华坝分水闸完成历史使命，在水闸原址岩基建起现代钢筋水泥大坝，松华大箐为之成为蓄水达 2.1 亿立方米的国有大中型水库。上坝的水夫闸丁戍水工作告终结。进入 21 世纪，为适应大昆明城市建设之需，上坝村行将整体搬迁他处。

人们感恩于养育他们的河山，说起老话"金虾五子"，谓：吃这里的山水，外面嫁来的丑女都会变美，山好水好空气好，深山出俊鸟有道理。"金虾五子"，指金虾山南坡延伸的五个山坡，这里是上坝村人世代生存与劳作的家园。

凤岭半坡，有"胜景"老寺，是扩建大坝时从村中迁来。2005 年，在珍凤陪伴下，我览胜于此。胜景寺黄墙红瓦，风格一如曾经的松花分水闸：简朴而实用。一副楹联引人注目，谓：金蝦龙爪吐泉胜景寺，山清水秀绘织松花景。状情绘景，十分贴切。俯瞰老村，它面积不大，村旁的松华箐窄处不足 50 米，曾经的分水石闸构思奇巧，它是袖珍的"都江堰"，方寸间，由分水闸塘、滚龙坝、锁水桥机巧组合，将年来水量达 2.1 亿立方米的盘龙江及分支金汁河的蓄水、灌溉、分洪功能整合自如，昆明坝因之成为数万亩保水良田之粮仓，成为祖国西南边疆省会城市的府治。松华坝村处水利枢纽之要冲，受省府重托，戍水屯垦，操控闸坝，六百余个寒来暑往，于昆明有功。只可惜，旧时官家修葺的农耕水利典籍，没有松华坝民众之专章，小村也未出学士显官，村人的操守与造就似乎付与松华箐山风去。自元以降，最早的开拓者"方家院"的方姓闸丁是否留下印记；民众管闸与省府官家怎样互动；范姓两弟兄移民屯戍于此，缘何后代繁衍甚众……小村如此谦逊，我没有找到与之有关的谱牒、碑刻、文牍，然而，有人烟处便有传说、神话，这是国人传统,它们是民俗民生的衍生品,从中可以找到历史脉络与端倪。

品祥不止一次讲述清康熙年间云贵总督范承勋带枷求雨的故事。其说如下:某年,天大旱,民不聊生,范总督带枷锁至昆明黑龙潭欲擒龙王是问,他对着黝黝黑水大声斥责龙王过失,说他怠政,致百姓受苦。众人力劝,言"好说、好说"(意慢慢说、和气说),总督怒气稍平,随从于潭侧观鱼楼祭坛取过两金盅,斟满酒,总督端起,对水潭说:"龙王请。"话音刚落,一条小蛇从水中游出,范说"不算,不算,显龙要显爪"。潭水迅疾变色涌浪,一只黑乎乎的龙爪伸出水面,潭水漫上栏杆,总督连盅带酒掷入水中,水落了。片刻,范总督坐轿回府,天下起雨来,前面轿夫被太阳烤得流汗,后面轿夫却淋成落汤鸡。到了霖雨桥,总督挥挥手说"莫送了",雨即刻收住。后来打捞金盅犯了难,无人捞得起,便派人将上坝方家后生"方獭猫"(獭猫即水獭)找来,才将金盅捞起。据说,其时凡有人溺死于水,都请其打捞尸首。

旧时总督求雨版本有数个,这则带枷求雨因"龙爪""金盅"噱头而流传甚广,至今,在昆明黑龙潭龙王庙内,一尊伸出黑爪的龙神塑像活灵活现,传说的影响力可见一斑。个中的"方獭猫捞金盅",透出上

传为清云贵总督范承勋建的"范家大屋",是村中最大的屋宇,因无人居住,西墙倾覆,庭园荒草萋萋,但主干尚存。十余年后,老村行将搬迁,族人将有用部件一一拆走,大屋几近荡平,仅存一个门楼,2004年拍摄。

坝方家院方氏人脉在清康熙年间还有传承，他应是水性极好的管闸人。

另则故事也与这位总督有关，上坝的寺巷有栋大屋，人称"大房子"（即范家大屋），传为范承勋所建。他因常去松华坝督察水情与闸枋运作，与该村范姓结缘，欲与这个同姓大族结好，便问范姓老祖愿否进昆明城定居，老祖说，此地甚好，种田后农闲还可烧窑。总督便为范氏宗族盖"祠堂"（公房），此屋距珍凤家数步，她曾多次带我入内考察。大屋已近坍塌，满庭衰草颓墙，但其超凡身架依稀可辨：前五后五（10间正房）四耳（4个侧室），中间还有个硕大天井；80厘米粗的大树作房屋大梁；"矮人"（大屋侧墙木架的矮壮承重木柱）雕花，人称"过梁房子"，其排场令人印象深刻。庭院中有口水井，水质极好，当年村人常于此汲水。总督如此盛情，一定与村人悉心管理"皇闸"有关，历代总督巡抚都会来此巡视。范家对这个同姓总督的接待也分外热情，一来二去，总督作此举动，合于情理，这是官民因"分水闸"而产生的互动。

有关范承勋，据《清实录》载，他是清镶黄旗汉军人，康熙二十年四月甲辰（1681年6月7日），他以在军理饷郎中（官职）赴噶尔汉军，参与康熙帝平吴三桂八年战事的总决战。康熙二十五年闰四月辛未（1686年6月8日），他由广西巡抚职升云南贵州总督，在任八年，又升都察院左都御史，三个月后，还未到京赴任，因两江总督员缺，康熙又下旨：原任云贵总督今升左都御史范承勋行事坚定，为人平易，著补授江南江西总督，令驰驿速赴新任（《清实录》卷一、三）。康熙对范承勋品格与性情之了解并非偶然，范承勋之父范文程（1597—1666年）是大清开国重臣，顺治朝居相位，名列大学士之首。顺治十一年（1654年），加少保兼太子太保。康熙五年（1666年），文程病逝，康熙帝亲撰祭文，谥"文肃"（《中国通史》第十卷，总编白寿彝），康熙对这位柱国重臣之子是贴近了解的。《清实录》载康熙批准范承勋的两项政务：其一，康熙三十一年三月戊寅（1692年5月14日）皇帝诏曰：改云南永北协为永北镇，设总兵官、游击等员，从云南贵州总督范承勋请也（《圣祖实录》卷154页59)。其二,康熙三十一年四月甲申(1692年5月20日)"添设云南大理府城守游击一员、守备一员、千总二员、把总四员。从云南贵州总督范承勋请也"。诏书以"从云南贵州总督范承勋请也",措辞非同一般,显示康熙对这位重臣之子的信任与抬爱。

21世纪初的龙川桥。它始建于元初,其后为建1958年的松华水库拦水坝,它贡献了桥上精致的拦马石

范承勋还留下游历昆明诗作,题《登虹山游铁峰庵》,此山即今人所称长虫山,诗曰:试马虹山带雨过,还登绝顶探云窝。昆池波静消兵气,爨落烟生襄太和。百雉望中双塔小,万山孤处一僧多。边臣恋阙频搔首,直欲乘风振玉珂。诗作透露封疆大吏于政绩民生之勃勃用心,也显示他好游历探奇之品性。

范承勋还给后人留下一个故事,是有关昆明百姓名吃"豆焖饭"的。此饭是开春青蚕豆上市的时鲜美食,其制作方法是在米饭煮涨,水待干不干时,加入油焗的腊肉、青蚕豆与少许花椒叶,拌匀,倒入饭甑子蒸熟即可,"豆焖饭"口感好、富营养又省时省力。据上坝80余岁的范品惠讲述,有一年三月,范总督着便装去岗头村,村后便是山,遇着一家人,男人挖田,女人送饭,瓦罐盛的正是"豆焖饭"。挖田人不知范之身份,按习俗客气地说"你家咯请饭"(你家,为方言,"您"的意思),范毫不客气,就座田垄,两人把饭吃了。临别,范说,过两日你送点来,农夫问送何处,范说"昆明象眼街藩台衙门"。过两日,农夫拎一土锅豆焖饭送去,被不知就里的衙役撵走,范听见动静,出来问何事,衙役说,是冒认官亲的。范说,快去请来。那人拎着豆焖饭蹲在近旁茶铺门前,衙役说,总督大人请你去。两人又一次吃豆焖饭。范问农夫,你有田地吗?农夫说没有,范说,给你买10亩田。

听到此处,我不由联想,康熙一定听云南府的"耳报神"(向皇帝通风报信的亲信)说过范承勋亲民的故事,包括松华坝"范家大屋"与

21世纪初,于松华坝水库拦水坝拍摄,松华菁全景图。菁左小山名"寺山",菁右为上坝村,远处为昆明坝子。延续682年的松华老闸就在水库大坝左侧基脚下,菁沟内曾是盘龙江、金汁河河道,由此水利枢纽调控的水,灌溉昆明坝子6万余亩良田,并提供昆明老城的民众生活用水

21世纪初的三尖山与盘龙江。三尖山又称莲华山，其西侧的凤岭与莲峰是它的组成部分。图中白房子处是盘龙江第一湾，左侧为中坝村。此处距上坝约500米

"豆焖饭"，他对范的评价"为人平和"十分确切。不过，所用之款应为总督自掏腰包。但食用农夫"豆焖饭"而送10亩田大约是口传之夸张。

范品祥的老祖也有如此遭际，但不是那个出手阔绰的范总督。他说，本村范姓老祖开始并不富裕，有一次，城里抚台来巡查松华坝，村保判断官家会从金汁河埂过来，于此处设香案茶水迎接，实际却从东边迴龙村过来，村保闻之赶紧调换方位至寺山迎候，接着巡抚，高兴之余说，今天如果不是有人来告诉，我们差点迎塌（指错过）。抚台说，是哪个来告诉，保甲说是我们家范老祖来告诉的，抚台奖了他2吊钱，村上也奖了2吊钱，有这4吊钱，盘着就富起来。抚台还说，以后村上给他点事做做。范老祖便在村上做事，后来做了堡长。另一老祖在团上当团镇。清时松华坝堡管辖范围大，北至邵甸小河，南至大小厂村（现火车北站）。

如此说来，松华坝范姓祖上除了种田与管闸，较其他农户又增了两

种营生：烧窑与在铺堡做公务。范家有头脑会经营，家族遂兴旺发达矣。

老村行将拆迁，不少土基房已人去屋空，一些老人因恋旧尚留守故宅，年轻人早已进入城市扩展带来的新空间机遇之中。

某次，品祥谈及，60年前，上坝经历过一次"搬迁"，是给祖宗迁阴宅。1958年建设松华坝水库，大坝需大量土石方，眼看雨季将临，工期紧张，近旁的上坝村是最便捷的取材处，政府一番动员，深明大义的村人便将埋于"范家祖坟"的祖先遗骨取出迁走，坟地遗留的土石连同一对标杆（祖先荣耀标志物），还有村子老围墙、街心铺路石甚而龙川桥拦马石都被奠基于伟岸的拦水大坝之下，窑冲头埋于地下的"化铜罐"就是此时"出露"的。

2018年年初，再探上坝，知新小区建在村南数公里处，楼盘与松华坝间距不远。在这里，上坝人可以观赏松华箐山水的晨露夕照，可以体味先祖屯戍"滚龙坝"六百余年的精气神，可以温习世代相承的天地家国情怀。

是的，这是一笔可以传世的财富。

马帮与昆明

十余年"田野"奔走，在当年马帮进出昆明的迤西大道第一关"碧鸡关"，东川大道九龙弯"哨上村"，淌甸大道"马劳力哨"，聆听村老讲述旧时茶马古道关防建筑、商旅保护、哨卡筹建等旧事，记录于田野本子《滇池纪事》《消失的阡陌》《识记撒梅》。书籍出版后，我继续关注马帮与昆明相关题材，于2014年至2018年间，在昆明顺城街、宝善街、金牛街以及东川大道对龙村、兔耳关、秧田坝、清水河、下河埂等地实录宝贵素材，辟"马帮与昆明"专题记之。

不言而喻，马帮之于昆明，它曾是个温暖字眼，自三迤（旧时昆明人对通往滇西、滇南、滇东三条马路驿道的专称），以及从北地柯渡、白邑过来，由大量骡马组合的驮队，背负城市一应茶米油盐酱醋茶等生活必需品，然后喂饱城市，照亮街区，令市井溢满生机；马帮之于昆明，它曾是个美丽字眼，自江浙、湖广、川藏各地与域外"夷方"过来的马帮，背负绫罗绸缎、珠宝玉石、琉璃玛瑙，令城市上层俊男靓女因此珠光宝气、气度不凡；马帮之于昆明，它也曾与肮脏杂沓相连，马帮入住街区，屎尿乱淌、路途堵塞，人们掩鼻绕道而行……

反之，于马帮而言，昆明有强大的吸引力，这里有较家乡僻壤多出成千上万倍的消费人群；有功能辐射至8000里外京城的云南督抚衙门并由此派生出规模浩大的皇差输送；还有吞吐内地甚至域外的人流、物流搏动。在这里，可以实现规模不等的各类马帮价值。

滇池东岸草场的"滇池驹"。数千年,大西南的交通、货运、社稷民生是由云南马背负的

老昆明城墙根脚的马帮经济

1. 顺城街——马帮一条街

旧时,昆明有不少马店,据民国遗老陈立言先生回忆,老昆明的客马栈有32家,除拓东路、灵光街、桃园街、薛家巷的12家以外,开设于珠玑街的2家,金牛街2家,凤翥街1家,龙翔街2家、文林街2家,最多的是顺城街有8家,此外,小西门外西安大马路的大观马店也很有名(摘自《五华区文史资料》第十九辑"马帮与昆明旅游业")。

以我对老昆明城墙布局的调研,以上32家马店客栈,除文林街2家分布于大西门城墙内侧,其余30家都在砖城以外,而且大多布局于城西、南、东一带被民众称为"边厢"的城墙根脚。其原因在于昔时昆明砖城袖珍娇小,面积仅34平方里,砖城内塞着满当当的建筑:官府衙役、学校、寺庙及随员家眷住所等。至晚清,尚有大大小小四五十个公

清末民初,昆明白塔下(今白塔路)繁忙的街市(殷晓俊供稿)

署机关:诸如云贵总督署、巡抚署、布政司、粮储道、盐法道、提法使,还有若干学校与庙宇等。此时,因商业繁衍,又增设了不少实业主管与行业商会。此等城市格局,如何容得下散漫杂沓的各路马帮。

那个聚集了昆明四分之一客马栈的顺城街,位于城南边厢的护城河外大南门之右,呈东西走向,它开端于三市街,束尾于五一路,长六百余米,得名于明初建昆明城之时,据民间口传,曾发现碑石证其历史可上溯至明洪武年间,如此,老街已有六百余年历史。清中叶,顺城街东段名打带巷,中段名顺城街,西段名烧珠桥,后统称顺城街。此街有两大特点:其一,回族聚集,清时回族占街区居民的百分之七十以上,街中段有族群聚居地的信仰地标建筑——顺城街清真寺;其二,马帮经济集中。回族有经商传统,信仰伊斯兰教的回族先祖源溯于中亚的游牧部族，所牧放的牛马羊除少量自用，多数进入市场，以换取生活必需的粮食、布匹、盐、茶等物品。可以说，崇尚经商是其生活习俗的一部分。因此，顺城街的马帮经济（马店、堆栈、马医院等），回族占了不少比例。

在友人帮助下，我有幸结识顺城街老户回族聂国祥与刘定发两位老先生，他们都有九十岁以上的高龄，博闻强记，口才亦好，且数代经营马帮生意，个人也有相当亲身历练，所述情事，清晰生动，是旧时昆明繁盛马帮经济的见证人、活字典。当今，马帮完全脱离昆明民众视野60余年，古老的顺城街被"顺城豪庭""王府井集团"等现代高楼大部覆盖的21世纪20年代，实录清末民初昆明城市马帮经济的个案，至为珍贵。

2014年10月5日，由顺城街民德中学老师马寿贤引见，识得退休工程师聂增德，由其陪同，在民德中学教学楼办公室，访谈其父聂国祥。聂老已94岁高龄，人们尊称其为"老五爷""聂五爷"（族兄弟排行老五）。他个头不高、身板硬朗、头脑清晰，叙述往事连贯、顺畅，一副寿星佬的模样，令人称慕。

聂老开门见山，平实地说起旧时顺城街梗概。他说，顺城街回汉混居，以回族为多，马帮经济最为鼎盛，还有3家骡马兽医店。他首先谈及四家最大的堆马店名号："永顺和""源兴""荣福祥""吉安"，这种店集住人、堆货、歇马于一体，兼做中介。"永顺和"堆马店原址在顺城街与沿河路口，有两个大院，连房带院落可以歇300多匹马及百余赶马人。供马匹与赶马人住店，回汉都有经营。一个马帮大的有数十赶马人，上百匹骡马，小的有十多人，几十匹骡马。还可存货，介绍做买卖。此店在顺城街有150多年的历史，创始人名聂喜增，祖籍楚雄永仁人（邻近四川），是聂国祥的爷爷。歇店的马帮大多从昆明西北方向由永仁、会理、西昌、元谋过来，驮来的货也是那一带出产的菜籽油、花生等土特产。聂喜增家大业大，歇业后，四个儿子各分得一个院落，其中一子聂鹤迁至顺城街尾开客店，沿用"永顺和"店名。聂鹤之兄聂斌是聂老的父亲，在顺城街中段开堆店，起名"崇兴祥"，歇客、堆货，也介绍生意。

第二家大店名"源兴"是堆店,专做土产与牛羊皮生意,老板马腾云,大理人,大理来的马帮爱歇此店。

第三家"荣福祥"是堆马店,老板张绍然,大理人,专做茶叶生意,歇脚的马帮多从大理方向来,称"西路人"。

第四家"吉安"是客店,老板周子安,西昌人,汉族。

其次,顺城街做牛羊皮生意的还有多家:

(1)金家,名金荣生,店开在现云南民族出版社的对面,无店名,专做收购牛羊皮生意。

(2)马兰亭,澄江人,出身贫困,是顺城清真寺的阿訇,有名气,兼做牛羊皮生意,收购后将货交予另一家。

(3)临解放时,四区区长马启富,乡绅,做牛羊皮生意兼营土特产。

(4)"永义昌",老板张子仪,人们尊称其"张公",西昌人,回族,其店开在与顺城街交界的崇仁街,是当时云南最大的牛羊皮经营者,大量收购牛羊皮,贩往中国香港,有一个很大的仓库(一层),大到可以在院内空地上跑马。张公1945年去世,后代以房租为生,租给"茂衡"(昆明纺织厂前身,老板王少岩),王老板一年以100担洋纱做租金,张公的子女分得洋纱后各自出售,张公的三子毕业于云南大学经济系,通读过《资本论》,临解放以国币3亿6千万元卖掉产业。

清末民初,昆明拓东路的通京驿道(殷晓俊供稿)

聂国祥讲述的顺城街马帮经济的最后部分是"走夷方"的企业，即将生意做到缅甸、老挝、泰国、印度等东南亚、南亚国家的马帮，此类马帮本钱足、规模大、收益也大。

第一家位于现五华大厦附近的顺城街下段，聂老未谈及店名，只说老板是马锅头（马帮的所有者、领头人），绰号"四锅头"，是马天慈的祖父，大理人，定居昆明，专做从昆明经西双版纳、思茅至泰国的往来生意。

第二家，大理人，马福安、马玉安家，又称"三河西家"，泰国华侨，在顺城街敦仁巷口，卖泰国药。

第三家，老板何瑞庭，昭通会泽人，在崇仁街有店铺，生意大，房产多，在金碧路、崇仁街有十五六个铺面。其子何成忠开个糕点铺名"成兴春"，是当时昆明最大的糕点厂，为现昆明回族糕点厂的前身。

第四家，复兴村（邻近崇仁街、顺城街），一家马姓，生意大，在泰国有家族支撑。

顺城街生活着许多回民，必然有清真牛菜馆，聂老讲述其中一家影响很大的馆子，名"兴和园"，地点在小西门月城内（又称瓮城），距顺城街不远，是马兴仁、马兴义两弟兄开的，后来由马兴仁的儿子马祥龙接手。抗战时，昆明人口骤增，一日要卖两头牛的菜。我曾查阅中华民国《清真铎报》，该报于1946年九月十六日登载"兴和园牛菜馆"广告：清真，欢迎尝试，牛肉最壮价格最廉品味最香历史最远（1925年注册），地址昆明小西门月城内。"兴和园"还有故事，聂老讲述，牛菜馆师傅为美国人（飞虎队）宰牛，有一次，需供牛300头，昆明金牛街、珠玑街牛集的牛都买完还不够，父亲聂斌与马祥龙是亲老表，加上马祥龙的工人乐光慈（后来成为马祥龙的女婿）三人又去四川会理县买牛，请人吆回。"兴和园"是昆明最早最大的清真馆，马祥龙在昆明有18院房产。有关为美国飞虎队宰300头牛的故事，我曾在彝族撒梅人居住地阿拉乡听说缘由。中华民国时，该乡阿拉村村后的白虎山是美国退休将领陈纳德麾下飞虎队航空兵驻地，他们来中国是帮助抗击日本侵略者。

为保障美国兵的肉食供应，政府为其在村前宝象河头建自动化屠宰场专事宰牛，请昆明城的回族师傅解牛（宰牛的重要工作），有一次宰了300头云云。接上聂老此番话，此事有了完整交代。

此外，崇仁街纳福珍办了"纳福药厂"，做外用药膏，还去上海、广州做鸦片生意（其时允许做此生意）。

老人的讲述，涉及4家有名号有店面，正规大型的堆马店；4家规模更大，有海外家族背景的"走夷方"马店；还有4家买卖牛羊皮生意的主要店铺（其中有的没有店名及铺号）；另有规模较大的糕点厂、牛菜馆、药厂，共15个马店、店铺、厂家，地域以顺城街为中心，延伸至周边的崇仁街、复兴村、小西门，这些地方是当时昆明"边厢"的商业旺地。

谈话中，聂老水不喝一口，精神矍铄，话头甚健。我请他休息一下再说，他也没理会，而继续讲述堆马店的交易方式、顺城街上下段商业分布、时令水果交易、昆明其他回族聚居地经营马店状况以及当时回族与汉族的关系等。

①马帮经济的交易方式，有的是买家进入堆马店看货，与马锅头直接洽谈生意；有的是在顺城街的茶铺谈交易，交易皮张的中间人叫"皮贩子"，交易量大。收购茶叶的店叫"号家"，即商号。一年中，货品较多的是土特产如菜籽油、花生等。大宗商品以茶叶与牛羊皮量最大。中药材不多。

②关于买卖水果，时令水果以年节前后的橘子为多，昭通人用两个箩筐挑着来，大理人用大背篓背着来。

③顺城街的上段与下段。顺城街从沿河路烧珠桥往东是上段，往西为下段。上段大生意多，但大多在堆店、客马店内洽谈，街面生意并不多。从烧珠桥至今日的五华大厦、云南省博物馆旧址一带为下段，中华民国初，此段穷人较多，除了屠牛羊的屠夫，其他大多是为人打工的贫民，以昭通、会泽人居多，这些人帮人宰牛羊、分解肉，再将牛羊肉运至羊市口集市。少数人卖饵块。一些人做鸦片生意，是散货，属小买卖。

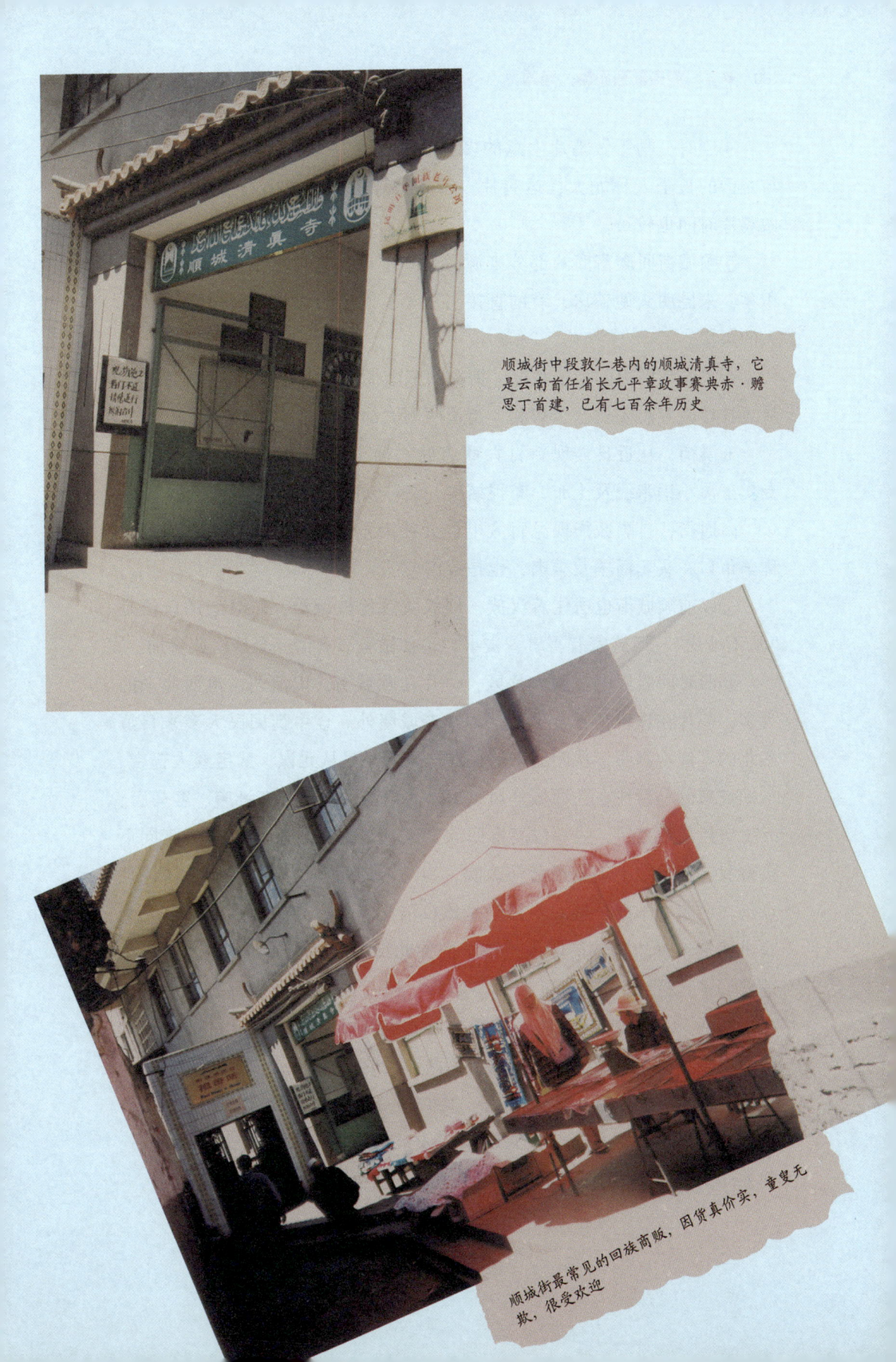

顺城街中段敦仁巷内的顺城清真寺，它是云南首任省长元平章政事赛典赤·赡思丁首建，已有七百余年历史

顺城街最常见的回族商贩，因货真价实，童叟无欺，很受欢迎

④当时,马帮做鸦片生意的多,马超群(楚雄钱粮桥人,大富商)与龙云的长子人称龙大,运鸦片。汉族马帮也做。巍山马帮历史悠久,做鸦片时间也较长。

⑤顺城街回族富商的部分来源,是一些地州人在家乡做生意,有了积蓄,来昆明买地盖房,有的直接买房子,以昆明为基地(总店)做更大的买卖。

⑥顺城街周边的街子状况,街头的三市街,长仅几十米,南北走向,从近日楼直穿忠爱坊至金碧路,街道两侧大都是米铺。

玉溪街,从近日楼现新百大商店处斜插至顺城街,也是几十米长,专卖玉溪小锅米线及土布,布很结实,又称铁匠布。

南通街,自顺城街现昆百大电器处往南至金碧路,路口有羊市,又称羊市口,买卖活羊及羊肉,也是菜市。

⑦以前顺城街也居住着汉族,回汉关系比较融洽,以聂老的口语是"从不扯皮",回族家有喜事、丧事,包括做圣节宴请,会请汉族参加。

⑧旧时回族集中在两大片区,一片在顺城街,以滇西、滇西北来的为多;一片在珠玑街、金牛街,都在老城墙外。金牛街回民大多来自滇东北的寻甸、嵩明,从昭通来的住在珠玑街。另从元谋、武定经大普吉、羊仙坡来的马帮住在大西城外凤翥街、龙翔街,这里都有堆店、客马店。

访聂老数月后,另一位高寿回族老人刘定发在其侄子刘德亮陪同下接待我,畅谈数十年前经营马医院,为马帮的病马治病的经历,访谈地点仍在明德中学办公楼。刘德亮是该校语文老师,爽直健谈,他首先为我讲述童年时的顺城街印象,孩子们称此街为"鸡蛋街",因为街正中铺着许多直径约10—15厘米的鹅卵石,卵石两侧有条状青石,青石长70—80厘米,宽25—30厘米。那时,昆明石板路不少,但这种形制的路面不多见。整个街面宽七八米,街两旁是两层楼的砖瓦房,上面住人,下面开铺子,后面有小院及住房。其时,爷爷与叔叔(刘定发)医马,父亲刘定昌是爷爷长子,没有继承父业,在明德中学教书,1949年后,他才知道父亲于1948—1949年参加了共产党,干地下工作闹革命。

清末民初的顺城街可称马帮一条街，满装货物的马驮子码放齐整，条石与卵石相嵌的道路被孩子称作"鸡蛋街"。（摘自《我家昆明——昆明旧照》，主编龙东林）

刘定发老先生从先祖医马说起，是在清朝后期，祖父刘俊斋，父亲刘殿杨再加上他，一家三代人先后在顺城街医马，地点在顺城街中段原称烧珠桥侧的一幢房屋，是个四合院。刘家医马与之前访谈的聂家开马店，由于业务差别，接触面不同，视角也不同。刘定发讲述的顺城街又是一番景象，他将顺城街分为三段，在上、下段之间加了个中段，他先从下段谈起。下段是烧珠桥以下，多数是回族，穷的多，做小生意、卖烧饵块的多。清真寺在其间的明德中学知和巷旁，当时的老清真寺大殿两侧都是教室，刘老小时（抗日战争时期）在里面读书，读到初中。中段，回族也有，汉族较多些。有一家做肥皂兼卖茶叶的店，茶叶从外面驮来，一箱箱装在竹筐内。开马店的有两家，一家名"琅津会馆"，可歇一百多匹马，从马路（滇西方向）过来的骡马都在这里歇着，老板是回族。还有一家马店，老板姓张，店也大，可歇一百多匹马。赶马的大多来自西路楚雄一带，钱粮桥的马超群原来也是经营马帮起家的。马家庄一带赶马，一个姓钱的，是回族；姓马的，也赶马，都是马锅头。来昆明，样样东西驮来，交给商号、堆店，并住在那两家大马店。

还有些驮马，"走夷方"较多，驮东西出去，又买货回来。马超群

位于顺城街中段的景东会馆旧址

顺城老宅的此石阶下曾藏过宝物，因此躲过匪劫

在昆明崇仁街买幢楼房，在南屏街开银行，名"华侨兴业银行"，临解放，他在卢汉手下当团长或师长，1949年后劳改，出来后病故。

"楚和"堆店，可住客，老板从楚雄过来，是汉族。

还有一姓金的，做皮张生意，在顺城街盖了大房子，其店没名字。皮贩较多，有的去旅社，将虎豹皮、羊皮、獭皮、野猫皮买来，再卖给外方人，主要是北方来的人。崇仁街，还有一家，在马超群家侧边的巷内，是永昌祥老板，最有钱，盛时家里养着小老虎，后来子女不成器，败家了。

顺城街上段有"大道生布店"门市，在后来的布新小学，此地原有道观名"孚佑宫"。大道生织布厂在别处，很出名。卖匹头，规模大。一般卖布的，是小铺子。

顺城街还有经营美国卷烟的。下段有家堆店，店主姓穆，回族，经营美烟。中段也有一家堆店，是卢汉亲戚，经营美烟。

介绍完顺城街的商家，刘老切入主题，讲述为马治病。他说，我们的兽医院名"马桩铺"，得名于一个医马的器械：拴马桩。拴马桩像单杠，很高，门字形，医马必须将其前脚高高提起，没有了前脚的支撑，马的后脚不能踢人，也不能动弹，如此才能灌药、打针、动手术。街上有兽医站三家，父亲的店在中段，另两家在我家斜对面，一家的老板杨一清，大理人，回族；另一家老板速克臣，回族。生意都好，但父亲的店生意更好，因技术、动手术好，极受欢迎。此外，在昆明东门外的珠玑街，有个姓张的汉族，四川人，也医马；东站有一家，是父亲的兄弟（同父异母）；金牛街，有个医马的，不出名；凤翥街，一汉族医马的；大观街，四川人，也是医马的。算下来，当时昆明有七八家马医院。

刘定发的父亲刘殿杨因医术高明，龙云、卢汉的马只要病了都会来请他。陆军讲武堂聘他为骑兵大队马医官，当时讲武堂大门内右侧有一排马房，有条小河"洗马河"，父亲住在讲武堂里，要查马房。因在行业内影响大、人缘好，还任过昆明数个行会的常任理事，有生熟畜皮行会的、珠玑街马集牙子（中介）的；1948—1949年，任过顺城街保长。

1949年后，任昆明兽医站站长。说到此，我不由想起刘定发的侄子刘德亮还讲述过一件往事：有一次画家徐悲鸿来昆明观云南矮脚马，爷爷（刘殿杨）陪他赴白马庙一带观马，那里有许多马店及草场，徐悲鸿走时要给他一笔钱作酬劳，但他坚决不受，于是徐送了一张画，上面画着四匹栩栩如生的云南矮脚马，可惜"文化大革命"中被人抄家时拿走，名家之画就此遗失。

刘定发老人还详述医马经：第一种医术简称"放血"，是针对因血脉滞阻行走不便的。马的前脚瘸，要在其胸部静脉处用消过毒的梅针针出三角形，如右脚瘸放右胸血，左脚瘸放左胸血，流出的紫色血液要放掉，后面的鲜血要止住，过几天就会好。后脚瘸，要在马的胯裆处放太阳筋血，则慢慢就会好。

第二种，动手术，马的脑后皮下起包块，要开刀将疙瘩割除，否则会长疮。肋间鼓起包块，症状是不愿吃食料，则也要割除。胸结子包块，凭手感开刀，将包块从筋脉丛剥离除去。

第三种，烧火针，马有时会像人一样呛咳不止，咯的痰从鼻中流出，流脓鼻涕。用两根火针，一粗一细，在栗炭上烧红，将马头用套口套上，在拴马桩拉高，从气管上戳进去，第一针用细针，第二针用粗针，如马鼻子冒烟，就通了。对伤口处理，汉族会用猪油糊在伤口上，油将口子咬大，呛咳止了。其间不能用水洗伤口，要令其自然愈合。

马帮会得传染病，马会成批死去，抢救不过来。有种急症叫黄症（炭疽），就是这样的。后来有了炭疽血清疫苗，一年打一次预防针，从静脉打入，能预防。20世纪50年代，经济发展快，骡马多，有一次马得黄疸病，马的嘴里上颌是黄的，脸也是黄的，传染最快，不过老父会用中药，大蜂窝（马蜂巢）配以中药材，医好不少。

刘老用医术服务于马帮，在顺城街闯荡数十年，忘不掉其情其景。他说，马帮一来，下驮子、架子，在里面的叫驮架，小些，外面的货架大些，有时住不下。顺城街不宽，石头路，驮子放在街两边，行人走路要让着。一个店至多歇百匹骡马，两个大马店可歇二百多匹，住人最多几十人，是小房间，一间住三四人。顺城街马帮，回族多点，从迤西的楚雄、大理、丽江、腾冲来的多点，西藏也有。大帮、大马锅头，骡马几十、几百匹；小马帮一人赶四五匹，二三匹的也有。若路遇大雨，吆马人拿出自备的披毡，睡在马驮子下面，冬天就靠披毡御寒。吆马人的活计很苦。

说到昆明最后的马帮，刘老是亲历者。他说，1949年后昆明市成立兽医站，父亲当站长，他也在站里工作，1955—1956年，兽医站在现西站立交桥省交通厅旁，那时还有马帮进城。1956年，云南省城市建设局买了些骡马，拉建筑材料，向市里要兽医，他被调到云南省城市建设局，1962年归队回市兽医站。全部骡马并给昆明市交通局下属的马车公司，有一千多匹骡马，专搞马车运输，拉建材与生活用品，最后汽车运输发展起来，马车淘汰。1987年，刘老年满30年工龄，在昆明市第二汽车运输公司退休。

马帮在昆明的谢幕，是社会经济发展的必然进程，也是马帮经济在昆明的光荣淡出。

中华民国中后期，昆明马帮经济的第二个繁盛地是金牛街、珠玑街街区，我专程拜访位于青年路上段的金牛街社区，在叶敏主任帮助下访谈了四五位老人。金牛、珠玑两街原属昆明老砖城的"东边厢"，地处城墙以东，盘龙江以西，北自圆通山、大鼓楼，南至南太桥的狭长地带。两街以交三桥为界，北为珠玑，南为金牛。据78岁的桂祖琼讲述，这里主要是滇东北由昭通、寻甸及柯渡、白邑方向过来的马帮人马歇息地和商品集散地。金牛街的重要标志是横卧于盘龙江畔（南太桥）的铜质金牛，街道阔仅七八米，北南向，因承接的是北地来的马帮，街头从溥润桥起，尾束南太桥，长400余米，与布列于南边厢的顺城街相距仅数十米。一周两个街子天。有2家马店，在金牛街果树巷内，是马光斗、马光第兄弟开的，一个店可歇几十匹马，住数十人。街上有土纸会馆，也是堆店。土纸从寻甸、柯渡以及迤西道的大理过来。据《云南公路运输史》（《中国公路交通史丛书》第一册，人民交通出版社）载，禄劝转龙乡蒋氏，在家乡开土纸厂，以驮马130匹将产品运到位于昆明金牛街的自办商行销售。还有马福安开的土杂店、沙福祥的小茶铺、诨名三瞎子开的映江楼牛菜馆等。木板、柴禾交易量大，诸如冬瓜（树种名称）柴禾、冬瓜栗炭，几十驮，歇于街子两旁，只要价钱合适，一驮驮卖，不零售。街上有马集，交易骡马，还有硝皮张的。说到珠玑街，老人回忆，在中段临盘龙江边有个占地数百平方米的大广场，马、牛、羊、猪在此交易，是旧时昆明最大的牲畜交易市场。还有个旧货市场，其名不雅，俗称跳蚤街、粪草街，卖的大量是旧货，有的还来路不正。

2. 百岁老人黄桂林与他的"诚益堆店"

堆店，又称堆栈，它是马帮经济不可或缺的环节。马帮驮来的部分商品直接在马店、茶铺洽谈成交，其余大量货物需通过堆店流向市场，最终成为厂家作坊的生产资料与民众的生活消费品。堆店分散在马帮停歇的街道与邻近的街面店铺中。据陈立言所撰《马帮与昆明旅游业》道："当时的堆栈，主要开设在现在的五华区内，宝善街有11家、正义路2家、金碧路1家、司马巷第3家。"实际不止此数，在我走访的顺城街、金牛街、珠玑街，据街坊老人回忆，都有堆店，然独以宝善街为众，这与该街的独特区位有关，它处在马帮经济集中的顺城、金牛街之间，与顺城街相接于三市街，与金牛街间隔仅数十米。

因机缘，我识得一位中华民国后期在宝善街开设堆店的老人，由此一窥究竟，以作马帮与堆店关联之个案。

2014年，我就诊于圣爱中医馆顾树华医生诊室，见墙上贴有一篇题为《医缘》的美文，文章取文言文体，练达顺畅，一手蝇头小楷规整漂亮。经询问，竟出自一位年近百岁的老人黄桂林之手。文章书写一段70年前在宝善街开办堆店时与医家顾树华的外公结下的奇缘。我被吸引，经顾医生友情相助，结识了老先生之女黄有兰，她的年龄与我相仿。我们的首次见面约定在距离宝善街不远的金碧公园，此地距旧时"诚益堆店"仅数十米。那是一个清晨，一些老人在公园内舞太极拳，在悠闲的曲调中，黄有兰谈起了父亲与他的堆店，并引领我在宝善街旧址（后来的红旗旅社）转了一圈。之后我两次做家访，在"湖畔之梦"小区拜会老人及有兰的哥与姐。数月后，又得着有兰编著的家书《亲情》，由此，有关黄桂林与他的"诚益堆店"往事得以一一呈现。

黄桂林出生于1918年7月一个小手工业家庭，其父亲（有兰祖父）黄体泉是四川合川人，在云南昆明讨生活，娶昆明女子陈汝秀为妻。在盐行街（拓东路中段）"万寿宫"庙内开了个织土布的小机房，雇有十来个工人，手工织布小作坊工序多成本高，有购纱、浆纱、晾纱、打散、绕纱、并纱、牵线、绕经纬线等许多道工艺，其时此业遍布城乡，出力大赚钱不多，家境不算富裕，但温饱不愁。聪明好学的黄桂林五岁读私塾，之后入小学、中学，步步向上，同时在父亲的小作坊学着写水牌、记账、管账。帮衬父亲背土布到三市街卖给开布店的商人。当黄体泉年老体弱、积劳成疾后，小作坊开不下去了，14岁的黄桂林离开学校，到附近的"长春堆栈"当学徒，开始了七年的学徒生涯，记账、管账，在考取会计资格后，升为职员。业余，还在私人家里补习英语，之后，参加位于鼎新街"基督教青年会"的英语补习学校学习，毕业时已具备相当大学英语水平。

当"长春堆栈"停业后，1942年，黄桂林与街坊、同事等12人合伙开办"诚益堆店"，24岁的他被推选为经理。

记得2015年与黄老先生见面时，他回忆民国时昆明大大小小的堆店有几十家，大多集中在宝善街、祥云街、南华街、顺城街和金碧路一带，以宝善街最多，有十多家。堆店大都有自己的专营商品，如"万丰堆店"以经营油类生意出名，"源昌堆店"以经营火腿为主，顺城街的堆店以经营水果和美烟（引种于美国，在云南昆明种植的烟草）为多。

黄有兰是有心人，在与父亲长期接触中，了解不少内情。她说，父亲的堆店坐落在宝善街196号，隔壁是"和成银行"，正对面是昆明有名的中药铺"福安堂"和商号"大家利"，"大家利"是个娱乐场所，里面有演杂技、说书、唱戏等。与同仁街相接处还有一家有名的"孔信记"照相馆，那时的宝善街人气很旺，相当热闹。

2015年，我与民国时宝善街"诚益堆店"经理黄桂林先生合影，他已有97岁高龄

"诚益堆店"有五个院落，占地约2000平方米，在同类行业中规模较大。土木结构的二层建筑，外走廊由两个中式大四院连贯而成，专用于堆货的仓库四间约150平方米，四合院之间宽敞的过道和内走廊及屋檐下是可以堆放数十吨货物的好地方，能遮阳避雨又通风。

"诚益"的主业是经营云南丰富的中药材，又称"南药"，是药中精品。文山、马关、西畴、广南一带的三七生意做得尤其好，因为堆店的股东中有两人是文山、西畴的商人，在当地有固定的经营店铺，他们带给"诚益"的有三七经营圈内的同行与朋友，对保证药材的质量有助力。还有下关、丽江一带的茯苓、石斛，迪庆的藏红花、虫草。同时还经营四川的附片等。来货大多经马帮，或滇越铁路运达昆明。购货的客商来自省内外。此外，"诚益"还经营布匹、纸张、杂货、百货等，这些商品，一般由购货的客商带来，如四川夹江的绵纸，北京、天津的洋布、鞋袜和上海的日用百货等。

堆店的业务，有如当今的"中介"，为买卖双方牵线搭桥，使之各得其所。完成交易后，店主以按卖方售出货物总额的比例（大约百分之一）提取手续费和货物堆放费盈利。然而，其时社会分工不发达，"堆店"做的事远比目下的"中介"复杂得多。黄有兰将父亲的"生意经"作了精到概括，她的《亲情》书中有如许文字：

"看似简单的'一手托（买卖）两家'的生意，里面确有很多讲究的地方。首先要保证卖方客商带进店的货物必须是真货，从源头杜绝掺杂使假。其次要保证货物按市场价格公平交易。计量的秤必须是双方绝对信任的公平秤，除了斤量两不相差外，换算的方法也要求准确无误，尤其是三七等贵重药材。为了取得买卖双方的信任，身为经理的父亲不论是称重、计量换算，还是开具发票等，总是亲自参与到每一个细节。那时的物品计重的一市斤不等于半公斤，而是六公两二钱五，换算繁杂。当时堆店里客人的货品交易均为趸买趸卖，都是成箱、成捆、成驮地批发，数量较大，现场钱货两清的情况较少，大多数是卖方交货后一般需要七至十天买方的款项才到账，在这七至十天期间，买卖双方唯一可依赖及相信的就是堆店了，堆店信誉的好坏就显得极其重要，它决定着堆店生意的好坏。信誉就来自父亲个人的人品道德良心和处人做事的态度、所作所为的原则，以及对市场行情、买卖双方信誉度的判断和决策能力。有时，买方未带款项或现金来买货，卖方仅凭父亲的一句话就能让其将货物先提走，事后，父亲也要保证买方的购货款按时到账，信守诺言。所以那时全国各地常来常往的客商较多，长年累月住在店里的客人也不少，各路商贾云集。"

"诚益"之名不虚。1946年黄桂林被推举为昆明堆店业"同业公会"的理事长，时年仅28岁，年少担大纲，足见其业务的精湛、经验的老道、为人的诚信。

说起黄老的《医缘》一文，事涉当年堆店与医馆结下的情缘，时间跨度70年，缘续黄、吴两姓数代人。民国昆明有名医姚贞白，吴佩衡、戴丽三、李继昌、康诚之五人，其中吴佩衡号称"吴附子"，附片用得

1946年,黄桂林被推举为昆明堆店业"同业公会"理事长,前排左四为黄桂林(摘自《亲情》,黄有兰编著)

绝而活。附片有毒,一般医生慎用,吴佩衡却用大剂量配伍治大病、疑病,因此,每次从"诚益堆店"一驮一驮购进,其中既有诚益店药材质地好,有信誉,也有与黄桂林志趣相投,互为依托的要素。黄家人有病,常请吴医生号脉开药。黄有兰小时体弱多病,时有服用吴医生的方剂。十数年后,吴佩衡离世。又数十年,有兰进入更年期,疾病缠身,顾树华医生医术好,有兰专服顾医生方剂,一来二去,得知顾树华是吴佩衡的外孙,他得外祖父传承,附片也用得绝而活,与老父说起此事,黄桂林是极有条理之人,他翻翻自家保存了数十年的资料,居然翻出数张吴佩衡为幼年有兰开的处方,而且现今自己的孙子辈患病也服用顾医生的中药方剂,不胜感慨,专程将民国时期吴老手书药方数张送予顾树华,并作《医缘》一文。如此佳话,实属难得,圣爱医馆将其郑重悬挂于顾树华工作室。令我这个步入顾大夫医缘圈的后来人,得以将当年马帮经济与民众生活丝丝入扣的案例记录下来，幸甚。

城郊逗凑马帮——城市的另一个重要能量供给者

昆明坝南临滇池，东西北三面邻接金马、碧鸡、龙泉、松华诸山，其间一千余平方公里的坝子，旧时属昆明县治。这里气候温和、泉流纵横、土地肥美，山坡、湖滨常年绿草茵茵，适宜畜类繁衍，自古以来，人们广育牛马，古人将此地出产的马匹昵称为"滇池驹""昆明马"。对于村村寨寨的农民来说，种田盘谷是他们生存主业，畜养家畜则为副业，前者为农家提供温饱，后者为家小挣来活钱。那些出大力的牲口是他们的存钱罐、钱袋子。

然其时各类牲畜竟有几何，经我查阅省档案馆馆藏文档，获知1930年十月七日，由昆明县立法院统计处所制"昆明农业调查表"（县长张培爵）列明：全县在乡者38000户，农民161000人。表列九类家畜，其中骆驼为零，其他八类牲畜分别列为：全县总数（头）、近五年因瘟病死亡率、每头价格（元）、平常运往外县每年平均几头等五项，具表如下：

家畜类别	全县总数（头）	近五年因瘟病死亡率	每头价格（元）	平常运往外县每年平均几头
甲、马	25000	无	260	无
乙、骡	1800	无	350	无
丙、驴	2500	无	100	无
丁、骆驼	无	无	无	无
戊、水牛	18000	5.5%	500	无
己、黄牛	5000	5.1%	300	无
庚、猪	60000	5%	140	无
辛、绵羊	1500	1.5%	25	无
壬、山羊	1000	1.5%	25	无

以上所列八类家畜，其中马、骡、驴、水牛、黄牛五类大牲畜总数52300头，户均1.3头，它们是农村耕作、驮运主力，其他三类猪、绵羊、山羊除自家食用外，相当部分亦经驿道乡路输往城市，为城里人提供肉食品。

所谓城郊逗凑马帮，即若干农户将各自饲养的骡马临时拼凑组合的马帮驮队。纵观云南省的马帮有三种组合形式：其一，大家族、富商甚至有政府官员背景的财团经营的马帮，这些马帮的骡马为马锅头所有，实力雄厚，规模大，一般都是大马帮，数量在七八十匹以上，由马锅头担纲，数十马脚夫（赶马人）组成，为保商旅安全，雇用保镖，荷枪实弹佩刀随同，运输的是价值不菲大宗商品，从三迤重镇行走数百公里至省城实现商品价值，再驮运出昆商品，完成一次贸易周转，这些马帮往往受雇于富商大贾。其二，逗凑马帮，这些马帮以家族畜养的马匹为主，同时租用农户马匹，以二三十头中型马帮为主，常年运行，盈利以分红或付租金给予零星马主。其三，临时结伙成邦的拼凑马帮，多为村社农民驮运自家所产土特产品与时令果蔬进城出卖，旅途为保平安，互相照应，邀约而行，经营以家庭为单元，有需则合，无需则散。昆明城郊马帮以第三类居多。

中华民国后期出现的城郊载人马车，在昆明郊区运行至21世纪初，此为北郊自羊肠小村至龙头街的马车。一人资费2元，我曾雇其自龙头街赶往大波村约2公里路程，只为感受走乡间小道"马车的士"情趣，路遇小窑村龙窑出货，大开眼界，摄下数幅珍贵图片

省坝农民称吆马驮货的挣钱活计为"吃马脚钱",昆明之北的白邑坝子甚至有村庄命名为"马脚村"。可以说,滇地农户加入村社逗凑马帮不在少数,许多人有过"马脚夫"历练,其中,一些人成了行家里手,因此,他们的讲述具体、内行,有许多细节。

据瓦窑村刘凤堂讲述,马帮固然以马匹为主,亦杂有不少骡子,骡类由马与驴杂交而成,其个头、体重、品性的传承甚至胜于父母本。它的个头、体重超过马匹;其耐力与观察力类似驴,骡子性情好,行事沉稳;没有马匹的食量大却扎膘(壮硕)。骡比马聪明,人们常带骡马去树林砍柴,骡会小心避开尖锐的树桩,而马粗心,有时会挂彩受伤。

大波村刘瑜说,骡比马值钱(以1930年调查表所列,其时每匹骡价350元,马260元),好点的骡子价钱抵得上两匹马,一匹骡子可驮七八十公斤,一匹马驮六七十公斤。马帮一般由骡子带队,俗称带头骡子追帮马,但头骡驮物要少些,它要辨号令掌节奏(以芒罗为号),脖子上还挂个一二斤重的铜铃铛。骡马身上所载物的驮架有内外两个,内架小,称驮架,系于马身;外架大,称货架,系于驮架。上驮架有技术,装不好,或伤马,或垮架。

乡郊马帮有如下特点:①运程较短,近者数公里,远者十多二十公里,当日来去往返,人马不需要住店,如此,既降低运输成本又为城市减负;②一年内在春播秋收大忙季节,人与骡马驴全力投入农耕劳作,

马闷头在袋内加餐进料,此袋称"马草袋",内装苞谷渣粒拌和铡碎的稻草秸马料,此物优势在便于携带,不易抛撒浪费

这时，城里人便收敛起欲望，生活变得无趣乏味；③农忙一过，尤其在年节与瓜果杂粮上市节令，只要有供给需求，城郊马帮便高效运作，试想，长途马帮一次驮运来回需十天半月，城郊马帮一日来去，驮运效率相当于三迤马帮的十倍以上，如此，为大城市增添多少能量。

农家饲养的马匹用途广泛，它像当今的私家车，被主人派了种种用场，成为家庭的主要劳力与谋生工具。

十余年前，我访谈大波村八十余岁的苏赵老人，倾听他年轻时牵马打柴经历。当时他家养三匹马，为本村窑上驮柴，柴禾从山林捡拾。早上天刚透亮，包点冷饭团带上，赶着两匹马，落雪下雨都要走，有时半夜才回到家。一驮柴五十多公斤，自己背二三十公斤，卖给窑主，连人带马一百三十余公斤柴禾，一日苦不到一升米（合5公斤）。这种从山林捡柴的生计因场地窄柴禾少，需一点一点耐心捡拾，只适合单家独户至多加上邻里伙伴牵马驮运。在远郊（双龙、老蜜蜂窝）稠密的森林中，牵马打柴的不在少数。

昆明年节后一两个月，是吃新米饵块（江南人称年糕）时节，届时，城内大街小巷都有食馆经营，此物因是成品，制作简便，炒、煮、卤吃法多样，极受大众追捧。饵块来自四乡，以官渡所产为佳，一些品牌店会指定当地有口碑的乡人供货。清晨，乡间小道，常有三三两两农夫赶着马，驮着香喷喷的饵块送交四五公里外的昆明店堂。

一些乡间手艺人还会单人独马去昆明延揽活计。2015年，我访问昆明威远街小柳树巷（又称青龙巷）82岁的谭秀英老人，说起威远街旧日兴盛街市，她回忆父亲年轻时为街口正义路玉器店加工玉器之事，父亲住在昆明东南郊的雨龙村，距昆明五六公里路，有将陈旧玉器洗磨抛光手艺，他个把月牵着马来往昆明接送货件一次。

有时，马匹驮运的是精神产品"滇剧"与"花灯"，据花灯艺人刘凤堂说，旧时，龙头街、瓦窑村、大波村组合的宝云逗凑花灯班子有名气，年节会接到四乡"邀约"，赴约时，灯班将服装、道具一应演出物品连同腿力不济的老艺人一起用两三匹马驮着前往演出，有时十天半月才返程，既为喜好也为凑趣，外加挣点小钱。

当然，马帮逞其威势还是在搭帮结伙驮运大宗货物时，一个四五十匹骡马组成的逗凑"团队"，一次可以驮运数吨物品，在运力主要依凭人力、畜力的时代，这是可观的。以昆明北郊为例，此地盛产砖瓦、土陶、石材、木料、柴禾，都是笨重之物。窑货量大力沉，在运输之前，货品多半已有买主，马帮主要承担"脚力"运输。窑场周遭村庄的骡马以逗凑方式进行，帮内有主事的锅头，据刘瑜讲述，驮砖瓦土陶，本村可以组成三四十匹的驮队，由大家族出头组合族内十多二十几匹马，再加上零星农户一家一两匹、三四匹拼凑，一个中型马队便组成了，从窑场驮到昆明小东门、米场心一带，那里有几个窑货店收货。从运费中，每月给散户马主一些报酬作生活费。

运输木料、板材等物，因货物分散，需经收购—运输—出售数环节，马帮大多临时凑合。瓦窑村马帮常去白邑、小河一带成批量收购木材与柴禾，村里组合十数匹驮马，管理形式是各家出人照料自己的马匹。长虫山东侧岗头村也有四五十匹驮马，据老人赵彪讲述，本村组合的马帮主要去柯渡山上驮木料，运往昆明大西门木行出售。

少数财力雄厚之农家甚至在城里开店，同时拥有自己的马帮。2005年3月15日，访谈环城东路席子营陈洪（84岁）、陈学英（83岁）、张桂英（74岁）、骆正昌（63岁），该村是1982年与东庄一起从农业人口转为城市户口。说起旧时故事，村人有口头禅：骆家儿子（多），非家银子（多，用于塑佛），许家骡子（多）。许德的老爹（爷爷）许金科在昆明珠玑街开木行，靠家族骡子驮货，从松华坝、歌乐资（曾经的村名"过骡子"）、双龙林场驮柴，交到昆明米场心豆腐厂。

此外，昆明四郊有四大农村集贸市场，此地称之乡街子，它们类同今日大型农产品批发市场，四个街子都处于马帮驿路要道，形成有上百年历史，依民俗约定有的一周赶一次街（如大板桥），有的一周两次（如龙头街），这些街市对城乡均有很强的吸引力，在这里，农民不用进城，少走一二十公里路，将自家生产的土特产品估堆论驮出卖，街子的坐商、城里来的行商早就等候于此，完成交易后，又买回家庭所需的一应生活生产用品。

以龙头街为例，龙头街地处北部，距昆明8公里，东依宝台山，西临金汁河盘龙江，东距从四川宜宾、云南昭通过来的驿道道口仅3公里，北为白邑马帮进城的必经之路，西经盘龙江大花桥连结元谋、武定、富民的西北大马路，是北市区交通要道。

据龙头街尚友仁回忆，街子天，从白邑过来三十多匹驮马驮的米，以一匹驮重65公斤计，有近2000公斤；有大量的油菜籽与香油；还有板栗、栗炭、木料、烧柴，人挑马驮十多吨。从西北方向富民、款庄一带来的人马挑着背着驮着土瓜、白山药、水果等土产过来。大小猪，从贵州的威信呒来。普安的牛出名，也顺着东川大道过来，一个街子有牛二三十头，马二十多匹在此交易。

曾多年任龙头村村委会老队长的胡思德回忆，那时的龙头街（本地农户称龙头街为龙头村）有马店两三家，姓孙的家族开着；打铁1家，姓胡，从玉溪江川搬来的；饭馆3家，老板潘、张，还有姓左的从玉溪过来；杂货铺两三家；油碾坊2家。至于卖菜、布、衣裳、各种食品的小摊有很多。

繁盛热闹的龙头街孕育出一些成功商人，据尚友仁讲述，尚家自爷爷尚文宽从附近的浪口村迁来，先开油碾坊，两盘油榨每天加工两百多公斤菜籽油在街子出卖，还盛装于羊皮袋用马驮去昆明灵光街"罗家油坊"卖给城里人。在市场需求旺盛时，至淌甸马道的花鱼沟收购菜籽与油。至尚文宽三个儿子成人，尚家置得偌大财产，除碾油坊外另开"新民商店"，经营从昆明运来的副食、百货卖给农民；半月一次，用驮马向白邑梁王山区运送锅盐、糖、布匹，锅盐卖给牧羊者喂羊，糖与布卖给山区百姓；置办5张马车，每天向昆明钱局街造币厂运送11车烧柴，用于化银铸造"袁大头"（银币），工厂两天付一次柴禾钱；另有2张马车拉客，从本村至昆明交三桥"五轩公"（寺庙名称），七八公里路，一天拉两个来回。

中华民国时期龙头街"洪发油坊"老板尚文宽与妻子。老人开油碾坊，请人养2头硕壮黑牛作劳力，为人敦厚、勤俭、有古风，是当时龙头街有影响的乡绅（尚友仁供稿）

尚文宽与儿子们勤俭劳作为家族挣得体面生活，成为一方有影响的乡绅。将二子尚开祥、小女尚桂芬培养成大学生，前者毕业于云南陆军讲武堂，后者就读于云南大学，尚桂芬后来参加革命，成就了一番事业。

乡人讲述，四大街子，首先最大的是小板桥，它吞吐的是从玉溪、呈贡、晋宁以及海坝（滇池东南岸平坝地区）过来的粮食、土布、水果、鱼、牲畜等；其次是龙头街，一个街子总有数千人进行各种交易；再次是，马街，买卖粮食、杂豆、油料、鱼等，马街草席颇有名气。最后是大板桥，它汇聚的产品大多来自山区，主要为柴、炭、木料、瓦罐、砖、水果等，但此地是东川驿道与经贵州亦资孔通向北京另一条"通京大道"的重要站口，有驻军、马站，又名板桥驿，是传递皇家国书的驿传之道，曾筑有土城。

无疑，四大乡街子将乡郊逗凑马帮向城市供给的区域又外扩了数百平方公里。

昆明东郊"旧关"的牛车。此关为东川大道古驿道关卡，近代因道路改道而废弃。牛车是旧时昆明农家运输与代步工具。体态庞大粗壮的水牛，步态却悠闲雅致，走的也是类"模特"的"猫步"。

石林县奎山大糯黑村（彝族撒尼人）农人驯养的"斗牛"，当地有"火把节"斗牛习俗。斗牛除食用精细牛料，还外加鸡蛋。获胜的斗牛为牛主带来光荣与奖金。

呈贡黄土坡水海子村陈家植携孙女牧牛，此白牛年轻时出力耕犁，至老（十四五岁）还在官渡土主庙会民俗活动中充当土主出行坐骑，为陈家带来荣耀与红包。

还有一种畜力：水牛，它是耕作主力，但当人们需要它的超凡力量，牛们同样跋涉在驿路马道上。20世纪30年代修筑巫家坝机场，需大量石方，一位来自玉溪的工匠落脚于昆明东郊狗饭田村（后更名和平村），村四周的山有大量石料，距巫家坝较近，他组织人力采石，又组合一个大牛帮专事运石，当时已有牛车，车轱辘是木制的，几十头牛向巫家坝机场运去足够的石材。数年后巫家坝机场成为中美航空队抗击日本飞贼的重要基地。

大波村曾养过一百多头水牛，村北老白菜山有上好青石，许多石匠曾在此打制昆明街道使用的石质垃圾箱，名"渣柜"，每条街搁置数个，是城里人倾倒生活垃圾之地，柜长宽高均为1.2米，呈方形。打制"五面石"，这是修筑河堤、岸口、街巷必需的基石。还有号称"一颗印"（四合院）豪宅门楼内庭使用的柱墩石，墩石以尺寸丈量出售。几十张牛车，一车负重150余公斤，动静大、力量足，一时把马帮的威势比了下去。

昆明东寺街路新村人收集的坛坛罐罐，其中靠墙的石器名为"渣柜"，是中华民国时昆明街道的"垃圾柜"

昆明旧时富户豪宅"一颗印"（四合院）民居门庭使用的"柱墩石"，牢靠、美观，是此类房子必不可少的装修材料（之一）

"柱墩石"之二

"柱墩石"之三

"柱墩石"之四，上饰龙首，为寺庙专用

还有一种与牛马相较可谓小巧的驮力：驴。驴的体重不大，老奶们可喜欢，说它聪明，路遇小沟坎能跳过去，牛马就不会，驴负重30余公斤，适合体力已衰减的老人操控。那时，乡间老人常吆着它去城里收集一种喂猪的食料，是馆子的下脚料，称"泔水"，因此，驴的身后跟随的常是手握旱烟袋的老叟与步履蹒跚的小脚老奶们，这也是城郊的一景。

毛驴母子，玄色的土墙，土灰色的驴，加上灰白色的泥，现场散发出一种神秘气息（拍摄地点：新疆白马寺）

东川大道的马店

1. 探访兔耳与对龙

由昆明向东北方向出行，经东川、会泽、昭通至四川宜宾的古驿道，旧称东川大道或"通京大道""北京路"，全程长974.6公里，马帮行程24日。秦汉时开通，它应是汉武帝派兵至滇以求沟通至印度的"蜀身毒道"之一，道路狭险。也是清代运滇铜至京城的重要路线。

兔耳关是此道出昆的第一个关卡，据《云南省昆明市官渡地名志》（1987年官渡区政府编印）载：兔耳关为兔耳乡人民政府驻地，距市区48.7公里，海拔2117米。该村104户，524人，地处山间小盆地，有小溪经村中流过，西面两山并列，中为峡谷，古驿道穿峡谷而过，至此设关隘，地势险要，为古代军事要冲。

我曾于2004年7月与2015年10月前后间隔11年4次专访兔耳，头两次着重考察兔耳关的烽火台（当地称"烟包山"）、关城建筑与御匪功能。后两次专访马店遗址行状、马帮与乡民曾经的互动、变迁中的兔耳，图文兼蓄，为古关卡作痛快淋漓收尾。因为访后月余，马店一条街将全部荡平，是为一条高速路让道。

打开我第25册采访本，2004年7月27日、7月31日两次的采访记录历历在案，此访由云南大学老师钟云跃与其友蒋水建友情陪同。前后访谈村主任张兴贵、老人杨增荣（80岁）、李凤文（70岁）、刘友林（71岁）四位村民。其中，刘友林出生于1933年，是民国时期初中生，父辈开过大马店，他对兔耳的人文、历史谙熟，我们畅谈半日，还在他居所的二楼阳台拍摄"烟包山"全景。老人们首先从兔耳得名说起，据民间传说，是三国蜀国首辅孔明征南驻军此地时起的名。前辈说，此村坐在兔儿身上，从村南老公山头看是这样，在村东烟包山也可看出，地形像只兔，西边的山名耳木廓，马帮于两座山的峡谷通过，从四川宜宾，云南昭通、巧家、曲靖、寻甸、嵩明来的马帮经此走向昆明，是最后一个关卡。

兔耳关是个村子，解放初有三四十户人家，两百多人口，据说全盛时上过百户，是在云南回民杜文秀起义之前。历史悠久的老村一般都有俗称风水树的大树，此话不假，兔耳曾有3棵遮天蔽日的大树涵养水源，提升过路客商的人气。一棵在村东，距下栅子150米左右，在驿道旁，是质地坚硬的麻栎树，需5个大人才能合抱，树围8.5米，可称树王；一棵在村西，距上栅子百米，是刺栎树；一棵在村西北，也是刺栎；后

昆明兔耳关马店一条街访古

2015年10月，千年驿道古关"兔耳"马店一条街行将消逝，我对其做最后的非遗文化实录

两棵大小粗细与麻栎树相仿。这些数百年的大树在近百年被砍伐，两棵刺栎于1949年前被人买走烧了栗炭，麻栎在解放初被杨林木器加工厂买下就地打了108张老牛车，每张车包括车床、夹杆、车挡板、两边的栽桩、一对车轱辘、一股车芯全套。还有一根折断的树丫，估算还可打18张牛车，因材料琐碎，未做加工。刘友林取出一个小推刨（木匠工具），说就是用这树丫的一截请人打制的，我接过一看，推刨被使用得锃亮，木料果然细腻结实。人类有惰性，对随身之物熟视无睹，不知珍惜，遗失之后才知懊恼，刘友林作如是说，如果不砍树子，本村（当今）在此三棵树上做文章都了不起，跑了多少县都有不起这些树，银行都会因此而放贷。砍了后，水少了点。可见，老人的眼光更注重的是经济价值。

兔耳关有一条西东走向的街，头在西，尾在东，街道南北两侧土基房鳞次栉比，四周有围墙，村子坐南朝北，北围墙有门，通向白邑道。街子长一百多米，宽约40米，其间有三道栅门，西栅子称棚头，东栅子称栅尾，都是两层楼房。显然，此棚头、棚尾是以云南府昆明为坐标指向的。街中段还有个栅子，称中碉，有三层。每道栅门均用四面石做石脚基础，高约1米，厚1米，上面砌砖。上下栅子门长5米，宽不少于4米，高3米，门上方用13—14厘米见方的松木做楞木一块块穿榫垒起，一层木一层土往上垒。栅子上层高2.5米，住人，屋顶是筒板瓦，三五个民兵（称"团上"）守夜值班。上层的外墙南北皆有枪眼，里宽外窄，便于撂枪，有几个枪眼口子呈斜下状，便于射击窜近的土匪。上下栅子各有小土炮一个。中碉二楼一底有三层，备大土炮一个，口径10厘米左右，匪情紧急时，可驻保路团十多人，是官府驻兵，内有电话。平时，上、下栅子都无"团上"，当周围有匪情时，三个栅子都有人守。匪情不重时，栅门晚上也开着。如此关防一条街，可称之为关城。说到马帮如何通行，刘友林说，城门宽4米，呈方形，对开两扇门，是木制的，来往的马帮可同时穿越。街上镶着条石，称"石阶路"，上有数不清的马蹄印，多数马蹄印有凹坑，深5—6厘米，少数是亮亮的、滑溜溜。不过，我没见着栅子与石阶路，这是闪亮在刘友林记忆中的城防关卡马帮路。

与关城护卫相关的还有设在关卡东边的"烟堆山"烽火台，老人叙述它的形状如农家灶台，但要大几倍，出大事就会点起烽火，向昆明制台衙门（总督府）报急，在西去昆明的药理山、元宝山、金殿会依次点火向省府报警，民众称此为"火焰传递"。

旧时，昆明驿道的烽火台有两种，一种即如兔耳的"灶台"形，昆明呈贡县文史资料曾记载该县七甸古驿道上的"烟堆"便是如此：坑略呈方形，边长约3米，深度近1米，用不规整青石或沙石砌筑而成。坑一侧外壁下端有灶口，口上有烟熏痕迹，下有一些灰烬，灶口为方形，边长30厘米。由于材料简单，制作方便，烽火台多数为灶形。另一种烽火台为葫芦状，在昆明东站通往十里铺凉亭驿道曾有10个这种形制的"烟堆"，石葫芦高约2.5米，下宽上窄，最宽处约80厘米，用多块石头雕琢垒砌而成，中空为烟道，如此费力用工，是为昆明通往北京的主驿道"以壮观瞻"。试想，在昆明拓东路尽头的"迎恩桥""迎恩坊"至五六公里外的凉亭"接官亭"，10个烽火石葫芦定会令来去的皇差国使、封疆大吏精神大振。中华民国时期，因城市道路扩建，这些石葫芦大都损毁，只有3个被有点文化眼光的昆明市长庾晋侯下令置于大观楼侧的滇池内作了云南版的"三潭印月"景观。由此保住一方文物。

人文积淀丰厚之地必会衍生若干神话，据刘友林讲述，传说有一个石鱼神，它乘夜挑着5个大石，不知欲

云南旧时的驿道烽火台之一：石葫芦，原置于昆明拓东路至凉亭十里铺路段，其他偏远烽火台大多取农家土灶形制，时人称之为"烟堆"或"烟墩"。兔耳关烟包山曾有灶形烽火台

往何处显灵,行至半道,鸡鸣天欲晓,这些弄鬼事者见不得日头,它把担子放下,直奔距兔耳不远的中对龙九井,一旦被它钻入井中,嵩明县将被淹成大海,好在石鱼未能得逞,一整条鱼被晾晒在山石上,至今鱼身及肋巴骨还在,听说下方人把鱼头割了,说其中有宝,此神迹在中对龙与兔耳关交界处。

另一则传说与精通道学的阴阳师有关。老辈人说,原来兔耳关的水从高处的上栅子沿街直淌至下栅子,那时,火灾经常发生,都会烧房子,村里会看地形的人说,兔耳坐在火星上,在小火龙坡,几条路在此交叉形成"火"字,苦于无法化解。一次,随马帮过来的一个行商懂阴阳,来到此处,看出端倪,专程住了数日,一位老绅士向他请教如何化解,他说,改良一下即可,老绅士将此事托付于他,阴阳先生从村西南2公里外水源地关箐龙潭水做起文章。原来水由西向东顺大街一股下来,中途吸纳了本村两个龙潭水,直接汇入东边响水河。他将水引向村西北又东向再转南绕三个大弯子,流水将村四周围起,大街为此增设4座小桥,在村东南角还就势整盘水碾,流水被殷切的兔耳人做了再三挽留,火灾明显减少。事后,懂行的村老说,这股改了道的水画出一个道家禳火符章,要有道学风水能力的人才能办到。水是火的克星,古人将水文章做大,火星自然不敢肆虐。不过,我明白,道学先生作了点拨,践行的应是兔耳故人。

访谈尾声,刘友林老人领我观看村中几家大马店遗址,在其中一户老屋前停下来,只见门楣上方的龙头挑头书有"耕""读"字样,他说,这里出了五个大学生,有的还考入清华大学。此等盛事,不由令我对兔耳刮目相看,我知道,兔耳不凡,必与马道和关卡有关。但因天色已晚,不及细问,暮色中,踏入归途。后来,为调研写作昆明坝行将消逝的农耕文化与土著彝族撒梅民族文化,耗费大量时间心力,兔耳关遂淡出我的视野。

11年后,为调研"马帮与昆明"专题,又赴兔耳,这次有了新视角——"对龙村"。最早听说此村,是在2014年访清水河村丁华老人时,

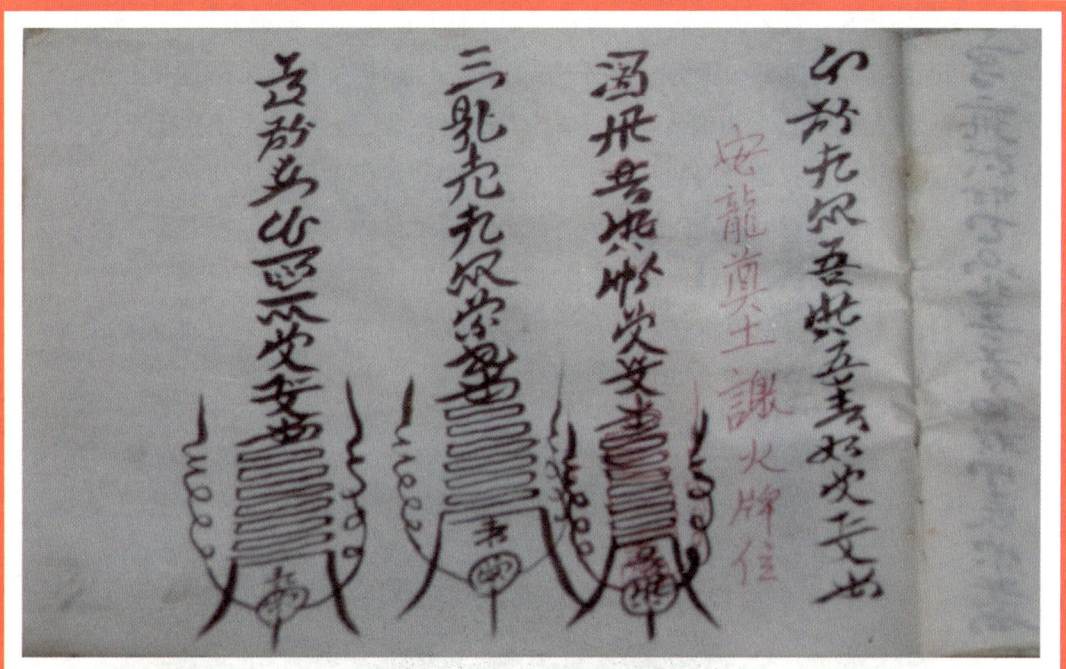

旧时昆明道家地理先生禳灾作法供奉的牌位，右起第二行为"安龙奠土禳火牌位"，手书毛笔字体为西波文，是昆明东郊彝族撒梅巫师使用的本民族文字，兔耳关村老认为懂风水的行商就是以此禳火符章的理念与法力为老村消除火患的

清水河村也是东川大道马帮途经之地，距对龙约20公里，已近昆明。老人80余岁，有文化，记忆好，也许是我对古道马店探访的殷切之情打动了他，他说，兔耳关附近有对龙，是个大村，有上中下三个村，三个村的马店不下20家，其中最盛的是中对龙。后来，我向位于清水河附近的大波村朋友求助，这些朋友是数年前考察昆明历史文化时结识的，我告诉他们：这次重拾兔耳之行需加上对龙村。

2015年10月1日清晨，我们的车直奔中对龙，对随同的大波村退休村干刘瑜与车主沈义来说，这条路不陌生，行驶约40分钟后，在距小哨不远处，便到了中对龙村委会，递上早就备好的单位介绍信，向村干部说明来意，他们引领我来到老村。中对龙马店之盛大出我意料，那真是哗啦啦的一条街，总有近百米长，街两旁都是有模有样的土基墙老屋，上覆筒板瓦。数家大马店甚至有前三后三四耳的格局，即前后六间正室、四间侧室，外加两个天井（院子）。有的马店建筑呈徽派风格，有高大防火墙与猫拱脊（山墙脊呈拱形），三四层楼高的土墙布局了数十个大小防匪枪眼。只是眼前的马店少了人烟，多数房因缺了主人呵护，成为弃屋，显得落寞衰败。间间屋宇门侧都有编了号的"拆"字，有数户老屋已有人在拾掇什物以便搬运。它们的历史可上溯数百年，但来日屈指可数，村人说，只要拆迁的赔付合理，一个月内可拆完，是为铺设从小铺至对龙的高速路让道（小龙高速）。

我与中对龙马店后代黄万春合影，此屋已有一百多年历史，是个可歇三四十匹驮马的中型马店，行将拆除

　　黄万春是开马店店主的后代，他们一家还坚守祖宅。知我来意，他也不舍马店归隐于虚无，主动为我介绍情况，征得同意，我对黄宅侧旁数户敞着的无人老屋作了拍摄，数码留下的是难得的马店细节：楼上的家堂供桌、驮架、马料升子（中有少见的隔板，可计量半升）、木柜、

访谈中对龙老人杨家和（85岁）

黄万春姐家的马店没有被主人废弃，还充盈人气，门联、门神喜气洋洋大团箩、围子、马槽、水井、龙门挑头、础石、马店防盗枪眼等。临别，与黄万春约定，不日再见。

六天后，又访对龙，经人介绍，我们首先找到85岁的老人杨家和，以了解中对龙马店的梗概。他说，中对龙杨家家族最大，马店最多，唐家次之，有杨半街（下段）与唐半街（上段）之称。杨家的马店店主有杨森（前辈）、杨启、杨校、杨才、杨荣、杨茂等七八家，唐家马店有唐旺、唐秀和。还有姓黄的，姓张的也开马店，全村马店十多家。听下来，杨半街确有其事，唐半街仅两家马店，以我判断，唐半街应是家族大并且富有，街面房产多之意。除正式马店，还有歇散客的，以供挑鸡、挑蛋、挑白油（猪油）的人入住；另有两三家供吆猪、羊、牛的人住，这种店院落要大，称鸡毛店。老人还告诉我，临解放时，杨荣的马店起火烧了房。1958年，杨启、杨栋（堂兄弟）家马店也烧了。对龙的前面一站是羊街，马帮从羊街过来，在此住一晚，第二日就到昆明。如果这里歇不下，就去上对龙，那个村比中对龙大，因不顺路，马帮过去少。

见老人流露疲态，我们与之合了影、道了谢，移师黄万春家，在黄家马店后院与黄万春（70岁，中专文化）、黄国兰（黄万春的姐，73岁）等人进行了座谈。看着眼前的马店还满溢人气，我们由此说起，得知它已有上百年历史，是在万春爷爷手上盖的，以前歇客，后来又驻马，据说，如果歇满，可容三四十匹驮马。对马店唐半街之说，又作求证，黄万春说，唐家就是唐学科家，其父名唐旺，只一家（马店），家族很大，叫唐半街，由此证实了我的看法。街上还有一家小旅馆称梁家散马店，店主梁老奶是比较出名的，她领着孙儿从杨林过来，能吃苦又泼辣，歇客加上开店，前几年八十多岁才去世。此外，街上还有烟馆两家（鸦片烟馆）；小铺三四家，卖火柴、水火油（煤油）、米面及日用品等。在黄家姐弟的叙述中，于我全然陌生的中对龙就此撩开了面纱：村子临解放时，有三四十户人家，一百多口人，现在达两百多户，八百多人。过去还有一二百亩田，地不多，一户二三亩。村人不养马，爱养牛，几乎家家都养，有的一二头，用老牛车为马店与小铺备货。过去，人们称此

马店拆迁前的ận家

马帮故事讲不完。右一黄国兰，右二大波村人沈义

地为"大马路"，村子出去，又叫"东大路"。村北有山名"金山"，曾有马帮在此"开亮"（露营宿野）。

说起过路马帮，黄国兰说，有公马集团军，一帮多的有一百多匹，都是大骡子，一人管四匹，一匹跟着一匹，队列里配着铜锣、"猴三"（即猴子），有镖局护路人，背枪牵着狼狗。她评论道：国民党军队也做生意。

联想到此地一个大马店不过能歇三四十匹马，上百匹的大马帮要占两三家马店，因此，马店时有供不应求状态，我询问，马店是否要预订。黄万春说，马帮打头人（即领头人）先来找店，看上了，随手扯几把稻草挽挽，弄成"草芽子"（谷草纽），拴在马槽桩上，代表他号着了，是"订店"的意思，后面来的私人马帮认可，但公家人来了，拴草芽没用，扯掉后径直进入，预订的马帮不敢与之相争。

马帮有锅头与脚夫，锅头是领头人，脚穿皮鞋，一般不骑马，步行。他的责任重大，肩负马帮的营行与安危，需要有胆魄、能力，也要有一定资本。赶马人也不易，他们脚穿草鞋，能吃大苦，会熟练装卸马驮子，饲弄马匹，自己也是健行者，一人要管五匹马，一支中等马帮，有十来个马脚夫。在一个往返的行程中，锅头与脚夫组成一个荣辱与共的团队，共同面对路途遭遇的千难万险。

黄家姐弟对赶马人之苦有切身感受，他们说，赶马人个个背着羊毛毡，下雨时披着它当雨衣，进马店用火烤干，晚上当被子，烂了左补右补，舍不得丢。吆马人都穿老草鞋，雨天易滑，用小块羊毛毡裹住铁马（铁片），绑在草鞋脚掌处可巴滑（巴：防止）。脚裂口，深约1厘米，向店家要个针线，自己将裂口缝上，新开的口子，就用洋芋烤熟冲粘，塞入裂缝，再用布包扎。也有用松脂填塞裂口的。有时马驮不动，马夫会帮它背一点，如川烟，马驮两捆，人背一捆。天经常下雨，晚上到店，天不亮又走了，在村外"放鸡场"吃早饭，当晚赶到昆明。

说起开马店的苦，黄国兰说，店家头天吆着牛车去七八公里外的杨林、猪街买马料：蚕豆、苞谷与干稻草，蚕豆苞谷是喂马的精料，要用

曾有数十马夫上下的楼梯行将坍塌

破相的马店。它曾高大、宽敞，是大马店的品相

有隔板的升子少见，可计量半升，是店主为方便马户而设。

马店旧物，大小木柜装衣物，大箧箩、囤子（呈卷曲状）盛装粮食。大木柜上的驮架为外架，即货架。

盛水的木桶，有时也用来装粮

马套口（又称马笼头），防止马咬人或偷嘴吃食

石碾碾碎卖给马帮（用升子量），干草成堆批给歇店的马帮，由马夫自己铡短拌上细料喂马。马帮一走，店家就要收拾马粪，用牛车拉走。找钱并不多，在马料上能赚一点，还有就是人工辛苦钱，包括人、马的歇息费用。

中华民国后期，土匪多，村子打了围墙，设立上栅、中栅哨所，有小炮。除了防匪，还要躲兵，官家抓夫，户户关门闭户，男人上"后山"与"对门山"一走了之，那里树大林密，找不到；女的躲藏起来，家中吃食也藏了，只剩老人看屋，兵痞找不到人，把农家的锅砸了。

闻听此言，甚觉诧异，旧时皇家办驿，官府为马道配套设店，需出力出钱。1913年，北洋政府废官驿，民营马帮兴起，民众按市场运作自营马店，官家因此省心省力不少。中对龙农民出如许大力，未得官府扶掖，竟还有陋习苦苦相逼，岂有此理。

在调研对龙的同时，兔耳是重中之重，出行两日，每日午后五六个小时在兔耳度过，两地相距仅5公里，在此，访谈了老人唐文标（83岁）、杨德录（73岁）、李凤英（80岁），采录兔耳更多非遗文化。

兔耳村比对龙村小些，临解放，村子仅三十多户人家，一百多口人，主要姓氏张、李、杨，祖辈大多从昭通、巧家过来，都是汉族，原住民白彝已经迁徙他处。此地过去归属嵩明州杨林县管辖，1958年后，划归昆明市官渡区。

采访兔耳关老人。左一：杨德录；左二：李凤英

兔耳以经营马店为主，也务农，全村有 280 余亩田，种植老品种谷李子红、大白谷，因水源好，产量不低，亩产 500 公斤谷子，但气温低，只能种一发（即一茬）。有些地，种小黄苞谷。20 世纪 50 年代后，没有了马帮，农民种植商品蔬菜，主要为白菜、萝卜、瓜。村子还有二千余亩山林、三十余亩竹林。竹林在临解放时被国民党中央军第 5 军全部砍伐，是上好的水竹，粗的可制水烟筒。

兔耳是乡政府辖区所在地，周围有 10 村，北：新房村；东：锁梅凹、响水、白种箐；东南：三叉河、关箐；西：杨梅箐；西北：大水塘、化香箐。现属云南滇中新区大板桥镇兔耳关社区。

由昆明通往四川宜宾的驿道，旧称东川大道，曾是滇产金属铜运往京城的重要通道，其间 900 余公里的路途设 24 站，马帮日行 30 余公里，需 24 日，兔耳是出省府的第一站；反之，从四川宜宾过来的马帮，兔耳则为第 23 站，这时，已连续奔波 20 余日的马帮是一支疲惫之旅。因之，兔耳人印象更深的是从四川过来的马帮状态。他们说，马帮从羊街过来，30 多公里，在兔耳关休整一晚，又经关箐—小石桥（金盆）—旧关（烧灰窑）—撒马坪—九龙湾—秧田坝—清水河—波罗村（望城坡）—下河埂，至此，沿金汁河外河埂再行走一公里余，经麻线营、鲁旗营、王旗营（头角营），从大鼓楼灵光街入小东门进昆明城。

中对龙与兔耳相近，中对龙距昆近 50 公里，兔耳距昆明 40 余公里，从羊街出发早的马帮，会赶到兔耳歇店，第二日下午四五点便可抵达昆明；出发晚的马帮则选择在中对龙歇店，第二日到昆明时间也相应迟些。

马帮兴旺时期，兔耳曾有十多家马店。老人回忆，最后的马店有六七家，其中 5 家属大马店，1 家中马店。大马店店主分别为杨自修、李顺香、李正科、韩老倌、白章义，中马店店主龙登贵。大马店可以歇三四十匹马，小马店可歇十多二十匹马，全村歇满为二百余匹驮马，如果住不下，有的折头去对龙，也有选择在兔耳的棚尾（小花龙）、棚头（喂鸡水）旷野"开亮"，前者可歇三四十匹马，后者可歇十余匹马。

保存完好的马厩

大马店高墙的防匪枪眼

我告诉老人，11 年前访问刘友林之事，问及其近况，说他已经去世几年，并由此得知，刘友林的爷爷是大马店店主韩老倌。

83 岁的唐文标是马店店主杨自修的女婿，他说，自己是对龙村人，上门在兔耳杨家，丈人杨自修有初中文化，开的马店可歇三十多匹马，1952 年评阶级成分划为地主。唐文标年轻时有段特殊经历，他说，我守五华山（抗日时期），是卢汉的部队——警卫营。胆子小，家乡宝，1949 年老蒋的飞机日日炸五华山（卢汉起义时），受不了惊吓，回家了。解放了，原在的部队整编为中国人民解放军第十三军。近几年，昆明市民政局每月给予他补助 80 多元，年节另有 300 多元。

在这些亲历亲闻者的讲述中，东川道上马帮住店的细节在我眼前变得清晰生动起来。

背夫的拄棍，是远行人必不可少的配具（昆明市社科院供稿）

下午两三点，来往的马帮与行商基本把村子住满，住不下的，在私人家中搭棚棚，房子窄的一家两三匹都会歇着。住客的房子窄，一间仅二三十平方米，住那些挑苹果、橘子、鸡蛋、白油、川烟、盐巴的，担子两头是两个大团箩（竹编），里面盛满货，还有背夫背"背子"，用高高的背箩，手拄一根棍，称拄棍，结实，可当拐杖，临时歇息找不着高地，将棍子撑住箩底，以分担背箩的大部分重量，人得以歇息片刻，缓解背脊的重压。

马帮有公马与私马之分，前者指官家操办，或有官方背景的，私马则为民间马帮。在公马运行中，人们印象极深的是中华民国云南省长龙云的三公子主掌的马帮，人称龙三公子集团军马帮，那是清一色的高大骡子，百余匹，一匹跟着一匹，队列总有百米之长，他们驮往昆明的货有花钱（官银）、川烟、川盐、洋纱、洋火、火腿，其中花钱应是官家垄断之货；从昆明拉出来的主要是盐。私家马帮拉的大宗商品有白油（猪油）、香油（菜籽油）、铅巴、铜块、盐巴、宣威火腿、老黑炭（产于羊街、崆山、嵩明）。值钱的货则是外蒙粗纱布。

兔耳关村东小花龙，是马店客满后供马帮"开亮"露营之所，可歇三四十匹马，不用付费

马帮住店，马歇楼下，有马圈，大马店的马圈一间宽 5 米，进深 2.5 米，可关十多匹马，两圈相对，中间为过道，可关三十余匹马。马是站着睡觉的，其间随时换脚，称歇脚睡，牛卧睡，马如果卧睡，就是有病。赶马人睡在楼上，无床，都是大通铺，用草席铺于木楼板。我亲见马店遗址的格局，楼上大的房几间拉通，有数十米长。一排可睡三十余人，相对两排，可住六十余人；小些的房可歇二三十人。在外露营"开亮"的马帮，赶马人会在外围笼一塘火，马歇在中间，驮子摆放周围，人钻入马驮子下睡觉，这样人货不分离、安全。盖的都是自备的羊毛毡。火塘既为取暖照明，也可吓阻豺狼虎豹。

　　店家要为马帮准备食物与饲料，头天，人们吆着大牛车去十多公里外的猪街、甸尾、杨林、嵩明采买挂面、酸辣子、豌豆粉以及喂马的稻草与精饲料苞谷蚕豆等。马帮自办伙食，他们从店家与小铺买来米、油、盐，马店为其免费提供锅灶。一些自备炊锅的是回族马帮。喂马的精料，店家需事前碾成细渣粒，用升斗作量器出售，谷草则成捆批给马帮，由马夫铡短拌和精料倒入马槽，供马嚼巴。店家还要免费提供人马的饮用水，几只大水缸，每只可盛二三十挑水，要雇人提前挑满。老人们还特别提及吆马人穿的草鞋与猪脚套的猪鞋，草鞋不经事，吆马人半日就要走烂一双，店家从甸尾买来的几十双草鞋很快卖完。昭通来的马帮因路途遥远，有的会自备草鞋，这些草鞋有用麻织、布织，也有羊毛草织，较普通草鞋经事些。至于猪鞋，对吆着猪群上昆明的猪倌也是大事，长途跋涉对步履迟缓的猪真是活受罪，猪群走到兔耳，不经事的四只蹄子早已磨烂出血，猪倌会拿出用牛皮缝制的蹄鞋套于猪足，用针线固定，以对付剩余的数十公里路程。至于马蹄的磨损，马帮自备一应物品与用具，有马掌、马钉、小锤、蹄刀等，以备住店时使用。

　　不言而喻，马帮住店需付住宿费，大致一匹马一晚 1—2 元，还要付马锅头与马夫的费用。

马驮架

马店大门口的简易香炉,
作祈祷平安之用

兔耳过去税多，有土地税、灶君税、门户税、当兵税、屠宰税、保长税等。过路马帮也要上税，类似保护费，例如，兔耳西去昆明的第一险地"关箐"，旁有"小马刻"（地名，"刻"为石坎之意），两边是山，马帮在沟坎中行路，地形诡谲，易出险情，潜伏的土匪抢劫后往山里钻，追不上，兔耳关的官府保路团会派人携枪护送，直至九龙湾。九龙湾曾有哨卡名"两担石"，后废，代之以由近旁的"哨上村"（彝族居区）民众在守路山守护马道安全。昆明城东金马关、城西碧鸡关都有税卡，我于十数年前访问碧鸡关村82岁村老杨泰，说起此地谚语："碧鸡一道槽，高又窄，燕子飞过要掉毛"，说的是碧鸡关税卡严密，在进耳、碧鸡两山之间，官家筑了一道宽约80米的高大城墙，从迤西数百公里外入昆的马帮需经城门关隘完了税才放行，碧鸡关关城拆毁于1958年。

　　近代，兔耳关有个著名人物名李绵阳，他原名李汝良，人称李先生，是个地理风水师，73岁去世（1949年前），接待我们的李凤英是他的孙女。李先生的爷爷辈从锁梅凹搬来，大约在清后期，至李凤英的子孙辈已延续八代。李绵阳手上经营着一个大马店在当地数一数二，它有个穿楼，俗称走马穿楼，三层的楼房，还有三个院落，其规制为前三、中三、后三，仅楼下便有9个堂屋正室，8个耳房偏室，3个天井，称李先生家。此等格局的"一颗印"四合院，旧时在昆明城都少有。李先生家楼下歇马，有三个大马槽，一个槽歇13匹马，共可歇39匹。楼上住马夫，四五十人没问题，后面住着李先生一家人，房子之大，其子接手，还开个烟馆。后期马店由李先生的孙子、李凤英的兄弟李顺香接手经营。据李凤英讲述，她家盛时有三十多口人吃饭，爷爷的饭单做，要讲究些，一般为一碗白米饭，外加麂子干巴、腊肉与蛋等；其他人吃大甑子饭，菜是洋芋、瓜、青白苦菜，间隔三五天有顿肉吃。雇了两个长工，做挑水、铡草、砍柴等活。

　　李先生家位于街子中段的中涧旁，保路团的高营长与电话兵就住在他家。李家马店还有一段与诚信有关的佳话：一个赶马人（锅头）将钱包落在李先生家歇客的地方，第二日找上门来，主家将分文未动的钱包

马店楼上的"家堂",供奉"天地君亲师"及祖宗牌位

又一位坚守老马店的老人故去。丧失依凭的老屋将加速衰败

还给他，来人喜欢，送了许多绿豆糕表示感谢。

家大业大的李先生流传的事迹莫过于他为自己择坟地一事。择坟地，当地称"撵地"，是道教风水文化的一种，一般情况下，地理师自己的坟地，会请业中他人办理。李先生撵地撵至距兔耳20余公里外的"秧田坝村"，这里也是东川大道入昆通道，距昆明城仅10公里左右。葬地称石头山，据说像尊石佛。他说，此地风水好，白日千人拱手（向石佛行拱手礼），晚上万盏明灯（可观赏昆明夜景）。李凤英认可爷爷的选择。她说爷爷过世后，家境稍落，但儿孙状况尚可，有的当军官，有的是税务局长，还有水厂厂长。我不由想起，兔耳传为美谈的一门出5个大学生，大约就是李先生家。

兔耳张家也出过人才，此人名张浩，据说中华民国时官至副省级，未发达时为乡民做过事，此事关乎驿邮。过去，马帮商旅与驿邮差事都经兔耳，其中的邮路差事，人称"火把差事"，是为官府送信或办事，急不可待，需乡民手持火把，连夜送往云南府衙，村人苦之怨之，张浩为民请命，要求官府将其改道大板桥，他请人打了48通石碑，一通一通栽于路口，直达昆明，伸张民意，最终将"火把差事"挪至大板桥。史上有将邮路改迁于大板桥记载，但是否与兔耳张姓有关，无从考证，此说出于博闻强记口才极佳的李凤英之口，且记下。

十余年前，我初识兔耳关，曾观看立于街心正中的寺观名曰"正中观"，名溯道统，侧旁有一通高大的皇家石碑，字迹斑驳，仅将数行尚可辨识的文字录下。

奉宪勒石

云南府嵩明州

……严禁籍差骚扰　永垂勒石

（杨林驿）

乾隆五十九年内有差役捕练籍办公为名邑派用短夫苛勒银钱索作酒食赴云南府具控

……嘉庆三年三月十九日

兔耳关"正中观"。大门右侧有古碑

"奉宪勒石",保护驿道秩序的皇碑

皇碑所涉之事，发生于大清乾隆五十九年（1794年）。翌年，乾隆退位，第十五子颙琰即位，1796年，是为嘉庆元年，皇位新老交替，大事连连，三年后不忘于偏远万里之外的云南府杨林驿兔耳关了断这件"民告官"之事，用心于国计民生，可圈可点，由此可证，保证驿道有序畅通是封建时代极其重要的政务。又一年，嘉庆四年（1799年），作出"严禁籍差骚扰永垂勒石"皇家禁令的乾隆皇帝驾崩。

录下碑文，又闻乡老叙述，中华民国时，因社会不宁匪风吃紧，官方护路队数十人曾驻于观内，一旦群匪抢劫，即与邻近之板桥铺驻兵及乌龙、哨上守路农民合围追拿匪徒，以保护商旅马帮平安。有如此声色的寺观，因观门紧闭，不得而入，未知内中陈设与古迹，引为憾事。不过，在我的考究之下，乡人往昔的精神信仰并村社文化也一一得以列陈。

兔耳民众的宗教崇拜佛道兼蓄，其中涉及道教祭祀的节日有祭头龙、二龙、山神、土主等，这些关乎乡民生存环境的自然神崇拜大多于山野进行。头龙祭祀在村头龙潭名"喂鸡水"的老朴树下，这里是村民饮用水水源地，也是马帮必经之所，那些挑鸡的、吆猪牛羊的，必在此处为禽畜补充饮用水，"喂鸡水"由此得名。据刘友林讲述：拖个猪去（拖猪，口语，实为两人肩昇），在老公山脚上香烧纸，口念：龙神老爷，今天是你的日子，来祭祭龙。宰的猪，人均分配，各家去拿生肉，要付费，是市价的八折。祭二龙，在出水口，现在的水库旁，念经、烧纸、杀猪，全村人去吃饭。

祭祀土主，念经上香，仪式在寺庙内进行，杀猪分生肉。

祭山神，在村子东南方约250米的分水岭，杀羊，吃饭自愿去。

各村各寨大都有各自的土主神、山神。

还有佛教的"求清洁平安"，在"正中观"寺庙举行，以"做会"方式，全村有上会、下会之分，有宗族祭祖内涵。上会的参与者张、李两姓族群，举办日正月十五；下会，参与者，杨姓宗族并其他杂姓，六月十五举办。

另一仪式名"吃娃娃酒"，拜送子观音，于正月十六隆重举行，是关乎人口增殖族群繁衍的。头年添男丁之家要拿出酒，添女娃之家出5斤豆腐，饭由用餐者自带，其他费用则由上会、下会公摊，全村人在"正中观"聚餐。酒，可以随心喝，连巧遇的过路马帮也可进观喝盅酒。

后来，从李凤英处得知："正中观"与昆明另一条通京驿道首关的金马关金马寺"挂起"。"挂起"之意，据我考察昆明寺庙文化得知，它有两种含意，其一，两寺间有共同主管（住持），且有业务、亲情往来；其二，两寺间有联盟、声色互通。如昆明鸣凤山头的金殿"太和宫"与山脚的"环翠宫"，两者"挂起"，两寺均为明万历年间云南巡抚陈用宾筹建，前者为上观，后者为下观，由金殿道长统管，此为"挂起"的第一种形式。以兔耳关"正中观"与金马关"金马寺"两地相距四十余公里，且不在一条驿道线路上，此"挂起"之意当为第二种形式。

访谈之间，得知健谈的杨德录有些历练，他是兔耳关人，年少时在中对龙居住，因二孃（母亲的妹）嫁在此地，11—12岁时放过牛，读过半年书，又转至白汉场中心小学读至六年级，1960年毕业后，在兔耳关当村干，先任小队会计计工分，后任民兵排长，代理大队长。我询问兔耳关村民当前的生活状况以及兔耳与对龙两村之比较，他坦言，目前本村村民的营生多种多样，有出租房子、开营运车辆、经营饭店、搞建筑，其中当老板的有五六家，上昆明工作的十多家，有些村民盘着些田地。他还以自己的家庭作现身说法，他有三子三女，大儿子在本村搞工程，开装载机，在村里有二层楼的房。二子在曲靖，开挖掘、装载机，搞土木工程，在曲靖有两套房，本村也有房。小儿子卖木门、搞装修，在曲靖、兔耳都有房。三个女儿，大的去了曲靖，搞机械；二女在昆明，女婿是政府公务员；三女，在本村开办兔耳关艺术分校，三个女儿都有房。在市场经济中得心应手，应与兔耳曾经的马店经商历练有关。至于兔耳关与中对龙两村的异同，熟稔两村状况的杨德录作如是说：中对龙与兔耳关状况相近，那边老板多、开车多。对龙老一辈马店多，供孩子读书的多，文化上比兔耳强；兔耳关开马店更富一些，他以1952年国家划分阶级成分作对比，中对龙划为地富的有六七家，兔耳关地富有十二三家；

为"板瓦当"。筒瓦的瓦当叫"瓦头",又名"勾头";板瓦的瓦当又称"滴水瓦",学名有装饰功能,昌为避免风雨侵蚀之用也。

"盘丝洞"的老民居,求见岁月的无情

中对龙街面宽，前三后三四耳，有大天井的大房子多。那里属于坝区，田多地多，耕作条件好于兔耳；兔耳田少地多，水好，山林多。听下来，两者各有所长，对龙似乎还优于兔耳一些。

然而，对于兔耳，我要多说几句。

记得一位兔耳老人说过，过去兔耳关更热闹、更富有。马帮住店，首选兔耳，住不下，再去对龙，因为它是"站口"。

兔耳"站口"之名不虚，它是东川大道昆明至宜宾驿道24站的首站。封建时代，驿路马道于国家层面，它关乎政令畅通、商旅往返、四方宁靖；于云南府而言，还关乎中原王朝与缴外中南半岛藩属外交关系的实施。

史载：元，云南通省设驿传站赤78处，其中马站74处、马2345匹、牛30头；水站4处，船24只。中庆府（昆明）马站6处，马311匹，其中在城站马150匹，嵩明杨林站马30匹，晋宁州站马20匹，安宁州站马37匹，路品站马37匹，禄丰站马37匹。兔耳关隶属嵩明杨林驿。

明朝《明会典》载，自京师达于四方，设有驿传，在京曰会同馆，在外曰水马驿并递运所，以便公差人员往来。云南全省设驿站73处。

清代，云南置驿81处，设铺24处……最大一个驿站在省城称滇阳驿，设马60匹，马夫30名，同时云南府的在城堡也附设在滇阳驿、设堡夫100名。这些马匹马夫吃的是皇粮，滇阳驿马夫30名，每名每日工食银五分四厘，年共银五百八十三两二钱；马60匹，每匹每日草料银七分二厘，年共银一千五百五十五两二钱。

当驿道传递军务机密时，朝廷专设押密的"驿传符信"。元朝对最急的驿传授以"金字园符"，其次为"银字园符"。明代永乐二年（1404年），朝廷专为云南极边的缴外土官设置"信符金牌"……

面对兔耳"烽火传递"的烟堆，"火把差事"的驿传，"奉宪勒石"的皇碑，与金马关金马寺"挂起"的"正中观"，还有三棵见证驿关上千年历史、树围达五抱粗的麻栎、刺栗古树，兔耳关，你站口的辉煌历史还需更多证明吗。

接下来，我的脚步顺着曾经从对龙、兔耳向昆明进发的马帮足迹一路捋将过去，我要看看这些锅头、脚夫、背夫、吆牛羊猪的人是怎样完成最后一站40余公里跋涉的，毕竟，能一气呵成直达昆明的大马帮是少数，在剩余的路途中已没有了公家色彩的站口，有的是如对龙马店一样的民驿，而且山道弯弯、扑朔迷离，匪盗随时会像恶狼般扑来。

2. 哨上

马帮离开对龙、兔耳，行走三十余公里，首先来到九龙湾附近的哨上，这是个彝族聚居村，彝语为"趋（qū）史锁"，意为有14人驻守的哨卡之意，是由原"两担石"哨卡演变而来，但早已没有了吃皇粮的哨兵，仅是个有守护马道职责的村社。村庄很小，建在山坡上，村道亦是山道，地势局促，20世纪50年代初，全村仅十数户人家，几十人，有田八九十亩，地八九十亩，以务农为主，守路为辅。村南有守路山，哨卡设在山顶，视野开阔，可俯瞰四五公里长的马道，村人户户轮值，于山顶竖起"护路"旗帜，早出晚归，风雨无阻。

村庄与官家协议的守路职责有三项：其一，发现盗贼要追捕，随意放掉歹徒，上面要拿村管关押是问；其二，商旅路人被杀死要报案，并负责看守死尸，以待官府与家属前来处置；其三，对无人认领的尸体，要负责安埋。村人所得回报，是免除屠宰税。显然，所得回报与村人付出不成比例，大约守路是前辈传下的职责，村人毫无怨言担当下来。

2006年11月5日，为调研彝族支系撒梅人的民族文化与生存环境，

老马店精工细雕的窗棂

我曾访问该村八十余岁老人毕盖,他是民国时期村里唯一的读书人,阅历不少,当过兵,抗战时期,在西山龙门山脚的昆明裕滇纱厂做过门卫。他讲述了数例守路故事,语言质朴生动。

有一次,从嵩明过来,父子俩挑栗炭在昆明卖,返回打算去旧关歇,在这里遭贼抢,儿子吓傻,爹被杀了一刀,仍然用扁担与贼对打,贼抢了5角钱,爹死了,本村去报案,壮丁去撵,撵不着。

一次,抓着七个贼,是本村壮丁与嵩明保商队(驻兔耳)共同抓着的,关在昆明钱局街7号,是日本人设计的房屋,贼后来被关死在里面。抓贼是义务,无工钱,撵贼的人,越打越多,从各村出来,那时,各村有围墙,有栅子,有枪眼。

嵩明一个老倌,要打发独囡(嫁女),吆一头牛到昆明卖,贼杀了老倌,吆牛到珠玑街卖,被我们访着,钱还未给,说好哪天来取。我们报县政府及警察局。一个大汉独自去拿卖牛钱,买牛老板悄悄告诉我们,本村动手拿着这贼。

显然,出事的大多是挑夫、吆牛羊的势单力薄者。哨上的重要性不言而喻,它令盗贼有所忌惮,商旅有所依凭。

3. 九龙湾

过了哨上,马帮来到九龙湾,这里是又一个险地:五个重达数十吨的大石滚落于莲华山(俗称三尖山)南坡,断崖壁有许多钟乳石形似龙首,嶙峋怪石终年滴水,状若吻部的石尖长着黄褐色青苔像煞龙须,崖壁下有潭,潭水成流,汇入近旁马料河,河上有一孔桥,桥侧有石阶便于行人汲水,周围数平方公里内人迹罕至、乱石成堆,有一条人工辟出的小道,就是马道,弱势马帮在此行走,人、马腿肚都会发软。这是个衍生神话之地,且不止一则。有"两担石"庙会,关乎祭龙求雨。我曾两次亲临体验,并与办会的村人在山石间共进午餐。

过此险地,再行数公里,就是开设马店的"秧田坝""清水河"两村。

九龙湾崖壁的石龙首

祭祀山神土主的九龙湾庙会，人群背后的房屋为土主庙

4. 秧田坝

2015年7月3日,与秧田坝村沈启(80岁,曾任村主任)、蒙国萍(村民小组组长)、赵清英(73岁,村老年协会主任)、蒙自耕(66岁)等人座谈,以了解该村旧时开马店状况。

"秧田坝"有两百多年历史,最早的村民是从大波村搬下来的,后来从东川、巧家等地陆续来了些"搬家人"。解放初,本村有29户,50多人。大部分人家住着茅草房,租田地种,向大波村宋天德承租,他有五六十亩地,还烧着三四座黑窑。村人说,开马店是附带,主要营生是去双龙山林找柴禾,干的柴卖去昆明,湿的就近卖给窑上。

该村曾有三个名头,其一,称"老马店";其二"秧田坝";其三"水碾上"。"老马店"称谓来由,村子距昆明12公里,健足的马帮大多不会再作停留,有些赶牛、猪、羊的,这些牲畜走不快,便选择在本村住一晚,第二天一早动身,下午三四点赶到昆明。因此,该村主要接待的是做牛马生意的。开始马店仅四五家,逐渐做出名气,发展到十多家,人、畜住房称住店,有时人多住不下,牛马圈在露天场坝。据沈启老人说,圈在场上的牛马,走累了,吃饱了,躺下去,就不动,下雨都不动。"老马店"在东川道出名,一说此名,指的便是"秧田坝",每家马店都有房,外面还有院坝,全村的马店室内加院坝,可以歇一二百匹马。费用每人每马一二角钱,费用不高,二十多驮的马帮,一晚只收一二元,以当时5分钱一碗米线的物价计算,可当现在的300元左右。牛马嚼食的料草与人吃的米、菜,由马帮向店主购买。

"秧田坝"称谓,村子曾有一个水坝,主要用于拦水栽秧,所引水源可灌溉至龙头街,之后汇入羊肠小村旁的金汁河。后来,大坝改名"源清闸",这股山水对龙泉镇东北片区村社的大春栽插很重要。

"水碾上",在双龙以下30公里范围内有盘水碾的只有"秧田坝",水碾坊设施简陋,三间小瓦房,中间是石碾,利用流水作动力,旁边一间用以关驮运谷物的牛马,周围村子都将稻谷挑来此处碾米,由姓唐的一户人家经营,是唐继尧的后人,村人说,开始较富,随着老唐的败落,后来也穷了。

5. 清水河

2015年6月15日，访清水河村的村民丁华，老人年高84岁，1932年3月出生，中华民国时在龙头街龙泉小学读过初小。说起村子来历，丁华说，村民是从东川、宣威等地搬过来的，旧称"搬家人"，因没有根基，都很穷。他的奶奶大约在清朝后期搬来，到自己的儿孙辈也有六七代人了。村子很小，解放初才十来户人家。

马帮经过本村，会解决一顿午饭，在路边自己煮饭吃，喂喂马，他们自带锣锅，有时向村民买些瓜瓜菜菜，一匹马驮六七十公斤，有一匹马专驮马帮自己所需的米，二三十匹规模的马帮，有五六个马脚夫。从东川路来的马帮大宗是川烟、川盐。川烟装在篾笼内，里面用麻布袋套上；川盐用箩箩装，里面也用麻布裹货，上面再加油布，每匹马都有油布，下雨拉开罩住货。

"清水河"村主要歇赶牛马的人，有房子住，伙食由马帮自办。人住下，牛马关了，一帮几个人与牲口各多少钱，大谱气（笼统、大概之意）收的钱相当于现在的几十元。

"清水河"距"秧田坝"仅一公里多一点。

丁华回忆，九龙湾也可住几家赶牛马羊猪的。"秧田坝"大多歇挑货的，挑的货主要是白油（猪油）、鸡蛋、鸡等。此外，昆明北郊"花鱼沟"也有住店，主要歇从寻甸马街背桃子、烧柴和菜籽上昆明的人。

正是丁华老人令我确切知道兔耳旁有个对龙，有不下20家马店，拓宽了我考察的视野。他还透露一个重要线索：距昆明城仅数公里的金汁河边"下河埂"村有不少马店。

6. 大波村

"秧田坝""清水河"两村依凭的大波村是个重要的村庄，十数年前，我访问该村80余岁的老人苏赵，听其讲述旧时经过这一带的马帮遭匪贼抢劫，村人义不容辞，拿枪持棒，伙出追捕。直觉提醒我，必须再访谈该村村老，热心的刘瑜满足了我的愿望，将我领到一位老人家中。

2015年12月3、8日间隔五天我两次访问大波村王开富老人，王老生于

● ◎ 逝去的海弯柳　马帮

1928年，高寿87岁，他是民国时的老初中生，1942年在波罗村清波中学读的初中。王开富阅历广、记忆力强，他首先叙述自己的简历：1944年，为昆明税务局长孙东明家守大门半年左右，经其介绍入巡津街税务局庶股科搞收发工作，但只干了一个半月左右，因家有兄弟四人，摊上了"门户兵"（抽壮丁），他当了数年兵，自1946年至1949年，四年内随部队去了河南、山西、江西、湖北、四川等地。1949年后，回归乡梓，在村小学教书，之后当村文书、会计，又调宝台乡任乡文书。

大波村老人王开富（87岁），他是民国时期波罗村（昆明北郊）清波中学的初中生，在当时昆明郊区农村中是鲜有的

据开富讲述：马帮从兔耳关过来，经关冲庙、庄房、旧关、走马坪（撒马坪）、哨上，至九龙湾。有些马帮会在马料河边的孔昌马店住下。有的在下面七八十米河边空地歇（开亮），这里地势宽敞，可歇上百匹马，不用开钱。赶马人自带锣锅、猪油、海带煨饭吃。空坝上面有九龙湾的田，一直接到干沟，干沟下面是大波村的田。有的马帮赶到"秧田

坝"歇，这里有沈开元马店、杨清马店、宋宝安等三家较大的店，沈家可住二三十四马。还有的去"清水河"，这里有郑炳洪、王正有两家马店，郑家可歇三四十四马，王家可歇二三十匹马。

"秧田坝"村历史不太长，百多年前，一些大波村人看到马帮经过本村地盘，但马道距村有一段距离，村庄地势又较高，马帮不便拐入，坐失商机，便在距村数里外的马道旁开店，村人聚少成多，渐成村落。"清水河"村地盘原来也是大波村田地，外来人来此购田地开店。

马帮从"清水河"出去，到望城坡，行走于黄龙、青龙两座山的沟壑间，是条小路，两侧是坟山，人烟少，这里匪贼多，专抢吆牛、吆猪的。再出去，沿现在的穿金路，就是五眼桥（后来金马医院处），至水晶桥，距昆明不远了。

听到此处，我明白了，在距昆仅十余公里，还有马帮住店需求的原委：有些到得较晚的弱势小马帮，以及零星担挑夫、吆牲口的，三三两两，赶到此间，天色已晚，无胆气走险道，停下来住一宿，第二日结伙成众，安全通行望城坡，如此甚妥。

"秧田坝""清水河"两村马店依傍的大波村，这是个有数百年历史的大村，旧时曾有过二三百户人家，20世纪50年代，有村民400余人，目前全村1600余人。中华民国时大波村属龙泉镇宝台乡，当时，龙泉镇是个大镇，辖地北涵小河，南括羊肠村，东起白岩哨，西至盘龙江。大波村大姓金、蒙、刘、李，其来历都有说法：刘姓，传说是三国时期随孔明征南而来；金、蒙二姓，元时跟着忽必烈来；李姓，山西籍，可能是清代来的，都是外省移民，村子田地不少，有150—160亩田，约160亩地，还有40亩专称"狗饭田"，是为金殿道观种的香火田，金、刘、郑三姓都种着。寺庙"源清寺"，由清名士钱南园起名并手书，有3个大殿，规模不小。

按旧时说法，大波村有吉地，中华民国昆明五洲大药房老板（浑水塘人）葬在村北宋家山。兔耳关地理师李先生自择阴宅，选的吉地也在该村，我将其事告知王开富，他说，像把椅子的山叫白庙山。

说得兴起，开富将话头说开了去，大约在20世纪30年代，昆明的欧亚航空公司在本村苦荞山搞了个滑翔机场，大波村因而成为昆明北地最早通电的村庄，欧亚公司的人住在本村寺庙内，主任姓李，出了个小事故伤了脚，后来去了中国台湾。据王开富的说法，中华民国后期，台湾有若干国民党的飞机起义飞回大陆之事，似乎也与欧亚公司的人有关。

有关马帮，王老见闻不少。他说，马帮有配备：猴与狗。大马帮要有锣，百多匹马，队列长，有时散散的有几百米长，需前后呼应。锣是用来打节奏通声气的，前后呼应，前锣发"铿"音，后锣发"锵"音。配保镖，镖师从镖局请。

赶马帮的脚夫苦，有风险，过路的大马帮从大波村招走了3个人，到元江，后来只回来1人，其余2人杳无音信。

马帮从四川驮来川烟（旱烟）、生丝、锅盐，云南昭通火腿，还有挑鸡、挑蛋，赶牛、马、猪的。昆明马集在珠玑街，盘龙江边，一块大场地，有几百平方米，牛、马、猪都在此交易，是当时昆明牛马交易最大的市场。1949年后，20世纪60年代，集市迁往小板桥。

川烟在昆明大南门（近日楼）三市街与顺城街十字路口交易，姓周一家收购。

火腿交易，在大东门（交三桥）东月楼秀英街附近，上面是龙三公子开的云南大戏院，姓刘的收购，是个瞎子，其子刘东周是王开富在清波中学的同班同学，开富亲见这个双目失明的老板下货时靠听火腿落地的声音判断货的质量，不会出错。

从嵩明人挑马驮过来的还有藜蒿，这是一种精细菜品，是嵩明河边野生的，特香，拿去昆明卖，用席子打包，开富爱去秧田坝购买。

1949年后，王开富见识过拍摄马帮电影场景：1953年，在村旁不远的九龙湾两担石，拍摄土匪抢劫马帮的镜头，安排部队的人扮成村民去追赶，片名是《山间铃响马帮来》，后来影片上市，很叫座。

做田野调研工作，得其人，访着满腹故事见闻的老人，极为重要，王开富为"九龙湾""秧田坝""清水河"马店乃至昆明马帮经济提供了许多有价值的情节、故事。谢谢大波村热心的老人们。

7. 下河埂

追访位于天祥中学近旁的"下河埂",却不得要领,无门可入,老村已然不存,原址树起了数个高大楼盘,问及小区出入者,竟无人知晓"下河埂",显然,他们都是入住不久的外来户、远方人。无奈,我寻找主管社区。

2015 年 6 月 16 日与 29 日,得盘龙江金菊路社区领导朱仕芬相助,我见着"下河埂"村原村民,他们是郑文勇,67 岁,原村主任,有小学文化;阮学德,67 岁,原村会计,初中文化;汤芝富,66 岁,原村小组组长,小学文化;张正中,77 岁;田琼芝,77 岁等五人。

我与下河埂村老人合影。右一:张正中;右二:田琼芝

据郑文勇、张正中等讲述,"下河埂"村不大,人口不多,但马店多。1949 年有村民 58 户,170 多人,现在 160 户左右,近 400 人。村子历史 200 余年,老根子仅数户,大部分为后来的"搬家人",是从四处

搬来的人家，因此本村姓氏杂。大姓张、李、王，解放初，张姓有七八户，李姓七八户，王姓六七户，还有汤、袁、杨、朱、郑、阮、刘等姓氏，其中郑、阮、刘三姓是独户。

"下河埂"田地不少，有300余亩，都是保水良田，还有秧田25亩、茨菇25亩。稻田成片区分布在村四周，农民称这些片区为"摆"，大摆中最大的一片有68亩，中摆有四五十亩，最小的摆38亩。这里是金汁河灌区，昆明坝的粮仓，水利条件极佳，村子在金汁河外河埂侧，近旁有3个灌溉涵洞，分别称棺材涵洞、新涵洞、前门涵洞，还有一个可控制水量的小涵洞。由这些涵洞导出4条主沟，主沟又分叉许多支沟，如此构造的灌溉系统，可同时惠及下游的"小庄"大小"白庙""马家营""麻线营""新发村"和"王旗营"等六七个村。

我于十数年调研昆明坝农耕文化，获知金汁河三十余公里长，灌溉数万亩良田，就是由这些涵洞、分水闸及大小水沟组合而成的，未曾想在"下河埂"村得到了个案实例。

农人说："下河埂"生活以农为主，开马店，是整些小钱。马店坐落在三条巷子，沿金汁河外河埂南北布列，村头在南，开店的有朱家、李家、王家、阮家、汤家、张家、尚家、张家、袁家、李家、王家、郑家、李家九个姓氏13家马店，其中最大的首推汤家，院坝大，长12米宽9米，百余平方米的院坝可歇许多马匹，由父辈汤凯、汤华、汤林三弟兄经营，起势时三家合力一店，颇有声势，后来分家，势头稍减，其中一家在土改时被评为地主（在村民细捋的13家马店中，汤家只占其一，然汤家大马店一分为三，则总数应为15家马店——笔者）。其次为郑文勇家，郑家原是松华坝库区"菜角村"人，来此落户，至郑文勇已有4代，看中此地发展条件好，举家搬来，买田买地，盖三间四耳的大房，门很大，宽3.5米，高3米，驮货的马可直接进入内院。最后是阮家也有三间四耳的房，一楼一底，土基墙，土木结构的框架。据说，本村家家大门可直进驮马，马厩关不下，就歇在天井院坝。多数马店只住得下一个十多匹驮马的小马帮，常常是几家合作接待一些较大马帮。店家出卖马料，赶马人自办伙食，向店家买些米与小菜，就着自带的火腿、干巴、腌肉，在三脚架下点起柴火，用铜锣锅煮饭煨菜。店家收取马帮的住宿费，一驮马一晚1—2元，相当于现在的二三十元。一般情况，马帮在此歇一晚，第二日去小东门卖货，返回时，如货一时卖不掉，还在此歇，有时会待上二三日。之前，在顺城街聂国祥、刘定发老人以及清水河丁华老人处闻及"下河埂"马店专歇那些寻找货主买家的马帮，如延宕数日货仍未能脱手，会将货物存放在昆明最大的一个堆店（货栈），此店在兴仁街，其规模之大，足以在货栈大院坝跑马，1949年后此地建起盘龙区医院，目前一栋大楼即将竖起。

我很想了解"下河埂"马帮与兴仁街大堆店的互动，询问村人是否可以找到八十多岁的老人，张正中惋惜地说，这些老人在下河埂拆迁的动荡生活中均已过世，令人叹息。

"下河埂"马店之盛，是因为它填补了马帮经济纳入大城市轨道前的空隙，这种状态常有。毕竟，那些资本雄厚、经验老到，在云南各重要城镇节点有连锁"转运店"，以便及时周转来去货物的大马帮为数不多。

马帮驿道的国家意志表达

东川大道自四川宜宾至云南杨林驿，马帮行走23天，行程800余公里。在最后一站兔耳关至昆明的40余公里驿程，疲惫之旅在兔耳（对龙）、九龙湾、秧田坝、清水河、下河埂等六个村庄五十余个马店进行食宿休整；由沿途强势村庄乌龙、哨上于"守路山"轮番守护，官家护路营提供武装押运；连同兔耳"奉宪勒石"皇碑监护警示，还有数个"烟墩"烽火台火焰报警传递，马帮与它的货物终于安抵昆明。

古滇风韵　官渡金刚宝座塔

位于昆明官渡镇螺峰村。始建于明天顺二年（1458年），是中国同类塔中最早的一座。

塔基为方形高台基，沙石砌基，高4.7米，边长10.4米，有十字贯通4道券门。

台中分列5塔，中塔雄伟，高16.05米，状如喇嘛塔。塔身钵状，四面开眼光门，奉四方佛，十三天上有铜制塔刹，含伞盖、圆光、宝瓶、宝珠，并饰以铜铸四天王。4小塔高仅5米，在基座十字券顶嵌有一方铜铸"金刚界九会曼陀罗"，浮雕八叶莲花八如来，正中趺坐大日如来。南北券门顶上刻"六字真言"。

塔为云南省重点文物保护单位。

注：塔基外围呈米字形条状物，为现代加固塔身以便垄体抬升下陷的文物而临时设置的

然而，我上文所述仅是1913年官废驿制后民营马帮的营行态势。在之前的上溯数千年，驿道官营马帮的驰骋，是古道曾经的国家意志表达，事涉皇朝政治、经济、军事、文化、外交诸方面，被史家载于国册，那真是连篇累牍、浩繁无穷。本文试从云南马道载于史册，有时间、地点、情节、故事、人物的"武帝求道"说起。

据司马迁《史记》载，西南夷古滇国国王尝羌闻达于汉武帝，是因为那条"蜀身毒道"。博望侯张骞出使大夏（今阿富汗），于市场看到有来自中国四川出产的布匹、竹杖售卖，询问货从何来，说，有商贾从东南身毒国（印度）贩来，从大夏至身毒有数千里，骞由此推断，大汉西南有一条古道连通身毒与大夏，回国复命，备说此道的重要。汉武帝正苦于西北大漠的丝绸之路常困于匈奴，至域外的通商交好不能顺畅进行，闻此大喜，遂先后派出王然于、柏始昌、吕越人等官员领兵赴西南夷求道，在滇池湖畔得见好客的滇王，还有一番"汉孰与我大"（汉朝与我古滇国哪个更大）的对话。

求道兵马受阻于滇西洱海一带，死了一些人，道数年不得通。汉武帝派兵平定了南越阻道的头兰，灭掉滇西北劳浸、靡莫等部落。元封二年（公元前109年），兵临滇池，滇国降，滇王得到汉武帝颁给的一枚金印，上书"滇王之印"。自此，西南夷的云南归入华夏大一统。

229年后的东汉永宁元年（120年），掸王国（上缅甸）国王雍由派使团赴洛阳对东汉做国事访问，随团带来魔术杂技表演绝技，其艺人自称是大秦人（东罗马帝国），这也是欧洲艺术家由印、缅经滇川古道远赴东汉王朝进行文化交流的佳话。

历代对云南的移民，以明朝为最，数百万来自内陆的壮丁劳力由朝廷与云南府组织，成编制跋涉数千里，沿途衣食住行需驿道关卡、马户何等铺垫，已不可考，但发达地区的劳力、先进技艺甚至耕牛农具充实滇地广袤山野，历经数百年屯垦，成为富庶之地；云南由此成为华夏大家庭不俗的一员，却是不争的事实。

古滇风韵　东寺塔

位于城区书林街下段。始建于唐，现存塔为清光绪九年（1883年）仿西寺塔重建，为13级密檐叠涩方砖塔，中空，有木梯螺旋直上十层，共13层，四面设龛，中奉石佛一尊。塔顶置4只铜制迦楼罗（俗称金鸡），塔刹有铜制相轮、伞盖、园光、牟尼珠。

塔为云南省重点文物保护单位。

古滇风韵　大理国经幢

位于市区拓东路昆明博物馆内，为大理国时期（公元938—1253年）遗物。

由五段沙石组成，七级八面，高6.5米，周雕密教佛、菩萨及天龙八部共300躯。大像1米，小像不足3厘米，刀法细腻、精美绝伦，为滇中艺术极品。

幢第一层有阴刻古藏文《尊胜陀罗尼经咒》，界石上还有汉文楷书阴刻《造幢记》《佛说般若波罗蜜多心经》《大日尊发愿》《发四宏誓愿》。《造幢记》记造幢因由及与宋王朝来往，可补史缺。文中尚大量使用唐代异体字。

幢为国家级重点文物保护单位。

云南历经战事不少，不说荒渺远古，自元以降，每次中原发生皇室宗庙社稷更迭，必迁延西南夷万里关山。这些重塑河山的战事规模浩大，千乘万骑，于今尘埃落定，已难细捋。我于（清）倪蜕撰《滇云历年传》（李埏先生校点本，以下简称《滇传》）识得康熙年间发生于川滇藏的一次战争，史称"塞外渣牙会兵"，内中有驿道马帮关乎战争胜负的叙述，不仅有细节，还有温度。战事发生在康熙五十八年（1719年），事由："时，西夷准噶尔贼汪阿拉蒲坦遣车陵敦多布灭拉藏，侵西藏。呼必尔罕求救，皇上出师征之。"

此战总将领为四川总督年羹尧。云南因地近蒙番（藏区），负责粮运、接应等事。后来，也出了兵。

康熙五十八年二月，钦命都统五哥，副都统雍泰、吴纳哈、葛锡等领江宁、杭州满洲兵两千名来驻云南。云南接着的第一个公干是备马赴沅州接应满兵。巡抚甘国璧奏准康熙后是这样执行的，先借用云南府兵营马匹，派官解运沅州给用，再行购买马匹还给兵营，所用马价，督抚公捐。又将昆明城内东北隅官民房屋腾空五千间，候兵居住，其民房每间与迁移租赁费银二三两不等。事毕仍还原房。如此产生的一万多银两由总督蒋陈锡请示皇帝，开捐纳贡以佐军需。

康熙五十九年（1720年），驻扎于昆的两千满兵在都统副都统率领下会同云南鹤丽镇、永北镇总兵赵坤、马会伯领绿旗兵一千五百名及丽江的么些兵五百名出金沙江，会川兵进藏，如此，云南出兵两千。

会兵之前，巡抚甘国璧与都统五哥专程至丽江中甸查边，当地营官火烧气来见，说的一番话令情势变得复杂起来，他先说蒙番地方宁谧（边远、人迹罕至之意），贼汪阿拉蒲坦杀拉藏罕之事是家族内的仇杀，对手车陵敦多布驻扎在鸦鹊江，我们兵到，他就走了。火烧气又为对方说了些好话：汪阿拉蒲坦对藏里佛爷的宝物不敢动，打包收藏，永远供着佛爷。听了此番话，查边的官将表现为"意多不决"。火烧气还提及一桩历史悬案：里塘喇嘛统领的地盘过去属云南，后来划归四川，蒙古人（四川的蒙古驻军）待我们刻薄，我们心里还想归云南管，为此造了

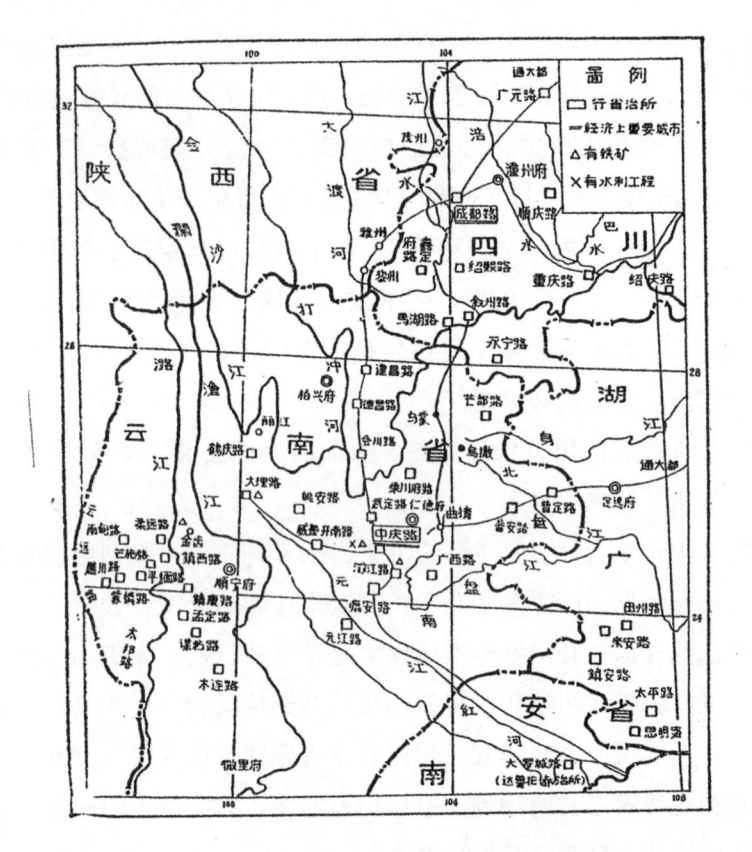

元代以昆明（中庆路）为中心的西南交通形势图
（摘自《昆明市志长编》）（一）

番字里塘户口册来。大战在即，火烧气的里塘户口册之事在川滇军的关系中点了一把火。事后，云南的上下官员还真想乘此机会收了里塘：云南丽江土知府木兴"志复中甸"，求云南总督奏请皇帝，朝廷部议还照准，将江内、江外地盘悉还云南，未几，川督年羹尧又奏请，那些地块事涉进藏的咽喉要道，军事部署已定，应请候军事毕后再行勘议，部议又允从。年帅的奏请虽有道理，但在后来的军事行动中他失了度，不像大军统帅。川、滇由此产生嫌隙，掣肘了后来的战事。

是年六月，战事还未开打，便有了是非纠葛，倪蜕文撰：六月，塞外渣牙用兵，云南粮运迟延，蜀运亦未全到。四川重庆府同知迟维台借

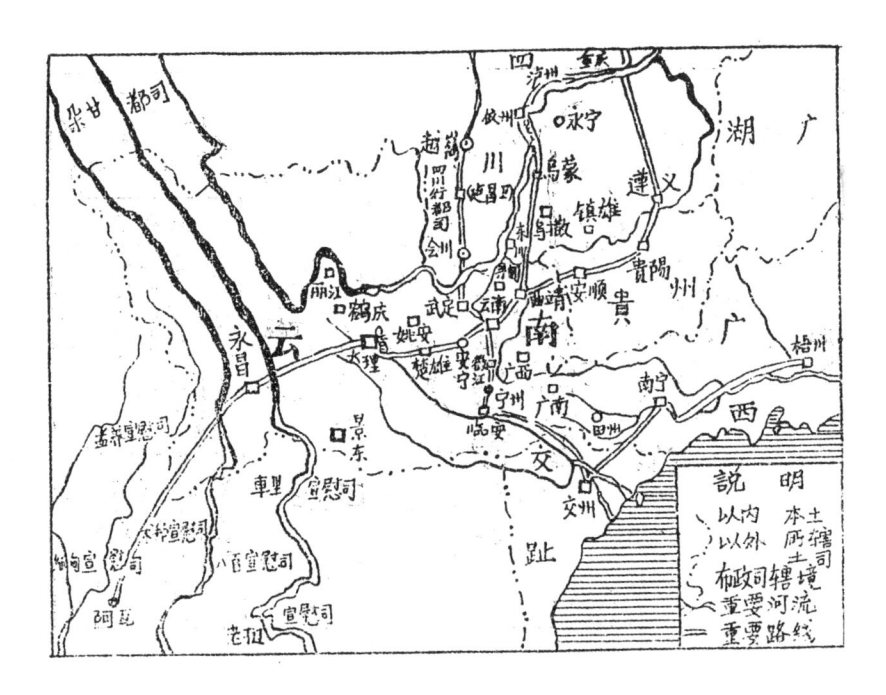

明代云南境内外交通路线图
(摘自《昆明市志长编》)(二)

动云南随军饷银三万两购备糌粑羊只,分支滇、蜀兵食,而以滇食川粮报销,川督年羹尧以"云南误运"奏闻。

  大战在即,皇帝自然对大军统帅的廷报极为重视,朝廷下手也重。九月,下旨撤了云南两位封疆大吏之职,命总督蒋陈锡、巡抚甘国璧自备脚价运米进藏。被罚劳役,大吏成为马锅头,自掏腰包偿付运粮马帮资费,将大米由滇押运至西藏;蒋督因年老体弱,死于半道;甘抚驻藏三年后,皇帝下旨,准其从甘肃道进口回京,此时的皇帝已是康熙四子雍正。

  康熙六十年(1721年)正月,钦差吏部左侍郎付坤赏进藏兵丁每名银十两。

  六月,战事以三路会师至哈喇乌苏,擒获兰占巴丹巴诛之,以正陷

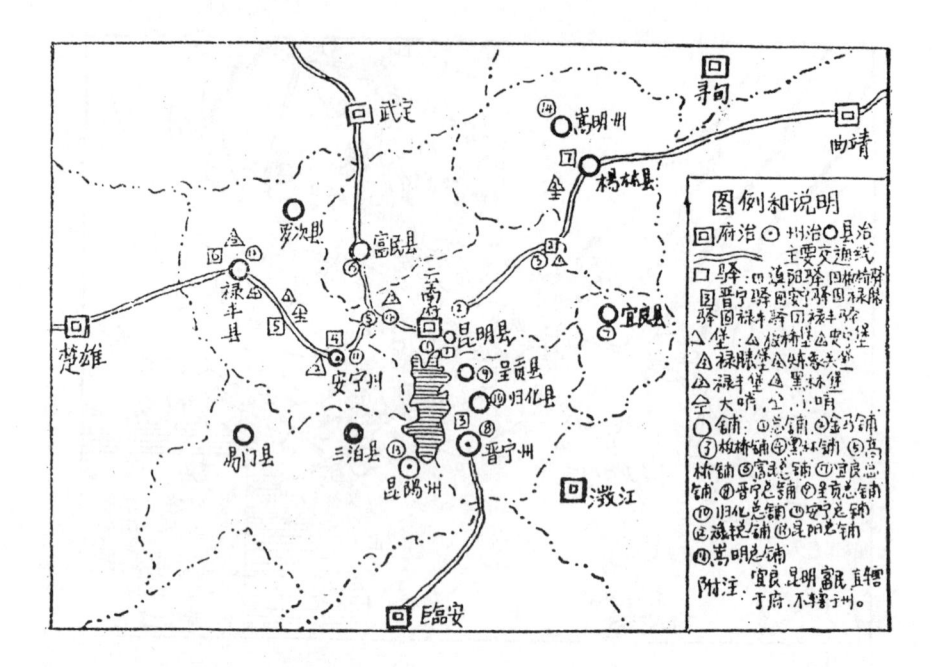

明代云南府交通路线及驿堡哨铺分布图
(摘自《昆明市志长编》)（三）

害将军额伦特之罪。招抚工布竹贡，攻取墨竹工卡。车陵敦多布率兵拔营去。驱逐了准兵，使西藏地区得到安宁。三路满汉官兵分别以撤回、留驻而终。

在《滇传》中，对此战有极为详尽的描述，是因为倪蜕是当事者，他是江宁松江府人，康熙五十四年（1715年）二月随甘国璧入滇，是甘抚的贴身幕僚，洞察事件细毫，试看其笔下，在战事紧要关头，滇运军粮之艰辛与狼狈。

"初，委金起复总运时（金为四川重庆府同知迟维台之甥——笔者），谕令牛运，便于江内，然恐濡迟，中甸现贮米石，重价雇乌喇（藏民马夫称谓）速行发运，庶克有济。行后，又复叠檄催之。而起复以会兵之期尚远，乌喇脚价至二十八两一名，异日难以开销，是以专意

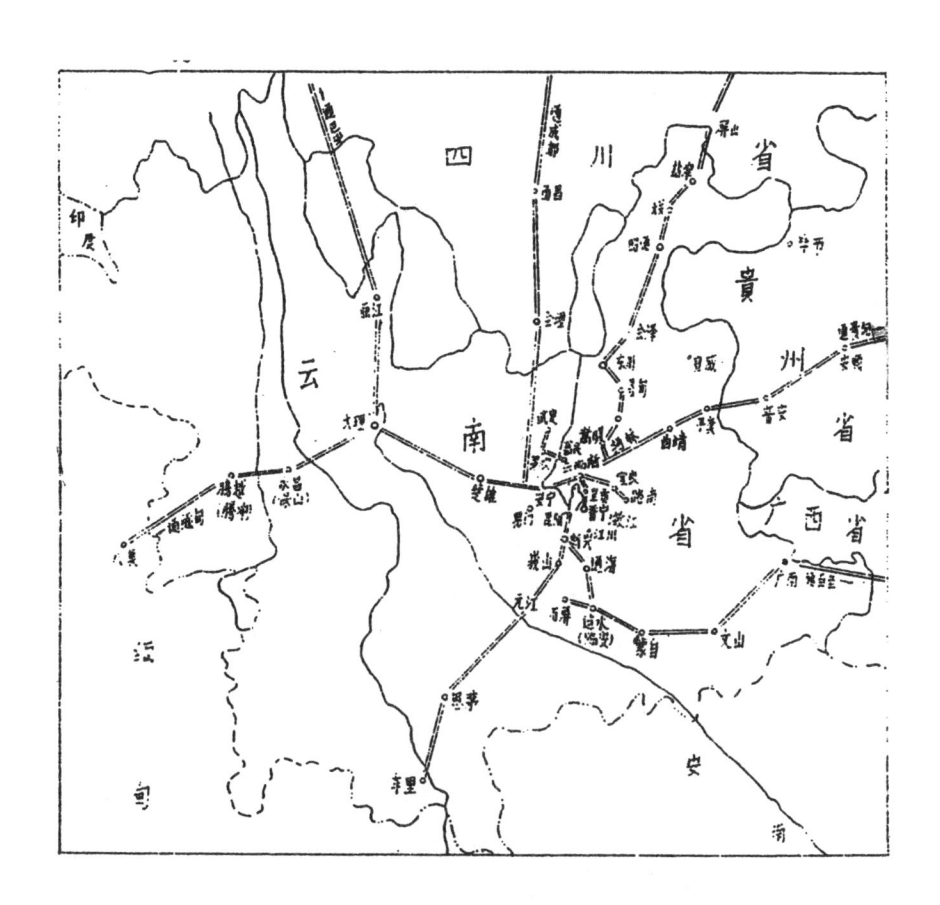

清代以云南府城为中心的交通路线图
(摘自《昆明市志长编》)（四）

牛运。讵知天雨地泞，牛行益缓，而督运白道（督运人员为云南迤西道白洵）未出塔城，跌损腰脚，不能前进。曹将（督运武员副将曹维城）又因头拨走失骡头，寻觅未获，亦顿住喇普不行。兵鲜纪律，每相率焚毁甲仗，以图轻便，是以逗留逡巡，有若儿戏。加之四川遣官持令遍谕，不许以粮料卖与滇兵，亦不许传递滇文。数程之内，声息不通。惟副将戴坤，朔方老将，经历戎事，其所押随军饷银，屡途夹巴重险，俱用谋脱，即蜀计亦不能行，是以得先期达于渣牙而资为用。当是时，忧运孔极，甘抚文札交驰，金枭亦惧，乃始从中甸雇乌喇发运，限日而至。每石遂用三十三四两不等。及于六月二十五日运到，而川、滇之兵俱已到一日，遂来四川之指摘矣。"

《滇传》备述战事前期不顺，至"云南误运"的客观原因，也公允地指出滇省督抚之罪错："然亦不可谓非云南之罪也""国之大事，惟祀与戎，而用人尤其重要。乃各持意见，共挟私心，宜其败矣。不然，四川虽悍，其又奚能为哉。"

三年战事，对滇人来说，驿道传递留下的是悲凉痛惜的记忆。

康熙六十一年（1722年）六月，塞外渣牙会战一年后，老皇帝驾崩，精明强干的雍正即位。雍正在位十三年，为数千里外的云南送了两次"温暖"。

雍正六年（1728年），诏内府建福滇、益农龙王像二躯，用皇家辇车送至昆明。总督鄂尔泰、巡抚沈廷正立御龙寺于翠湖九龙池以奉之。随后的十月二十九日万寿节，云南彩云见。总督鄂尔泰奏闻。赐云南文武大小官员各加一级。

雍正九年（1731年）七月，云贵广西总督鄂尔泰政绩卓著，皇帝嘉奖，命"来京陛见"，以两江总督高其倬署云贵广西总督（《世宗实录》）。《滇传》载：（云南）通省司道府厅州县正、佐、杂职等官，为鄂尔泰公建书院于昆明五华山麓，鄂自题"西林书舍"，将行奏之。雍正下旨，将原赐给鄂尔泰的《古今图书集成》六汇编、三十二典、六千一百九部，共一万卷，五百二十四函、五千一十八本，存贮其中，以广远士学识。

好个"以广远士学识"，对于滇省寒士而言，皇帝赠书广而博，好似一个准国家图书馆。计有：历象汇编计乾象、岁功、历法、庶征四典；方舆汇编计坤舆、职方、山川、边裔四典；明伦汇编计皇极、宫闱、官常、家范、交谊、氏族、人事、闺媛八典；博物汇编计艺术、神异、禽虫、草木四典；理学汇编计经籍、学行、文学、字学四典；经济汇编计选举、权衡、食货、礼仪、乐律、戎政、祥刑、考工八典。送书队列，浩浩荡荡，当一不小马帮，地处僻壤的西南夷故地沐华夏博大文明之春风矣。

雍正十年（1732年），雍正感滇地之僻远，学士望文化如云霓，又下诏建省立书院，每年赐给银一千两，以供师生膏火饮膳之费。

原来，驿路马道是可以盛装情感的，如果说，"渣牙会战"令滇人感受的是冷峻森严，雍正万里送"祝福"与皇家典藏文库则是温暖与关爱。

凡行走必会留痕，何况古滇马帮行走了数千年，皇家驿路不仅留下书证，还有物证、人证。

过河马帮在饮水解渴（殷晓俊供稿）

2018年8月，我赴滇中新区的"马过河生态旅游度假区"考察，行前掂量"马过河"名称必与马帮古道有关，未曾想，在河边还见识了一座古桥、石碑与一只石虎，桥名"虎渡桥"，位于云南曲靖马龙县马过河河边村，桥侧有石碑载，是桥建于清乾隆四十六年（1781年），此道是由昆明通往北京三条"通京大道"行程中最短的一条。"虎渡"之名，应是乾隆年间（1736—1795年）周边国家向中国大清皇帝上贡老虎越桥而过谓之，桥北侧拦马石正中，踞蹲着一只石虎，眼鼻轮廓尚存，下颌缺失一块，应是经二百余年风雨剥蚀而致，它形象生动，举目北眺，那是中国帝都，它的跋涉归宿地，这应是一只东南亚孟加拉虎。那时，此道常走大象，这是缅甸、老挝、泰国等地送得较多的珍稀动物，据载，太平年间，二三年间就走一回，三四头不等，在通京大道某处还有"炼象关"所在。运送虎、象两种动物均属不易，其中运虎尤甚，大象可由驯象师护送，它会自己行走，老虎则必囚于兽笼，由一班壮汉轮番肩舁，且必须与云南府赴京马帮同行，以便照应。

另则匪夷所思的域外"来客"，是驮重物的大骡子，它们居然从印度搭乘飞机成"集团军"状赴中国昆明。信息来源于2015年8月31日央视第四套《中文国际》"华人世界"栏目，讲述者为美籍华人黎荣福，高寿92岁。他于1923年出生于中国广东台山，1938年随父定居美国，第二次世界大战期间，在美国空军退役军官陈纳德麾下的"中国空军志愿队"（云南百姓俗称"飞虎队"）服役，随C47美国大型运输机从印度孟加拉大吉港（英辖）向昆明运送食物、军火及军备物资，黎荣福是飞机上的无线电报务员。随机38次飞越喜马拉雅驼峰航线（印度大吉港—中国昆明）。

飞机运骡子之事发生在1942年，那一阶段，一飞机一飞机满载的全是为茶马古道准备的驮者。其时，日本侵略军已占领缅甸，进而沿滇缅公路北上，那真是一个危急关头，在华夏腹地的延安与晋察冀一带，中国共产党领导的八路军、新四军正在拼死抵抗日军的铁甲堡垒战，中国的抗战形势正如后来的中华人民共和国国歌所言：中华民族到了最危险的时候，每个人被迫着发出最后的吼声……

1942年5月，日军攻占了中国保山市龙陵县战略高地"松山"，该处山高谷深，东临怒江，地势险要，被外国记者称之为"东方直布罗陀"，是滇缅公路出入滇西地区的咽喉要冲。日本人盘踞松山，在沿滇缅公路东至惠通桥西至镇安街的高地修筑了一条纵深达数公里、沟深壕坚的防御体系，妄图以此为渡江北侵的据点。1944年5月，中国远征军第十一集团军强渡怒江，驱逐倭寇的松山战役打响，此战前后持续100

云南曲靖市马龙区马过河上的虎渡桥,桥体上方的拦马石是新换的,三孔石桥与石虎是二百余年的古物(高岚摄)

稚拙的趄赳石虎(高岚摄)

余天。七十一军与第八军先后仰攻松山,因敌堡过于坚固,在多次使用飞机重炮集中轰击、组织敢死队冲锋爆破均不奏效后,改用坑道作业,从敌堡下方 150 米处开凿两条直达山顶的爆破隧道,填塞炸药 120 箱(3 吨),两道药室同时引爆,巨大的爆炸力将敌堡化为碎片。是役,日本松山(腊勐)守备队 1200 余人全员覆灭,而我军付出了牺牲 7600 余人的代价。由此役打开了滇西大反攻的前进通道。

此其时,当所有进入中国的国际通道被阻,运力严重不足时,美国"飞虎队"从印度空运骡子至中国昆明,数目不详——那爆破日窃据点的 3 吨炸药应是这些官家出重金购买运输的"洋骡子"驮运的,大约需上千匹骡子。与此同时,在陆地,还有 8000 匹中国骡马和 20000 头牦牛运输军备战略物资。对这场在特殊条件下从印度经中国西藏至云南昆明的"马帮运输",一位被派驻于中国丽江执行国际"中国工业合作协会"组织工作的俄国人顾彼得在书作《被遗忘的王国》抒发了这样的情感:印度与中国之间这场迅猛发展的马帮运输是多么广阔和史无前例……但是它将作为人类的一个伟大冒险而永远铭记在我心中。此外,它非常令人信服地向世界证明,即使所有现代的交通运输手段被某种原子灾难毁坏,这可怜的马,人类的朋友,随时准备好在分散的人民和国家间又形成新的纽带。

这是一位身历其境的老外发自内心的震撼,他的表述独特、实在。当我在李旭先生所著《藏客 茶马古道马帮生涯》一书看到此段引文,我即刻把它记下了,这是我在作"马帮与昆明"25 年前的事,当时,我在云南大学外语系工作。因为,我被感动了。

在云南特殊地形地貌条件下,骡马在与周边邻国贸易中大进大出之事并不稀罕,据《云南公路运输史》(人民交通出版社)载:光绪三十二年(1906 年)蒙自海关进出口骡马 295330 匹,所不同的是,1942 年,在亚洲,第二次世界大战进展至对中美,对所有涉战国家均属生死存亡之节点,当然,准确地说,对发动战争之魁首日本则为孤注一掷、搏命挣扎之际。无辜的骡马们也被卷入残酷的战争中……

官家驿运无小事，它关乎的是国运民生的兴衰盛亡。

"走夷方"与当今的"一带一路"

1840年鸦片战争落败，中国与西方列强签订了一系列城下之盟，被迫开放沿海五口通商。地处西南边陲的云南，矿产资源丰富，早为列强觊觎，法英等国迫使清政府依约于光绪十五年（1889年）、光绪二十三年（1897年）、光绪二十八年（1902年）开放蒙自、思茅、河口、腾越（即腾冲）口岸，设关通商，称"约开商埠"。光绪三十一年（1905年），云南地方绅士陈荣昌、罗瑞图、王鸿图、解秉和等出于保护本土商业，向督抚提议，援照山东济南、湖南岳州等地自开商埠先例，就省城南门外得胜桥一带辟作商埠，设立商埠总局。云贵总督丁振铎于2月16日奏请光绪皇帝允准，着手筹建，此为"自辟商埠"。自此，云南也开了"五口通商"。

中华民国时的金碧路得胜桥头，这里是清末政府自辟商埠的中心区域，已有现代"洋场"韵味
（毛祥林供图）

昆明商埠界址，以原火车站（塘子巷、塘双路一带）、得胜桥为中心，东到状元楼外，西至三节桥；南起双龙桥，北至桃园街，周围约6平方公里，允许外国商人在商埠界内租地建屋居住。

其时，云南境外的越、老、缅等国已被法英帝国武力辟作殖民地，为攫取云南丰硕的有色金属与土特产资源，两国争先恐后修筑铁路。法国捷足先登，于清宣统二年（1910年）修通滇越铁路，英国从缅通往昆明的铁路胎死腹中。我于十数年前赴西山彝村车家壁作民族村寨调研，在村老陪同下踏勘村后诸山，见一段平整山道横卧坡间，以为是马道古迹，村老却说，是当年英国人修筑铁路废弃路基，恍然。

开关后，法英向各关派驻领事馆，向分关派驻领事人员，实际上掌握了海关行政权，还控制昆明城市的许多重要经济部门如海关、邮政、电信、交通、保险、金融。作为经济掠夺吸盘的"洋行"也大逞其威：法国人开办了"安兴"洋行（1901年，登仕街）、"邦沙为利"公司、"续沙利耶"洋行（1906年，广聚街）；希腊人开办"歌胪士"洋行（1906年，金碧路）、"若利玛"洋行（1911年，广聚街）；日本人开办"保田"洋行（1909年，广聚街）；英国人开办"英美烟草"公司（1910年，得胜桥）。资本挟其利器，外国商品潮水般倾入昆明市场，据万湖澄《云南对外贸易概观》载：欧美全世界之舶来品，无不纷至沓来。从马市口到得胜桥，见到两旁的商店塞满的货，无非是洋纱洋布、洋油、洋纸、洋匹头、洋酒、纸烟、罐头、洋杂货、洋铜铁器具、玩具等件，应有尽有，无一不备。

南门外金碧路、广聚街、宝善街、三市街，白日人头攒动，夜晚霓灯闪烁，人称状若"小上海"，呈现出一种殖民地半殖民地畸形的繁荣。

且看1929年八月十号《云南清真铎报》广告二则：

法商宝多洋行启示

启者本行自1921年到滇设立分行以来，专销各种颜色毛货匹头，如线仔毛呢 织贡毛呢 大衣毛呢 镜面毛呢 斜纹毛呢 哔叽毛呢 军用毛呢 各色羽纱共三十余类计百余种货 货样之新奇无一不备 价值

之克己　遐迩咸知

　　所有向本行立约预购或照样改色仿造定期交货以及外县函购者不胜屈指于此

　　数年之内承　各界之欢迎　销数甚多……如蒙惠顾请移玉至威远街蒙自会馆本行营业部接洽　外县涵购立即照付不误　此布

　　法商宝多洋行云南分行谨启

　　上海美国葡萄干总公司启事
　　……倘蒙惠顾　请玉云南昆明市威远街宝多洋行接洽或驾至南门外三市街景明号代售处面议另荦均表欢迎

　　另载《云南日报》1937年七月二十九日广告
　　雀巢牛奶
　　雀巢牛奶公司　云南总代理若利玛洋行

　　当然，外来资本与商品的运行也展示出近代资本主义生产方式相较自然经济的优势与活力，不甘沉沦的民族师夷之长，于夹缝中求生存，也活出别一番天地。

　　据《昆明市志》载：昆明成为云南对外贸易中心后，省内外客商纷纷向昆明聚拢。1907年，昆明市区商业有59个行业，到1923年发展到84个行业，4331个店铺，商业公司及商行36家，外商开办的洋行34家，全年大宗商品销售额3000余万元。新兴企业如亚细亚烟草公司、利华公司、慰农肥料公司、新亚股份有限公司等也纷纷出现。到1935年，昆明有商号5542户，从业人员12586人，资本4120660元，昆明逐步变成中国西南地区与东南亚国家的贸易枢纽和商品集散地，日渐成为店铺林立、商贾辐辏的繁富之区。

"云南白药"创始人曲焕章故居，座于金碧路南强街口

  弄潮儿在潮头立，云南"走夷方"马帮积攒了二千余年的脚力，又混搭上火车、汽车等机械驮力，一批资本雄厚、管理严密的大商号跨入近代进出口业务行列，其中外贸业务量大、有影响、有代表性的大商号有以下10家：福春恒、洪盛祥、茂恒、永茂和、永昌祥、恒盛公、信昌号、万通、美兴和、庆正裕。在这些企业中，以缅、印进出口业务为主的，有滇西的腾越、鹤庆、大理等商帮；以经营越、港进出口业务为主的，有滇南的临安（包括石屏、个旧）等商帮。

  我有幸结识十大商号之一的"永茂和"传人李增生，于1997年9月4日与2002年10月15日两次专访，聆听其讲述先辈"走夷方"故事。其时，我在政府外经贸部门公干，调研云南对周边国家的贸易史是我的分内之事。

"走夷方"企业"永茂和"第五代传人李增生,是新中国改革开放后昆明外贸(边贸)企业"侨光商号"经理

"永茂和"第四代传人李镜天(1902—1995年)。新中国成立后,曾任昆明市侨联第一至第四届主席、第五届名誉主席,昆明市政协第六、七届副主席

李镜天
一至四届主席

增生追述，祖辈是云南省西南的腾冲和顺乡人，腾冲邻近缅甸，和顺是著名侨乡，不少人在域外打拼。先辈"走夷方"历经四代，先祖李泰昌迈出第一步，农闲时，他跟随家乡的马帮，肩挑马驮，从腾冲走向缅甸北部的八募，需6天时间，担去的是滇西土特产，驮回盐巴、煤油、布料等商品，数十年积累，传于其子李必成。

李必成，增生的曾祖，字永茂，他继续深耕边境贸易，积攒一定资产，于1850年前后，定居缅甸，在抹谷开设"永茂祥"店铺，经营当地出产的宝石、玉石及百货，至其子李德贤。

李德贤，增生祖父，字任卿，他继承父业，将贸易扩展至缅甸曼德里（当时为京城，又称曼德勒）与出海口的仰光之间。1897年，与同乡故旧拼伙，组成"永茂和"股份有限公司，向政府注册，取得在缅经商的合法地位。随着业务的开展，在缅甸境内设立8个分号，从果领、瑞波等地采购大米、柚木运销仰光，又从仰光采购海盐运销腊戍。并向缅政府承包经营昔卜的烟酒生意。又出资与和顺同乡李、许、贾三家合组"永生源"，在老家腾冲设立总号，于昆明、下关、保山设立分号，由此，从昆明至缅甸仰光组成一条中缅贸易通道。随着规模的扩大，又于上海增设分号，并合组"春永和"字号，在香港增设一个点，以配合中缅贸易所需的汇兑业务。至20世纪20年代，缅甸"永茂和"其他股东退股后，形成独家经营企业。1927年，祖父将公司全盘业务移交给儿辈接管经营后，回腾冲和顺定居养老。

长子李日潢（镜天）是李增生的父亲，他接掌总经理职，接手时的资产有半开银圆60万元。1938年，应中国抗战形势的迫切需要，滇缅公路修通，"永茂和"顺势而为，将经营业务转移至公路沿线的几个重点地区，总号从腾冲迁至昆明，上海分号撤销，国内外统用"永茂和"商号名。至此，国内有下关、保山、腾冲3个分号，国外有腊戍、曼德勒、仰光3个分号。随着第二次世界大战战事发展，滇缅公路成为中国唯一的国际通道，后来的数年，深耕中缅贸易近百年的"永茂和"占了地利与人和优势，进出口贸易异常活跃，为缓解重庆、昆明战时紧张的物资供应贡献力量。1942年日寇攻占缅甸,侵入腾冲,公司遭受重大损失。三年后,日寇投降,又很快恢复滇缅贸易。至1950年结算,"永茂和"国内外全部资产达当时缅币卢比520余万盾,按人民币比价折合半开银圆300余万元。

这300余万元是李泰昌祖孙五代近200年开拓中缅贸易的积淀。其中近百年因陆路无有现代公路,走的是狭窄曲折的马道,运作至为艰辛:第一次世界大战结束后,"永茂和"在缅甸仰光经营大米和柚木,柚木来自缅北林区,因缺乏适宜的运输工具,便饲养大象数头,驱使象只将柚木拖运至火车站,再装车运往仰光销售,每年运销达数十车皮。在缅北腊成分号经营期间,"永茂和"建了可容纳2000匹马的大马栈并供给往来顾客住食的客房与仓库,为每年冬季自云南临沧、保山过来的数十客商马帮提供食宿仓储服务。1942年,日本侵占缅甸,直打到中国云南怒江边,中缅贸易被切断后,"永茂和"又开辟与印度贸易。走昆明—丽江—迪庆—拉萨赴印度路线,购入国内急需的布匹与药材,途中雇数百头牦牛驮货,先后营运三年。

由于滇缅贸易进口大于出口,贸易短缺外汇,为采办进口物资,势必以经营汇兑筹补缺口。渠道有三:一是代家乡腾冲的旅缅华侨汇兑家用款,即将在缅收取的缅币,在腾冲分号以当时缅甸汇率行情折交半开银圆;二是由在缅的腊成、邦海分号接收华工汇款,当时云南祥云、剑川、保山一带每年约有数千农民于农闲季节至缅邦海及老银厂当矿工,清明节后回家务农,所得工资,找滇商汇兑,凭汇条到保山、下关取款,"永茂号"接收此项汇款,数量不少;三是在腾冲收购缅币汇单或现钞。三条渠道总计每年约收得缅币六七十万盾。随着贸易扩大仍入不敷出,1933年成立上海分号,主要经营汇兑业务,并代理滇商大户"茂恒"的上海汇兑,兼办布匹运昆转各分号销售。资金在昆明—上海—缅甸大区域流动。民国中期,上海外商银行操纵金融市场,每天挂牌的汇率行情波动幅度较大,在行情起伏中,与在沪的外商汇丰银行及荷兰银行甚至中国香港代理商道亨银行打交道,有如经营当今的国际期货股票,其胆量、眼光、经营能力,在当时昆明"走夷方"商家圈,鲜有。

昆明西山脚的道路，是往夕"走夷方"去缅甸的马帮之路

碧鸡关杨泰老人（82岁）脚下之路就是当年的迤西大道马帮路

碧鸡关村朱海明荷锄随同，轻刨几下，被淤泥掩埋的石上现出一只完整的马蹄印痕，这些石头常年被马蹄踩踏，已呈乡民所述——"滑汰汰"状态

此马店紧挨着当年碧鸡关关防城门，是该村仅剩的马店遗址

碧鸡关碧鸡祠的遗物：清乾隆三十四年（1769年）古碑、佛龛与菩萨一尊

碧鸡关下高峣村是当年滇池西岸繁盛的马帮水陆联运码头

将我引入"走夷方"商号大贾的李增生是李镜天长子,他于1925年出生于云南腾冲和顺乡,1岁时,家人将他带去缅甸曼德勒总号随父生活;8岁,在缅读书,两年后,父遵祖父命:孩子不可荒疏儒学和中文,接回腾冲和顺在私塾学习《四书》《五经》,之后进入和顺乡益群中学。1942年,增生随父到昆明及四川的商号两地生活,就近读中学。1945—1946年,又转至昆明南菁中学学习,毕业后折返和顺祖父处。1948年,23岁的他遵祖父命,进"永茂和"当学徒。此为家规,家中子弟进号要先当三年学徒,期满才能任职。1951—1952年抗美援朝期间,因美国对中国进行经济封锁,国家急需的轮胎、汽油、药品(青霉素)奇缺,增生受父命赴缅甸通过在缅家族组织货源,从畹町、棒赛运入。1952年回国学习半年,又奉命出去,1956年返回。其时中缅贸易中断,只有极少的边民互市,增生就职于昆明电力公司。1966年后,他又涉祖业,做中缅贸易,但规模很小,称"边境贸易",与瑞丽、德宏等地州商业部门合作经营。1987年后,任昆明侨光商号经理,专注于中缅边境小额贸易。

增生回顾青少年时代亲历亲闻的马帮,他娓娓道来。

腾冲跑缅甸的马帮多,锅头、大锅头是老板,本身有二三十匹马,其他小马帮凑给他,一帮七八十匹或一百多匹。腾冲至八莫,沿途景颇族多,那时民族关系不好,景颇人不平地说:汉人抢我们叫"没收",景颇抢人叫"土匪",就该杀。马帮要结队走,至少七八十匹马,与少数民族头人要有关系,通过打亲家结姻亲,或结拜兄弟,才有保障。马帮有武器,路上景颇、卡佤人不去骚扰。

腾冲有海关,百姓称其衙门,英国人作邦办(实际上为核心掌控),税务司也是英国人管。县街市五天一街,赶街的头天马帮就到了,马驮子一行行排着等下货,一个街市有一千多驮,由税务验货厅验货。马帮有从缅甸密支那一线来的、八募一线来的,及昆明过来的。有做银条生意,从上海经中国香港至西贡,再走滇越铁路到昆明,然后用马帮走迤西道运去缅甸仰光,英国人收。大袁头(银制)也走这条线。

马帮缅甸古驿道马喇哨（今名马劳力）距昆明城90公里，设于明代，哨头李召庆与哨兵24人由云南府从昆明召募而来，均为彝族。由哨卡繁衍而生的村庄在图左数十米处的山脚下，原哨卡设于左侧小高地。道上行走者为陪同我考察的当地乡、村干部王松友、李松

昆明呈贡大哨村附近的迤南古道，图左曲折山道为马帮路，古道与滇越铁路（山上1910年通车）、南昆铁路（山下20世纪90年代通车）交相辉映，滇中数千年道路交通定格于此

呈贡大哨村位于半山腰，80余岁的老妇遮住缺牙的嘴说，脚下山道是北京路，是走马帮的路。旧时昆明有三条古驿道可通向北京：东北向经曲靖至贵州普安的驿道，南向经呈贡至贵州兴义的驿道，东向经曲靖至贵州普安的驿道，东向经曲靖至四川的东川道。

在保山、下关收购牛皮，在临沧收紫胶，都运往缅甸，由马帮运到腊戍，交给我家的商号，再用火车运往仰光。

有一种马帮，到密支那，走"洋脚"，帮英国人运货到怒江片马江心墩，是包运，很赚钱，运的是鸦片，是老挝、缅甸货，往打洛—车里—福海—磨罕—元江至昆明，是武装押运。一个马帮最多配三支步枪。另配一支铜炮枪，放炮吓猛兽。民间有护路队，巍山平原街就有护路队。在临沧，昆明黑林铺、东站都有稽私处，专抓鸦片贩子。昆明至下关，有"护路营"，是部队编制，商家出钱雇，那时兵匪勾结，派二三个兵就走了。

货单（提单）是用毛笔字写的，马锅头带着附件。提单可以出卖。

阅读增生施予的资料，其中有其父"李日潢甫 镜天"撰写的《腾冲和顺乡李氏宗族谱告成志盛》文，谓腾冲和顺乡李氏，肇自始祖李黑师波，始祖籍隶四川巴县，明洪武初卫戍屯垦于乡。乡初名阳温敦村，后名和顺，爱乡之山水风物，乃决心世居。自洪武迄今六百余年间，后

逝去的海弯柳 马帮

洪桥村北买卖坡
由昆明至大板桥北上的驿道经过洪桥村（小偏桥），我由村民陪同考察放马桥。归途中，村老说，过去脚下之道为马帮路，村民在此卖些水、吃食，与马帮做简单交易，称"买卖坡"。

裔繁衍遍及海内外，居乡者尚有数千。凡政、学、商、农，历代皆有俊彦显达。《礼记》称"父子为世，兄弟为及"，父子如日垓（子畅）为护国讨袁檄文主笔，生萱（艾思奇）为哲学泰斗。此皆天地无私，山川钟灵，宗功族德，从善成风所致。

好个"天地无私，山川钟灵，宗功族德，从善成风"，李氏宗族第17世孙李日潢甫（镜天）就是这样的人。在20世纪四五十年代，中国面临抗日战争、抗美援朝两场残酷战争，国家与人民处极度困苦之时，他将先辈"走夷方"近两百年的积淀与自己从1928年担纲"永茂和"商号总经理后22年经营中缅贸易的积蓄，倾其所有，献给中国人民解放事业：在1942年日寇侵占缅甸继而北向占领中国腾冲的关键之时，他为国捐献购买一架飞机的资财；十年后，新中国成立仅两年，美帝国主义发动侵朝战争妄图染指中国，抗美援朝爆发，他又为国捐资购买飞机。据镜天文稿称：1950年8月，我有幸参加了云南省人民政府组织的"昆筑北上观光团"……观光团于1950年12月返回昆明，我一面恢复缅甸贸易，一面联络张相时、王幼熙、马杨生、陈实夫、金天放等归侨发起并经有关部门批准，将"留滇华侨联合会筹备会"改组，成立"昆明归国华侨联谊会筹备委员会"。我被选为主任委员，即发动归侨侨眷为抗美援朝捐献武器募款，至翌年3月，捐款总数达当时的人民币约五十亿元。

20世纪80年代，中国持改革开放政策，李镜天负责昆明市侨联工

玉溪大营村人嵌于房屋墙体的拴马桩

作，积极组建侨属企业，先后成立昆明华侨企业投资公司、昆明侨光公司，内引外联，发展滇缅边境贸易。曾任昆明市侨联（归国华侨联谊会）第一、二、三、四届主席，第五届名誉主席；昆明市政协第六、七届副主席。

李镜天殁于 1995 年，享年 93 岁。

中国"丝绸之路"的驼队与"茶马古道"马帮铃声偃息 60 余年后，2013 年 9 月，中国国家主席习近平访问友好邻邦哈萨克斯坦，倡议建设"丝绸之路经济带"，包括从中亚和中东通往欧洲的古丝绸之路沿线国家。同年 10 月，在访问印度尼西亚时，他进一步提出建立"21 世纪海上丝绸之路"，追溯古代中国商人前往东南亚、阿拉伯国家直至东非的贸易路线，统称"一带一路"倡议，受到许多国家的热捧与追随，世界因此灵动起来。借助现代科技与物流，中国坚定走向更广阔的世界，曾经是马帮日行 30 余公里的五尺古道，现在是时速数百公里几近航速的高速铁路；古道驿传文书、八百里加急、烽火台，现在是互联网与电商组合的快递与网购；由骆驼、骡马背负的"驮架"，现在是火车、轮船上

马帮艰难的跋涉（摘自"昆明铁路博物馆"馆藏图片）

山涧铃响马帮来（木霁弘供稿）

背夫们给帮背运茶叶（殷晓俊供稿）

21世纪初，我赴怒江做民族文化田野工作，在丙中洛与一支从藏区返回的马帮不期而遇。当今，云南大山深处现代交通够不着的地方，仍有马帮行走

码放如山的"集装箱"。人们将已经成型的"中欧班列"称作"一带一路"倡议上的"钢铁驼队"及"钢铁马队"。不言而喻,这个参与国之间合作共赢的大道与构建人类命运共同体的平台,媒触于旧时中国劳动者的智慧与勤奋。

中国人向有博大胸怀,谓四海之内皆兄弟也,"一带一路"倡议引领中国走向更广阔的世界。

明二世建文帝流亡云南与
《大理古佚书钞》

"建文亡滇"的传说，在云南传了五百多年：昆明西山太华寺古道苍苍银杏树、武定狮山永嘉寺欲言又止的泥塑帝僧与哀哀遗诗……据称，在云南滇池与洱海间流传的建文遗迹总有数十处之多。

2001年，一部书的出现，使无凭的传说有了底蕴与细节。此书名《大理古佚书钞》（以下简称《书钞》，由大理州文联编纂，云南人民出版社出版）。《书钞》汇编了三部明人作品：《三迤随笔》李浩著、《淮城夜语》玉笛山人著、《叶榆稗史》张继白著。

笔者精心研读该书所载建文亡滇事迹，同时参阅清修《明史》（下略《明史》）、《中国通史》（白寿彝主编，上海人民出版社1999年第一版）以及《武定凤氏本末笺证》（何耀华著，云南人民出版社）等著作，梳理建文亡滇之行踪脉络，列陈于后。或可将洪武帝的苦旨与建文帝殉道式的执着告白天下。

《明史》疑案 疑云重重

《明史》卷四　本纪第四载：六月……乙丑，燕兵犯金川门，左都督徐增寿谋内应，伏诛。谷王橞及李景隆叛，纳燕兵，都城陷。宫中火起，帝不知所终。燕王遣中使出帝后尸于火中，越八日壬申葬之。这是建文四年（1402年）六月，明二世建文皇帝朱允炆在南京皇城任帝职的最后一幕。文后有句：或云帝由地道出亡。

如此"或云"疑窦，在《明史》有诸多披露，本文试举数例。

例1，《明史》卷一百四十五　列传第三十三　姚广孝条有载，说的是朱棣入南京，有流言"建文帝为僧遁去，溥洽知状，或言匿溥洽所。"溥为建文帝的主录僧，永乐便以他事囚禁溥洽十余年。作为永乐心腹谋士的姚广孝八十四岁，垂垂老矣，"病甚，不能朝，仍居庆寿寺。（皇帝）车驾临视者再，语甚欢，赐以金唾壶，问所欲言。广孝曰：'僧溥洽系久，愿赦之。'"永乐从其言，"即命出之。广孝顿首谢。寻卒。"不久便死了。这是永乐十六年（1418年）的事。

例2，《明史》卷三百四　列传第一百九十二　郑和条载："郑和，云南人，世所谓三宝太监也。初事燕王于藩邸，从起兵有功，累擢太监""成祖疑惠帝亡海外，欲踪迹之，且欲耀兵异域，示中国富强。永乐三年六月命和及其侪（同僚）王景弘等通西洋。"永乐令郑和下西洋以踪建文之迹非别出心裁，《明史》卷一百四十三　列传第三十一王珣条："王珣，字器之，日照人……洪武末，以贤能荐，授宁波知府……燕师临江，珣造舟舰谋勤王，为卫卒缚至京，成祖问造舟何为。对曰：'欲泛海趋瓜州，阻师南渡耳。'帝亦不罪，放还里，以寿终。"

例三的人物胡濙，因与《书钞》所述建文遁滇事大有关联（《书钞》名胡滢　以所叙事观之，应为同一人，以下统称胡濙），令笔者对其根究有加。在上文例一"姚广孝"条僧溥洽案便有交代："帝乃以他事禁溥洽，而命给事中胡濙等物色建文帝，久之不可得，溥洽坐系十余年。"

《明史》卷一百六十九　列传第五十七胡濙条称，濙原是建文朝之官，"建文二年举进士，授兵科给事中。"永乐临朝，他顺势而为，永乐元年迁户科都给事中。"惠帝之崩于火，或言遁去，诸旧臣多从者，帝疑之。五年遣濙颁御制诸书，并访仙人张邋遢（张三丰绰号）遍行天下州郡乡邑，隐察建文帝安在。濙以故在外最久，至十四年乃还。所至，亦间以民隐闻。母丧乞归，不许，擢礼部左侍郎。十七年复出巡江浙、湖湘诸府。二十一年还朝，驰谒帝于宣府。帝已就寝，闻濙至，急起召入。溁悉以所闻对，漏下四鼓乃出。"已就寝的永乐披衣而起，秉烛夜谈，所为何事，文后也有专述："先溁未至，传言建文蹈海去，帝分遣内臣郑和数辈浮海下西洋，至是疑始释。"原来讲的是朱棣梦寐以求的建文下落。

溁长寿，仕历建文、永乐、洪熙、宣德、正统、景泰至英宗复位（天顺）六帝七朝，垂六十年，年八十九卒。享尽皇室恩宠，然性喜怒不形于色，善承迎，时颇讥之。

《书钞》将这些"或云""或言"甚而永乐帝的"疑始释"一一解之。然而，"隐察""隐闻"以及"溁悉以所闻对"，此"三闻"所含深意，有待细察解之。

逃离火海与背叛　一路西去

建文四年（1402年）六月乙丑，建文的身影消失于皇宫，半年后的永乐元年（1403年）正月，建文出现在云南昆明沐府，准确地说，现身的是三位剃发的僧人——云南鸡足山无依高僧（又号大云法师）的度牒弟子应文、应能、应贤。应文为落难建文的法名，应能即杨应能（吴王教授），应贤即叶希贤（松阳人、御史、号雪菴和尚），均为建文的心腹随臣。这时，沐府的掌门人为沐英的次子沐晟。西平侯沐英及长子沐春已分别于洪武二十五年（1392年）、洪武三十一年（1398年）病卒，晟于建文元年（1399年）嗣侯。建文与沐晟及其弟沐昂在书室相见，"求苟安之地。"沐晟见建文一身出家僧人装，"始心落"。云南大理德胜驿天威径镇抚使（千户）李浩其时正在沐府沐老夫人（沐英妻）身边禀告滇西杂事，浩为当年沐英的结拜兄弟，与允炆父亲朱标交好，与年少时的允炆相善。他在后厅谒建文，君臣痛哭。建文求安身之所。李浩直言相告，自己镇守的驿关所属点苍山自古为藏龙之地，可以在那里栖身，很有自告奋勇并为沐晟分忧之态。然逃亡的建文已得音讯，说燕王已派人追捕，必至点苍山暗察，道衍（姚广孝）已至无极大师（无依高僧的师兄弟）住持的点苍荡山寺暗寻，不去为好。沐老夫人说，去永嘉寺（武定狮山龙潭寺。后世又称正续寺），这里离省城百余里，若有风吹草动，也好周旋。建文纳老夫人言，狮山便成为潜帝隐居云南的第一个地点。居三个月，危情出现：胡濙派人入滇，马三宝下人通风大内，濙派人擒应文三僧，幸乡人抢先报信寺僧，得由后山小路出走……

郑和原姓马，名马和，又称马三保，回族。郑姓为朱棣所赐，云南昆明昆阳宝山乡和代村人。此地与昆明相距不远。此时的郑和在永乐宫中效力。其父哈只于洪武十五年（1382年）卒，曾为元朝昆阳侯，其世系为元初云南平章赛典赤之后。哈只生二子，长名文铭，次名和（参见《郑和新传》李士厚著，晨光出版社）。向胡濙报信的"马三宝下人"应为郑和长兄门下人（下同）。建文从狮山出逃情状，据《书钞》玉笛山人《淮城夜语》"应文高僧潜隐南中轶事"文述："幸乡人抢先报信"，但在李浩《三迤随笔》"沐春妹凤娇"文却有另说："而帝得出水门，逃至沐府而隐狮山。马氏告发而凤娇、惠玲报信，方逃脱。"李浩为潜帝隐居云南之得力筹划者。玉笛山人（李以恒）为李浩五世传人，其文资料来源于先祖李浩秘藏之遗作《长生录》，报信之事以李浩文更为可信，凤娇为沐英女，惠玲为云南总兵方政女，二女精剑法，武功了得。李浩文后交代：后二女与沈万三女线阳，暗护应文和尚遍游各地。二十余载无一出嫁，每至德胜驿，必居驿中。余女文婕、僧奴（大理总管段功之女段宝姬）孙女琼华，与三女为结拜姊妹。相处和睦如亲生，而五女皆习武，历来不让须眉。文中所透信息，为建文冷峻的流亡生涯增添了些许暖色。

建文一行逃离永嘉寺，向地处西南数十里外的李浩驿馆奔去。其时，好诗的原建文朝编修程济已至建文身边，他的诗定格了这段历程，有场景亦有温度，其中六首被李浩收录于"德胜驿留程济诗"篇，笔者谨录三首于后。

其一《姚州道中》：青蛉河畔古渡头，江水浊浪荡小舟。艄公七十犹守渡，瘦手执竿江驿头。驿城空荡无人守，古寺空荡蛛丝飞。寺中老僧指左路,普溯大道西南走。

这是建文逃离狮山,夜走姚州小道,插安南坡、洱海卫,越九鼎山至德胜驿途中境况。

其二《夜宿德胜驿》:西洱河水向西流,夜宿驿中逢中秋。主人捧出糯米酒,夜话金陵泪亦流。游龙翱翔五千里,风雨浸身袈裟旧。驿臣旧情仍依旧,赶制僧装赠故友。

此诗作于永乐元年中秋,在驿主李浩驿馆。李浩赶制的僧装紫袈裟、金钵盂在随后的冬至应文与张继白等相会于达果和尚栖霞楼时派上用场,为落魄的逊帝壮了些许声色。

其三《无为寺话别》:蒙段建基得佛力,陀僧开山辟龙池。渊阁莲开碧如玉,三朝帝君禅室居。今朝游龙临宝寺,口念弥陀心孤凄。人生本是梦幻影,几多良材化腐泥。

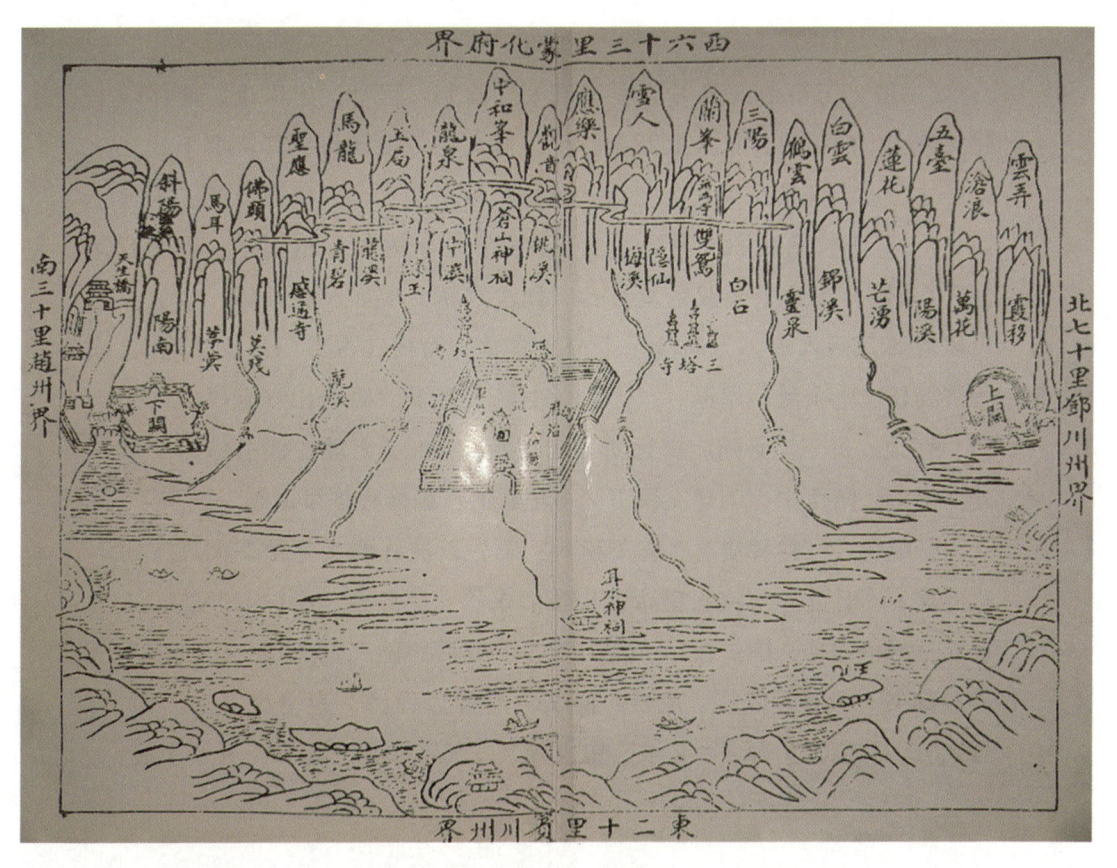

大理苍山19峰曾是明建文帝流亡云南的重要隐居地(摘自《大理古佚书钞》)

应文在李浩驿馆后书楼居三日，因驿馆耳目众多，夜送三僧至苍山尖顶峰（今兰峰）达果住所无为寺紫竹院禅室，居两月。时无依禅师至，师徒相会，话别无为寺，入鸡足山罗汉壁无依住所。

程济诗句"人生本是梦幻影，几多良材化腐泥"蕴含道学情愫。《明史》卷一百四十三、列传第三十一，程济条云：程济，朝邑人，有道术。洪武末官岳池教谕。惠帝即位，济上书言，某月日北方兵起。帝谓非所宜言，逮之，将杀之。济大呼曰："陛下幸囚臣，臣言不验，死未晚。"乃下之狱。已而燕兵起，释之，改官编修……金川门启，济亡去。或云帝亦为僧出亡，济亡之。莫知所终。

建文即位，诸王以尊属拥重兵，多不法，其中以坐镇北方的燕王朱棣为最，天下之危，时人共知，独程济上书捅破这层要命的窗户纸。建文为人平和实在，没有以离间骨肉罪罪之。只以说了不该说的话要杀他，程济辩护：如果我的话不应验，再杀不迟。建文纳其言，后果应验。皇帝启用他为编修。

《书钞》玉笛山人著书"程济道人"篇判：程济，忠臣也。他伴随建文逃亡生涯始终，且文武双全，于编修文职，他善诗，其诗留下建文蒙难之历程，场景及主人公之行状情感。善书法，谓"狂草龙蛇，为迤西一绝。"于教谕武职，更为出众，文载："济魁梧，精剑术，行必背剑""鸡鸣，练武于天威径览月台。剑法之精，疾如风狂雨骤，缓似龙飞凤舞。""后入蜀，为胡濙手下校尉察觉，而夜破古寺门，意擒建文，程济连斩二十余敌。始退。""程济来往于德胜驿、观音山（建文隐居之所）两地。每三年必随应文远游三山五岳。"在《大理古佚书钞》所载建文潜滇之陪臣中，为建文留下诸多记载的，编修程济可谓第一。

张继白《叶榆稗史》"应文和尚"篇，以洗练的文笔录下大理（古称叶榆）"七贤"与流亡皇帝的交集。永乐元年冬至，继白与兰雪道人寓居达果栖霞楼，围炉夜话，沈万三至，其后跟随三僧一道，万三出示沐晟修书，知僧即应能、应贤、应文，道者为程济，为靖难出走云南，皆京官，称应文为师。"文年三旬，方颐，气宇非凡，尚文，着紫袈裟，执赤金钵盂,健谈而慎言。"由是观之,逃难皇帝的精气神还在。次日,杨黼、兰室居士至,与论文,答对如流。居士以诗探之,应文答以:

> 行云步雨过点苍,来时促促路凄凉。
> 别却金陵第一院,梦断景阳寒梅开。
> 昔日燕巢化泥土,野火青灯梦残延。
> 深山古刹是归路,南中贤士慰平安。

这应为建文离难所作的第一首诗。

兰室居士为段宝姬,小名僧奴,她是大理总管(相当于王朝之宰相)段功之女,其父被梁王(功之岳父)于至正二十六年(1366 年)鸩杀于昆明梁王府。宝姬性刚烈,与建文有相似的人生遭际。她以词回敬:

> 生非龙种是帝裔,龙庭何在?深泽难安居。
> 劝师以茶代美酒,点苍龙湫凶化吉。
> 洱河水洗尘土净,龙关铁锁,洞天多佛地。
> 闲时烧香波罗蜜,抛却烦恼忘嗔痴。

继白文还记录了逃亡建文的"易容术":"应文入滇,多为马三宝、胡濙追捕。文多须髯留之,取面痣而官府难识,过十厄而化险,皆南中诸士暗保之。"如此隐秘之事,继白因何得之,原来,他就是暗保应文的南中诸士核心人物之一。

南中诸士为何许人,云南古称南中,此处南中,指大理。以《书钞》所述,大理诸士,总有十数人之多,其中核心者,时称南中"七贤""七隐"或"七子"。据继白书"僧奴传"述,七子即僧奴、无极、达果、安道、桂楼、继白、玄素(张三丰法名);而以《书钞》献书者李纯所作"附记"称,七贤有张继白、感通寺无极法师、兰雪道人杨安道、兰室居士段宝姬、鸡足山大云法师、无为寺哈哈和尚（达果）、桂楼居士杨黼。经笔者比对，两者差异为互缺玄素及大云，个中缘由，或为时人笔误，或为道人玄素本系辽东懿州人，来去于中原与滇西，行动隐秘飘忽而形成的混沌。然而，通读三部明人作品，大云、玄素加上"七贤"另一人无极法师，此三人为明太祖筹划建文流亡云南的重要谋士，个中细节，容笔者后文专题述之。

所谓隐士贤者，以常识论，多为学识超群，然淡泊名利、行侠仗义之辈，他们或道行高，或学问博，或武功了得，以张继白为例，他是大理本土人氏，《书钞》前言载继白自述："余自幼生长叶榆，幼与段宝（宝姬之弟 元代大理总管）共读于苍麓院。元亡后，无心功名，衣食无虑，志在寄情田野。闲观鹤舞，夜读百家著作，客来品茶夜话。"他与李浩交情甚笃，结为姻亲。另据玉笛山人《淮城夜语》载：外祖公张继白有史官之志，怀才不遇，建山庄于古妙香国皇宫遗址。藏书之多，冠于南中，著《叶榆稗史》四卷，增补二卷，刻板印书百部，多为宦海珍藏。（《书钞》刊载的只是《叶榆稗史》部分）。

"七贤"非等闲之辈，其中有高僧三人：大云、无极、玄素；皇族二人：达果、宝姬；名士二人：继白、安道。这是个可与潜帝互通交流的群体。作为有史官之志的继白，以他的眼光与文史素养，为建文在云南流亡生活留下宝贵一笔：（应文）会七隐于点苍。朝诵楞严，夜读诸经，来往于苍洱。每至，必与余等应和。著诗词数卷曰《青灯集》。应文与段宝姬交情甚笃，每次远行必将诗词诸物藏于竹箧存于她处。正统（明英宗年号）年间返京，有二百余首诗词存兰室居所。应文还善画，兰室多其兰竹画，无为寺存《十八罗汉图》《七子三僧一道图》《求雨图》。继白评其作品，谓：栩栩如生，行笔如神。

建文初会"七贤"，引荐的竟是怀揣沐晟修书的沈万三，这个在旧时昆明只留下五华山麓"沈官坡"地名的明初富商终于露出真相。《书钞》李浩与张继白著书均有记载。

沈万三名富，字仲荣，号三山道人，湖广南寻人，父名沈佑，入赘苏州陆姓女。他的发迹起自奇遇。一次，伐庭院两棵冬青树，掘出石窟，从中得金银无数，此为运气，后借势建起钱庄，遍数千里，而暴富，这就是富商做派了。

朱元璋崛起布衣，其间战争加上瘟疫，国府空虚，万三出资修南京城过半，又在家乡苏州筑苏州街，用昂贵的茅山石铺路心，洪武怒，说"吾京城无此豪华之路，大胆妄为！"除之，定流放罪，充军辽阳十二年。

李浩笔下的万三年六十余，是万三获罪十余年后的形象，他经验老到，且崇道，对道术情有独钟，有功夫，通奇门。刑役生涯的历练，使他领悟自己的失着。身为商人，富可敌国，炫富之举，令皇帝不安，洪武出重拳，立皇朝之威，以安天下，可谓帝王之智。

洪武十九年（1386年），西平侯沐英入京公干，向洪武禀报戍边事，议及万三，说：万三通理财，求帝拨万三父子入滇，为西路理财，洪武应允，一纸公文，拨万三父子戍滇，仍是流放，此称罪戍。沐英有眼光，勤于治滇，且与万三有旧；洪武惜人才，早有起用万三意，君臣一拍即合。但不改万三军犯之身，好人留给后人做，眼光远。

沐英接着万三父子，特事特办，将其安置于自己在五华山麓的府邸，住了三个月，万三不惯省府之烦乱，愿隶大理，沐英又发牒转属天威径囚籍，浩也将其安置于龙关驿馆。并将万三的儿子安顿在合江铺哨，为其脱籍为民。永乐初，子承父业，至昆明拓东经商。

洪武二十六年（1393年），玄素道长张三丰得知万三行踪，赶至龙关与之相会，他是万三师。李浩慕名苦留三丰，得其承诺，便出资银80两，为其在苍山马耳峰后山麓茅草哨西建灵鹫观。万三年暮，愿随师静修，浩应允，万三便长住此观，随三丰主持道观。

万三没有忘记沐英请他至滇初衷，他精通矿脉，识得银山脉象，为大理南衙府君得大矿，并为其谋经营之道：令背矿（矿石）冶银的三千余囚籍俱减轻役，与土人婚，得立家室，德其众，使产量大增。李浩于永乐十二年（1414年）至北衙，解银三千斤，押镖至省。沐晟嗣侯于建文元年（1398年），《明史》评其"用兵非所长，战数不利"，但"资财充牣，善事朝贵，赂遗不绝，以故得中外声。"阴庇建文38年，得万三识矿之利，应不在少数。沐晟是个政治家，他庇护太祖骨血、继承父兄遗愿，岂敢轻一身而害大局，智也。

在沐晟取胜的数战中，有建文初年，晟初职西南，适逢麓川诸部趁宣慰使思伦发死后分据其地，沐晟率师讨平，以其地置勐养、木邦、孟定三府，镇远、威远二州，平崖、潞江、湾甸、大侯、者乐五长官司，而岁征其贡赋。又于潞江之西，置腾冲千户所，以控制之，麓川遂定。有永乐三年（1405年），八百大甸犯内地，沐晟先遣将讨之，后督师增援。至蒙自境，八百大甸军畏其声威，急忙撤兵，晟追击并擒斩其首。成祖赐玺书，白金慰劳。次年，安南叛，沐晟与大将军张辅分道出击，会师富良江，共破多邦城及东西二都。安南伪王黎季犛父子远遁日南州奇罗海口，晟穷追不舍，终将其擒获并械送京师。此役战绩辉煌，受成祖嘉奖，封黔国公。后安南残部简定复叛，晟再次率师讨平。有永乐十七年（1419年），富州叛，沐晟统领云南、贵州两省兵马讨之。晟将该城合围，诸将急欲攻之，晟云："威服不如德服"，遣使诏谕，最终不战而定其地。（参见滇史文丛《明黔宁王沐英传》，李清昇著）

沐晟用兵有套路谋略，否则，西南不稳，建文何安，朱棣的"靖难"乱局何以安然度过。《明史》评判有失偏颇，是因乾隆但知其一，不知其二。

永乐十二年（1414年），万三遇赦，至昆明与子相会，隐居西山，号"西山逸叟"。后返辽东。

万三对逃难建文亦有援手，出资建造了建文在苍山的首栖之所兰若寺，与玄素共持的灵鹫观亦是建文常宿之地，每住少则十余天，多则月余。

万三有女沈线阳，身世扑朔迷离，谓其三岁时游于市，遇中条玄女薛真阳，授其丹霞剑术，历十五载得绝技。艺成，师告其身世，寻父于滇，时应文潜隐浪穹，万三托女暗辅之……一夕，师至，随师返山，为佐辅玉霞真人，司掌神剑玉匣，得灵通玄法。真是亦神亦仙，如此人文之云霓，玄妙。古时的西南，佛道大行，南诏、大理的彝、白贵族是以佛治国的，国主们披僧衣，食素食，托庇神灵，行的却是人间事。崇道的万三遭飞来横祸，其同道伙伴护其女线阳，亦不足怪。见着父亲的线阳行的亦是打抱不平的人间俗事。永乐五年（1407年），线阳随建文出游。七年，建文于黔道遇胡濙率官兵追捕，线阳救之。

线阳善诗词，大理天生关有她的题诗二首。一首为：龙关古道洱河寒，风摆江苇鱼打浪。孟获碑前行人少，万人塚边枉断肠。几度斜阳峰前过，西出永昌瘴烟漫。袖里乾坤正运转，紫霞电掣混元间。在世事无常的感慨中，仍透出仙风道骨。另一首题《应文和尚》：一副袈裟裹龙体，沧桑多变僧是你。谛何觅？二十四年景阳钟，秦淮河边烟雨夜，认得一个空字，念的阿弥陀佛，惯听长者说法，学得击鼓撞钟。空空空！诗作透出侠骨柔肠的线阳对沦落泥尘的建文充满了惋惜与同情。

线阳归隐于明正统五年（1440年），同年，建文返宫。一个天涯浪迹，一个深宫泯灭，一样的"不知所终"，奇哉。

建文避难西行，武定狮子山龙潭寺是他首个栖所，他前后隐居该寺达四次，分别为永乐元年（1403年）、永乐丙戌年（1406年）、永乐五年至六年（1407—1408年）、永乐八年至十年（1410—1412年），时间可谓不短，每次都因被马氏告密，胡濙追捕而匆匆逃离，致使该寺层林被焚、一片荒芜，还使暗访的工部尚书严震为护旧主而自缢身亡。龙潭寺对建文一行为何有如此大的吸引力？近读何耀华著《武定凤氏本末笺证》，从中看出端倪。何老师所笺证的《凤氏本末》为清人檀萃撰。檀萃，字默斋，安徽望江人，乾隆二十六年（1761年）进士，于乾隆四十三年（1778年）任云南禄劝知县，官声好，著作丰，时称"兴学劝农政声大著""博极群书 以渊雅称"。然仕途蹉跎，因派运滇铜至京城之船途中翻船，被"参官"流放，后主昆明育才书院、里盐井万春书院讲席。其留下的《农部琐录》即《禄劝县志》著书传抄本《凤氏本末》，揭示了明初武定军民府罗婺部土官商胜、海积母子及其后萨周（海积妻)、商智(海积子媳)荫庇逃亡建文事,可谓因果相袭、条理清晰。

罗婺又称罗武,世为乌蛮(黑彝,彝族上层贵族),为唐时南诏东方三十七蛮部之一,世居幸邱山,地在今禄劝、武定境内。段氏大理国开国之初,三十七部助段思平夺取政权,罗武族长阿而被立为部长;元世祖以太弟(忽必烈)统兵征云南段氏,罗武部五代传人矣格首先归附,得授罗武万户侯并升北路土官总管;明洪武发兵征南,十五年(1382年)正月,罗武十代传人商胜(海积母)将元颁金牌印信上缴,自运米千石,开通道路,至昆明金马山接济大军,得授中顺大夫(正四品)、武定军民府土官知府,并赐胜朝服及织金罗衣钞帽金带。洪武二十六年(1393年),商胜病,海积替职,时年15岁。商胜于建文元年(1398年)病故。

有如此浩荡皇恩铺垫,便有下文:

初,商胜以武定土官……归诚于沐英,英因资其入觐,得世守滇,服北门,英旋镇云南,倚为捍蔽,故武酋事沐氏最恭。

至让帝(建文)遁荒至滇,黔国(沐晟)送之凤氏所,即海积府邸。

滇池出水口—海口河(螳螂川,1900年)(殷晓俊供稿)

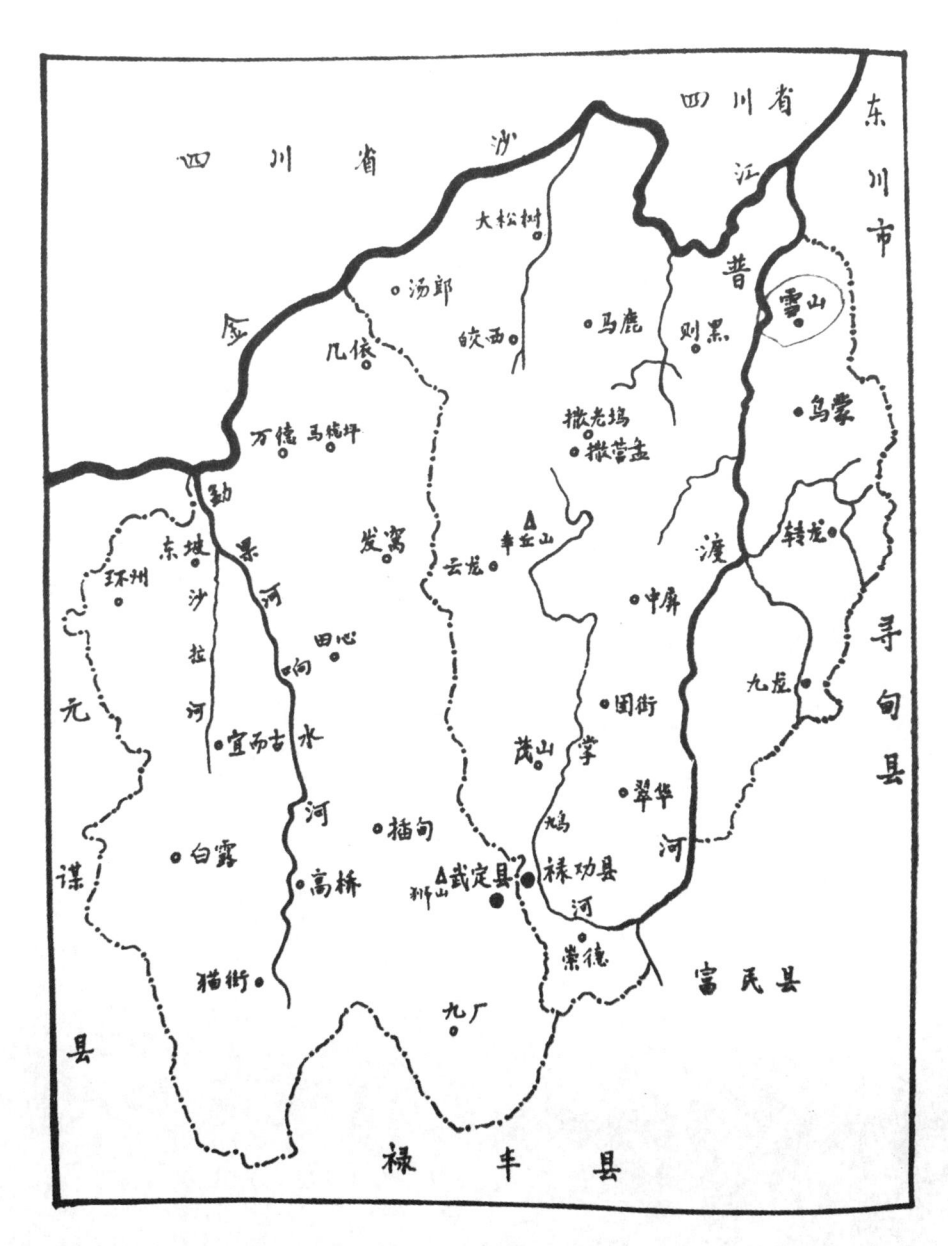

滇池下游普渡河经禄劝县入金沙江图（摘自《武定凤氏本末笺证》）

　　成祖初年，海积觐上，詟于天威，恐其事露，殂于藁邸（京师会同馆，藁城，在河北省），实自裁也。而萨周、商智以二女子仍遵前志，庇帝往来，不废忠顺，亦事之难者，而其迹甚隐矣。惜无发微者从而表之。

　　罗武十七代传人阿英于明弘治元年（1488年）袭，三年赐姓凤，进云南布政司右参政。于禄劝县城西山15里的法泥则村掌鸠河石壁为家族刻石纪功勒《镌字岩凤英自题世系碑》与《镌字岩彝文碑凤公世系记碑文》，前者将海积自裁说成"病故"；后者则干脆将海积任职隐去不表，是掩饰也。

　　2001年12月问世的《大理古佚书钞》终于成为200余年前任职禄劝县令檀萃惜叹的："无发微者从而表之"的发微者。岂非无独有偶，奇事成双。

　　原来，当建文于永乐元年正月抵达昆明沐府求"安身之所"时，沐英妻说了句"永嘉寺离省城百余里，可先至永嘉寺栖身。若有风吹草动，也好周旋，"内中隐藏如此隐情。

莽莽金沙江是滇池湖水的归依之所，2021年11月27日摄于白鹤滩水电站大桥（钱凤娟拍摄）

禄劝掌鸠河，为滇池下游，滇池水自海口螳螂川下泄至金沙江，流程达数百公里，流经当今昆明市安宁区、富民县两地，是名螳螂川，长约93公里；自富民北流入禄劝县，是名普渡河，长约200公里。其末段至大弥陀，左纳掌鸠河水，又下流经绞摆马、补知、他颇、五龙马、雪山寺等处，归入金沙江（见《武定凤氏本末笺证》刘慰三《滇南志略》）。原来，建文在狮山的隐居地，其饮水之源与沐晟镇守的昆明滇池一脉相承。

至今狮山龙潭寺藏经楼内有明惠帝建文及其随行大臣杨应能、叶希贤之塑像，楼前有颂扬建文帝之长联。其中一联云："僧为帝帝亦为僧数十年衣钵相传正觉依然皇觉旧；叔负侄侄不负叔八千里芒鞋徒步狮山更比燕山高。"寺中有两棵高大的孔雀杉，传说为建文帝亲手栽种。寺后山一遗址相传曾为他的住所。

足证：狮山武定至今不能忘情。

潜巡大明河山　祭奠洪武、建文朝殉难亡臣

身在江湖的建文体味着皇祖父作为一介草民时在安徽凤阳皇觉寺为僧的人生感悟，内心却牵挂着旧臣与社稷。

建文朝之肱股大抵为洪武老臣，他们秉持太祖遗训，对仁慧勤政的建文忠心不二。朱棣夺得皇位，为巩固皇权，以"靖难"之名，对这些不肯归顺的朝臣大开杀戒，据《中国通史》第九卷中古时代．明时期（上）载：朱棣首先公布了以齐秦、黄子澄为首的五十余名所谓的"奸臣"榜，将他们斩尽杀绝并加以族诛。名士方孝孺因为惠帝穿孝衣痛哭、拒绝为朱棣起草即位诏书，被朱棣处以割舌和寸割的磔刑。并被诛灭九族及其门生，号为十族，共八百七十三人。兵部尚书铁铉、礼部尚书陈迪、大理寺少卿胡闰、刑部尚书暴昭、右副都御史练子宁、左佥都御史景清等均因不肯屈从，而被处以残酷至极的剥皮、凌迟处死的极刑。同时被株连而死的不计其数，后人称之为"瓜蔓抄"，即连疏族远亲也

不放过，都在株连之列。

后来，对"不恭者"杀不胜杀，流放了之，有的则囚于教坊司、锦衣卫、浣洗局及习匠、功臣家为奴。

云南是明朝移民迁徙的重要地区，据李浩《汉民充军云南事》载：洪武十五年（1382年），云南初定，洪武十七年（1384年），诏户部取苏、浙上户四万五千家，以不恭罪，军囚八万余迁云南，分批入滇为屯户，拨地为屯民。

封疆于云南的西平侯沐英与镇守大理德胜关的千户李浩，以其职守，是洪武屯戍云南诏令的执行者，李浩《三迤随笔》"西征平大理纪略"披露作为千户，他军屯于龙尾关得到的封赏与守土职责："得屯户军籍三千馀户，囚人千八百馀，分屯于东起普溆英武关，西至永平博南山……"这里是云南迤西古驿道重要路段。其职责是："千里通道安，子孙世袭任之重，在于安宁无阻，屯户联卫。小事就地段由百户长处置，遇大事，余与大理府总兵议定。"

二十年后，永乐也行屯戍之事，然而这一次，被流放者竟是冒犯了新朝的洪武、建文朝忠贞之士。浩书《三迤随笔》"汉民充军云南事"记录了李浩与这些流放大理"罪戍者"的交集：永乐初，帝察京城，洪武、建文诸臣僚及其族不恭者、有过者充实屯民。怀罪者多发往鹤庆、大理两府，为焦石佛光寨银厂塽土苦役。最苦为龙潭银厂，壮者背塽，老者烧炭。余于永乐十二年（1414年）至北衙，解银三千斤，押镖至省。见塽夫苦如牲口，惨不忍睹。后入省与晟议，始定：日出上矿，未末申初收工。余后劝大理知府，塽囚苦如牛马，让其两餐食饱，三天一次食肉，年耗千猪、百羊、万斗米。滇银押运北京，年银何止十万两，黄金三千斤！

永乐对前朝政敌流放谪戍之举于《明史》也凿凿有据。《明史》卷八 本纪第八 仁宗篇载："仁宗讳高炽，成祖长子。二十二年（1424年）七月，成祖崩于榆木川。八月，丁巳，即皇帝位。大赦天下，以明年为洪熙元年。"皇历还未翻转，借着新帝"大赦天下"之惯例，高炽于当年十一月、十二月连下两道诏令。其一："诏礼部：建文诸臣家属在教坊司、锦衣卫、浣衣局及习匠、功臣家为奴者，悉宥为民，还其田土。言事谪戍者亦如之。"其二："宥建文诸臣外亲全家戍边者，留一人，馀悉放还。"

永乐苛政令建文朝的根基被彻底颠覆，然仍有为数不少的死忠之士逃出宫去。《明史》卷一百四十三 列传第三十一载："燕兵之入，一夕朝臣缒城去者四十馀人。"这些悬索缒城流亡者演绎了诸多忠义奇节之悲歌，也留下不少扑朔迷离的故事，其中宋和、廖平、史彬（一作史仲彬）等名姓在《书钞》中作为陪伴建文游历故国河山之遗臣赫然在目。

永乐二年（1404年）春，建文至滇第二年，便在应能、应贤陪同下与归隐先臣相约，游蜀地，至邛崃、峨眉、资阳、大竹，至重庆与程济、廖平、宋和等旧臣遇（在建文出游中，程济应是先行联络者），至湖北襄阳王芝臣家，后居廖平家。至八月，至吴江史彬家，居三日，祭祀诸亡臣而别。游于江浙，至三年春，重游大竹，与杜景贤重逢，居半月而别。至丙戌年（永乐四年，1406年）夏，返滇。居昆明西平侯家半月，此行直游了两年。昆明西山太华寺古道传为建文手植的银杏树大约就是此时栽种的一批苗木之仅存硕果。睹物思情，身为太祖钦定的西平侯沐英后人，应由此对太华寺寄情独深，后来，将其视作王府家庙祀奉。（参见本丛书《滇池纪事》）

永乐六年（1408年），倾情流亡的建文遇到一个坎：三僧重游襄阳，居廖平家。至永乐八年（1410年），暗返云南狮山白龙潭。"而胡濙追兵至，遇严震，震不忍，释应文三僧，夜自缢驿中。应文知白龙庵难以栖身，从此舍弃，题诗于墙哭别。"此时的建文逃亡云南八年，因之，笔者于《滇池纪事》采录的建文于武定狮山龙潭寺留下的诗句，句首为"漂泊江湖四十秋"与上文时间不相符。诗作应产生于建文返京前夕又去该寺所作。

永乐十年（1412年），建文在达果（大理总管段隆四子段文之法名，无为寺住持）亲随下，至苍山观音山峰，遍走南北二箐，于薛箩崖边南诏荒废古兰若寺为栖所，至此定居。（据《书钞》注释：兰若寺，又名雷钵寺，传为建文多年避难栖身地。今存遗址。）次年，与应文朝夕相伴的应能、应贤卒，应文悲甚，收浪穹青李鼻（青李鼻，地名）赵金贵为弟子，取法名文慧，后又陆续收弟子六人，分别以文恕、文慈、文悲、文思、文忍、与文愆（愆，qian，意为罪过、过失）名之。"慧""恕""慈""悲""思""忍"，皆为佛学慧根"宽恕"范畴，意将施暴者所犯罪过以及逃亡者所受苦难一恕了之。作为云南大理宾川鸡足山大云高僧的高足弟子，建文以佛学理念解套人生纠结，朱太祖元璋若地下有知，定当含泪首肯。

永乐二十二年（1424年），朱棣崩。此后，应文随程济常游江南天台、普陀山诸地。后来，越走越远，至宣德六年（1431年）游陕西，秋返巴蜀，后游楚地、江西九江，重游燕山、天台等地，足迹几近京畿祖地。每次出游，倦鸟归巢，大理苍山均是建文归宿之地。

明英宗正统四年（1439年）三月，建文流离生涯的重要支撑者：沐英次子、西平侯、黔国公沐晟卒于军中。许多从亡者亦先后辞世。李浩也八十余岁，垂垂老矣，来日无多。强烈的孤寂感令他产生归意。第二年，体格尚健的应文至德胜驿辞别李浩，说："叶落归根，此行虽有程济等相随，未知凶吉。"居驿中三日，与李浩详述离难往事。李浩记之《长生录》，秘藏书斋。明英宗正统五年（1440年），建文返京。

李浩卒于正统九年（1444年）。据李浩第十九代传人，现居云南大理战街的李莼于《书钞》"附记"述，李浩生于元至正十四年（1354年），卒于明英宗正统九年（1444年），享年八十八岁。（应为享年九十岁——笔者）。

李浩五世传人李以恒（字静瑛，号玉笛山人）于明嘉靖二十四年（1545年）重抄先祖藏书《长生录》，将建文流亡始末记于《淮城夜语》"应文高僧潜隐南中轶事"篇，文末，留下如许文字：建文后返燕京，众说纷纭。余至外祖公家（张继白后人——笔者），得程济书牒，提及应文返京，再无信息。

然而，清修《明史》有关"恭闵帝"建文篇却在此年录下一段匪夷所思的文字：

正统五年，有僧自云南至广西，诡称建文皇帝。思恩知府岑瑛闻于朝。按问，乃钧州人杨行祥，年九十馀，下狱，阅四月死。同谋僧十二人，皆戍辽东。

阅此，笔者不由按卷长考，想这九十余岁之杨行祥冒充建文未免荒诞。但是，由程济等护送入京的真建文何在？以永乐及其儿孙行事路数判，杨行祥之说疑为皇室鱼目混珠的编造。目的是为成祖讳，同时也警告建文在民间的庇护者：建文之事，就此了结。然欲盖弥彰，却反证建文确在此年落入朱棣重孙、英宗朱祁镇之手。

成祖朱棣的皇权取之不武，对建文朝之事多有掩饰篡改：建文四年六月，建文出走，七月壬午朔，朱棣入主皇宫，大祀天地于南郊，奉太祖配，诏今年以洪武三十五年为纪，明年为永乐元年，他一举把建文四年年号抹去，代之以已逝四年并不存在的洪武年号。因之，有关建文的生辰讳年似无可考，然细索《明史》仍有迹可寻：《明史》卷四 本纪第五 恭闵帝篇载，洪武二十四年（1391 年）太子朱标（朱元璋长子，允炆父）病重，允炆"年十四，侍懿文太子疾，昼夜不暂离"句判，允炆出生于洪武十年（1377 年）。因此，建文四年（1402 年）出走的建文 25 岁，明正统五年，返京的建文 63 岁，流亡时长达 38 年。

僧装背后的皇家无奈　朱太祖与三大高僧之交集

大明开国皇帝朱元璋出身草莽，元至正四年（1344 年），朱元璋十七岁，他的家乡安徽遭遇旱灾与蝗灾，民大饥，父母与兄长相继病亡，无力殡葬，在里人刘继祖的资助下，得以安葬。孤苦无依的朱元璋入皇觉寺为僧。至正十二年（1352 年），加入定远人郭子兴的反元起义。青壮年时代八年的僧侣生涯，为后来的大明皇朝带来浓重的佛界色彩——它关乎建文出亡。《书钞》揭示了个中隐秘。

据李浩《三迤随笔》"荡山寺"篇述：南中第一伽蓝为荡山寺，始建于汉（段氏大理国时，因部分殿堂损于地震，于原址建感通寺）。太祖平滇，义兄西平侯（沐英）荐大主持无极入京都，朝拜高帝，演经三月，赐护国法师。玉笛山人《淮城夜语》"元末大理十大高僧"篇载：洪武二十四年（1391年），无极二次入京，荐无依、玄素于大内。洪武秘召之，为皇孙谋策，而备僧衣钵于秘匣。后宫廷乱起，建文携二辅臣，入南中隐遁，皆得无极先见，说服南中雅士暗助之。无极善诗文，为南中七子之一，与杨安道、杨桂楼、段宝姬、达果、继白居士、沈万三、玄素道人、程济、应文和尚交往密，多诗词应和。

僧人玄素即张三丰，辽东懿州人，名全一，一名君宝，三丰为其号。以其不修边幅，又号张邋遢。《明史》卷二百九十九　列传第一百八十七载："太祖故闻其名，洪武二十四年（1391年）遣使觅之不得。"在《书钞》中，他却浓墨重彩出现。张继白《叶榆稗史》"张三丰入滇记略"载："明洪武十七年（1384年），洪武求张三丰入朝佐政，三丰知而遁云南""洪武二十五年（1392年），朱标太子逝。太祖托佛灯（金陵高僧）访三丰，得之。托扶皇孙允炆"，三丰不敢应诺，化名玄素，入滇，觅道中高人共谋其策。"得僧大云禅师入京，洪武托以身后重任，共扶允炆。二人婉言谢之。洪武苦求，诺炆遭离难，可着僧装入滇筹事。帝诺，愿保其安。"大云禅师即无依高僧。从托扶皇孙，到苦求，再到炆若离难、愿保其安。强势的洪武何以如此情急。原来，太祖老年丧子，眼看仁慈柔弱的太孙将面对各怀异志、武备齐整的王叔，其中尤以燕王朱棣为甚。知子莫若父，洪武深知燕王少长习兵，居幽燕形胜之地，蓄势待发。太子早夭、皇孙势弱，危象已显。何况朱棣身边还有信奉阴阳术数的僧道谋士姚广孝。据《明史》卷一百四十五　列传第三十三载："姚广孝，长洲人，本医家子。年十四，度为僧，名道衍，字斯道，事道士席应真，得其阴阳术数之学。尝游嵩山寺，相者袁珙见之曰"是何异僧，目三角，形同病虎，性必嗜杀，刘秉忠流也。"道衍不恼反喜，可见，这是一个不按常理出牌的凶险之人。后果如此。"太祖崩，惠帝立，以次削夺诸王，周、湘、代、齐、岷相继得罪，道衍秘劝成祖举兵。"成祖犹豫，说："民心向彼，奈何？"道衍道："臣知天道，何论民心。"建文元年六月，成祖遂决策起兵。"适大风雨至，檐瓦堕地，成祖色变。道衍曰：'祥也。飞龙在天，从以风雨，瓦堕，将易黄也。'兵起，以诛齐泰、黄子澄为名，号其众曰'靖难之师'"。

《明史》评："帝在藩邸，所接皆武人，独道衍定策起兵""道衍未尝临战阵，然帝用兵有天下，道衍力为多，论功以为第一。"

目光如炬的洪武料皇孙有此劫难，他对身后事作了两个预案：其一，力保皇孙允炆接位。其二，一旦允炆落败，他与三位高僧议定的预案会立即启动：由贴身太监取出暗置于奉天殿侧库的三份僧人衣牒，允炆与两随臣持云南大理鸡足山大云法师预制的度牒，落发西行。由镇守云南的西平侯（沐英子沐春、沐晟等）、大理天威径镇抚使李浩和大理高僧贤士暗护允炆。

后来，事如所料，建文由皇宫暗道出走，皇后马氏为掩护帝逃亡，穿帝衣冠，抱玺装帝焚于火（见《书钞》《三迤随笔》"沐春妹凤娇"。）之后建文在云南的离难，被颠覆的法统皇帝与以"清君侧""靖难"名义夺得天下的继任者之间的追逃博弈呈另类样式：一方"暗逃""暗护"；另一方"暗追""暗捕"，事出有因，皆不得已而为之。

明史专家对朱棣在"靖难"之役中大开杀戒的作派判以"顺我者昌，逆我者亡"，离难建文经历的是朱棣的另一手：隐晦、中庸，这是永乐对父皇所定底线的忌惮，也是对皇权取之不武的掩饰。然而，高压仍然是存在的。道中高人张三丰对洪武苦旨心领神会，身体力行。《淮城夜语》"张玄素入点苍"载：建文出走云南，玄素派弟子与点苍段氏、杨氏、张氏之女，西平侯沐氏女共暗辅之。与应文僧常游中原，历二十八年。他于成化年间（明宪宗朱见深年号，英宗朱祁镇长子）羽化，留给族中后辈（五代传人张守铨）如此遗言："不许立碑立传，以免保建文事露，患杀身灾祸。"

至于西平侯沐晟、千户李浩，他们勤于王事，声色不露，为大明镇戍西南疆域尽职尽忠，沐、李后代沐皇恩圣眷历明王朝始终。据李氏家谱载："大明云南总兵府直隶天威经镇抚使"李南杰为李浩九代传人，殉职于保护桂王朱由榔逃缅甸时。同殉的有黔国公沐天波（沐英后裔）、魏豹、王启龙、黄华宇、朱文魁、郑文远等三十余人，先后遇害。

华夏皇朝修史，慎终追远，大多由后朝为之。对建文失位这段历史，皇家有过评判。大清第四代帝王弘历，为明朝开国皇帝朱元璋的身后事作了公断：《明史》给了隐身在历史深处的建文予尊名 惠，庙号惠帝，并复其纪年，赞曰：惠帝天资仁厚。践祚之初，亲贤好学，召用方孝孺等。典章制度，锐意复古。尝因病晏朝，尹昌隆进谏，即深自引咎，宣其疏于中外。又除军卫单丁，减苏、松重赋，皆惠民之大者。

《明史》于皇四子燕王夺位成为明三世的永乐皇帝，其二十二年的帝政也不吝赞词。谓：文皇少长习兵，据幽燕形胜之地，乘建文孱弱，长驱内向，奄有四海。即位以后，躬行节俭，水旱朝告夕振，无有雍蔽。知人善任，表里洞达，雄武之略，同符高祖。六师屡出，漠北尘清。至其季年，威德遐被，四方宾服，受朝命而入贡者殆三十国。幅陨之广，远迈汉、唐。成功骏烈，卓乎盛矣。

显然，赞词点到了永乐部署的郑和下西洋伟业。

龙兴于长白山腹地的清朝并不遵从华夏帝位嫡传的祖制。

《明史》也记下了永乐朝之瑕疵，赞词结语为"然而革除之际，倒行逆施，惭德亦曷（同揭字，标明、揭示之意）可掩哉。"此断语在惠帝赞词内有更直白的指向："乃革命而后，纪年复称洪武，嗣是子孙臣庶以纪载为嫌，草野传疑，不无讹谬。"

永乐此举，为大明朝留下负面一页。

可见，弘历眼光不错：客观公允。

《大理古佚书钞》汇编的三部明人作品是李浩第十九代传人李莼的手抄本。当年李浩留下遗训："所有藏书都不允许任何人带出门，只许家中人及得到允许到藏书楼观书的亲友可以抄书而不能外借……子孙世代遵守不移。"一语成谶，令人扼腕。然而，事涉明初皇家疑案之文稿，以一个家族之力，代代相守，令数百年后的今人得见真相，实属不易。

如此，建文隐滇 38 年，有洪武、建文两朝一干忠臣良将沐晟、李浩、程济、杨应能、叶希贤，甚至罪囚沈万三、侠女沈线阳等倾力暗护；有僧道高人大理苍山感通寺住持无极法师、宾川鸡足山罗汉壁大云禅师、中原高僧张三丰出手相助；有滇中土著段氏皇族、智者达果、宝姬、张继白等七贤，彝族武酋商胜、海积、萨周、商智等土官冒死相救。建文的潜帝隐士生涯还算有惊无险。

有明人江盈科诗作《武定狮山》为证：闲来纵目万山头，怀古悲歌不自由。燕市兵威从此振，金陵王气付东流。龙颜去国八千里，鹤发还朝四十秋。往事不须论得失，楚弓尻是楚人收。[载《滇志》（明）刘文征撰　滇志卷之二十八　艺文志第十一之十一]

纵观历史，中国封建帝制历代皇祚传承、新老交替、权谋博弈，血雨腥风、不足为奇。如明太祖朱元璋、建文帝朱允炆如此联手拱让，使大明皇朝得以传承数百年。此等案例，恐绝无仅有。个中悲欢离合，令人嗟叹。

参考文献

(清) 黄士杰：《云南省会六河图说》，清光绪六年（云南省图馆清道光抄本）。

(清) 倪蜕撰：《滇小记》。

(清) 倪蜕撰：《滇云历年传》，李埏校点，云南大学出版社，1992年版。

(清) 檀萃：《滇海虞衡志》，1908年版。

《藏客 茶马古道马帮生涯》，李旭著，云南大学出版社2000年版。

《茶马古道考察纪事》，木霁弘著，云南教育出版社2001年版。

《大理古佚书钞》《三迤随笔》（明）李浩著、《淮城夜语》（明）玉笛山人著、《叶榆稗史》（明）张继白著，大理州文联编，云南人民出版社2001年版。

《滇池水利志》，昆明市水利局水利志编写小组，云南人民出版社1996年版。

《滇志》（明）刘文征撰，古永继校点，王云龙中审订，云南教育出版社1991年版。

《昆明歌谣》，王定明主编，云南民族出版社1991年版。

《昆明市水利志》，昆明市水利志编纂委员会编，云南人民出版社1997年版。

《昆明市松花坝水库志》，昆明市水利局松花坝水库志编纂领导小组编，云南科技出版社 1996 年版。

《昆明市志》（第五分册），昆明市地方志编纂委员会编，人民出版社
　　1997 年版。

《明黔宁王沐英传》李清昇著，云南大学出版社 2014 年版。

《明史》（清）张廷玉等撰，中华书局编辑部 1999 年版。

《清实录》，有关云南史料汇编卷一，云南人民出版社 1984 年版。

《武定凤氏本末笺证》何耀华著，云南人民出版社 2014 年版。

《云南地方志道教和民族民间宗教资料琐编》，国家民委民族问题五种丛
　　书之一，中国少数民族社会历史调查资料丛刊云南省编辑组，云南人
　　民出版社 1986 年版。

《云南公路运输史》，中国公路交通史丛书，人民交通出版社 1995 年版。

《云南史料丛刊》，方国瑜主编，云南大学出版社 1998 年版。

《郑和史诗》，胡廷武、夏代忠主编，云南人民出版社、云南美术出版
　　社、晨光出版社 2005 年版。

《中国通史》白寿彝总主编，上海人民出版社 1997 年版。

陆蔚主编：《福海乡志》（内部资料），昆明市西山区人民政府福海街道
　　办事处，2008 年版。

云南省志编纂委员会办公室：《续云南通志长编》，1985 年版。

跋：记录那即将消逝的文化灵光

1. 大地灵息的书写者

读完钱凤娟著的《滇池纪事》《消失的阡陌》《识记撒梅》《逝去的海弯柳　马帮》四部专著，我深深地被书中所写的鲜活的生命轨迹、厚重的大地之痛、深邃的历史内涵所感动和震撼。因为在今天的昆明这座我生活了30年的城市，这些丰厚醇绵、深不可测的文化积淀，已经消失得无影无踪，昆明已经是一座光鲜亮丽、莺歌燕舞的大城市，我甚至怀疑这些田园牧歌、六江环绕、诗情画意的生活是否真的存在过。于是，我想起了著名诗人于坚曾经说过的一段话，他说他不敢抒写童年少年时代的昆明生活，那些诗意的栖居生活，因为昆明已经日新月异，他如果真实地写出当年记忆中的所见所闻，别人会说他是骗子，因为他已经无法找到物证。

作者的《滇池纪事》，可以说是一部滇池传；《消失的阡陌》可以说是土地传；而《识记撒梅》是一部撒梅这个昆明土著民族传。作者打破了几种学科的抒写方法，以人类学田野的规范作田野的记录，但这种记录不是干巴巴的访谈或人类学的分析，以充满了灵气的文字语言记录事实，当然不是虚构，是一个个人物的故事或庙堂的故事，或一个事件的始末，让真相浮出水面；又以历史学缜密的求实方法，拨云开雾、抽丝剥茧般的还原历史的细节和面目，其中，还有透彻灵魂的哲学式拷问和答疑。由此，我才明白了钱凤娟几十年用脚踏遍昆明这座城市，离开书斋要把做干瘪了的学问做出一份鲜活来，她是脚到、心到、手到，所以才能在鲜活的田野，做到"礼失求诸野"，田野就是她的课堂，田野就是她的史料、那乡野农夫就是她的老师；她的书里没有宏大的叙事，亦没有作者主观的理论阐释，她的书里都是充满细节的说常道白，但每一个场景、每一个人物、每一个细节都是让人深深感动并值得为之思索的命题。

就以《识记撒梅》为例，撒梅就生活在昆明城边，也许离得太近、不为人注意，也许我孤陋寡闻，关于撒梅的书，在我读过的书里是很厚重的一本。作者在"自序"中说道："我搜集资料的方式是迈开双脚，到渔民、山民、农民、市民中与之交流，在他们的回忆与讲述中，采集大量鲜活的第一手资料，实录他们曾经的生存状态和世事变迁，此法在人类学术语称'田野考察'或称'田野工作'，我注重的是参与和感受，特别喜欢参与人的各项精神文化活动，例如庙会、先后参加过十数个庙会。中国农村有着丰富多彩的庙会文化，这些庙会历史悠久、民俗文化积淀深厚。因是群众性的集体创作，行事自由张扬，追求喜剧效果，但万变不离其宗，在看似诙谐甚至荒诞的行为背后寄托的是人们追求世俗幸福的强烈愿望。这些庙会往往蕴藏过往信息的秘密。"从作者这段话中我们才明白真正的文化传承是在活人身上。文化不是抽象的一个个概念，是一代代传递中，烙印在每个人身上的密码，无论是学校教育，还是口传心授，无论是图书馆里，还是在乡野田间，文化就像空气一样存在，只是我们无法抓拿到手里。作者在《识记撒梅》一书中，不是以历史渊源来追述，而是从活人的口中去挖掘，所以整本书的历史梳理别具一格，是以个人的心史串起一条条线索，把撒梅人的生老病死、爱恨情仇、悲欢离合融汇在其中，是一部鲜活的民间史诗。

有学者认为：中国几千年的历史都是帝王将相的历史，老百姓是缺失的。或者说，老百姓的记忆是被堵截的，被锈住的，被缺位的。多少鲜活的记忆，多少惨烈的故事，多少闪光的智慧，消失在了历史深邃的风雨之中，遮蔽在了历史厚重的门外。这是"胜利者书写历史"的一种逻辑。在这个说辞的背后，又衍生出了"个人是历史的人质"或"个人无法承担历史罪责"的调子，这也是"个人"为自己脱罪的说辞，所以，胡适才满怀悲愤地说出："历史是任人随意打扮的小姑娘。"著名历史学家吴思先生说过这样一段话："我们是谁，是历史决定的，是由一直以来的成长历程决定的，我们一定要问这一路是怎么过来的，才能知道我们现在是谁，才知道我们往哪里去。"的确，每个人的人生经历就是一部活生生的历史，如果没有正确的个人记忆作为历史探索和反思的逻辑前提，那么，也就没有了族群自我更新、自我创新的能力，也就没有了实现人生理想的强力支点。一个失忆的人，只会成为荒原上的影子，一个失忆的民族，也只会在历史的隧道里永远摸索，弄得支离破碎，魂不附体。帕斯卡曾说："要学会与内心交流、未经省察的人生不值一过，以向上提升的自由对抗向下坠落的本能，为外在自由的生活提供内在自由的有力支撑。"他的意思很明白，人生的物质层面解决之后，是人与人的层面，最高层面则是人内心的自由，以及提升人内在灵魂的问题。历史学家殷海光先生也说："每一个处境下的人，无论贫富贵贱，智愚强弱，都留下了生命的印记，不容被大历史所掩盖和抹杀光彩的印记。"殷先生把内心与道义又提升到了一种人生的宗教情怀，这里不是指信教，是一种对人生追求的宗教情怀。这是我读了《识记撒梅》这本充满了乡土气息、充实着人生底蕴，叙述着隐藏在山野的大历史叙述后的一点感想。

2. 无法抹去的时间记忆

邓启耀教授在评价《滇池纪事》一书时，这样写道："这部书稿就是对一座山、一个湖的凝视的结果。它从远到近、由古及今，叙述了那个我们熟视无睹然而充满惊奇的故乡。""我们惊喜地读着一篇篇熟悉而又陌生的故事，都是围绕西山滇池发生的故事。有几千年前的传说、有几百年前的史实、也有几十年间的经历。有我经历过的，眼前立刻像电影回放一样清清楚楚，连声音和气味都好像感觉得到，有不知道的，不免心生懊恼——如果属于不可见的历史倒也罢了，那样近在眼前的地方和可以找得见的事，我竟没见过！像山肚子里游出来的金线鱼，山肚子里钻进去的二战美军运输机,在山里时隐时现漂浮的'天灯',黑龙洞里玄乎乎的宝物等。"邓教授是土生土长的昆明人,连他都觉得惊奇,说明作者在历史岁月深处的挖掘是多么的勤奋和用功。邓教授继续写道:"昆明人有个绕不过去的结,这就是滇池,只要说起滇池,就回避不了'围海造田'(昆明人习惯把湖称为'海子'),只要说起'围海造田',就忍不住要叹口气,骂声'狗……'","书稿记叙了鱼和大湖的悲剧,记叙了滇池这个'高原明珠'失落的现实。文字波澜不惊,沉着、亦沉重,铺展开一个个实例和数据,把西山滇池的沧桑之变放在我们眼前。"不幸的是,古人眼前的滇池却是"五百里滇池奔来眼底,披襟岸帻,喜茫茫空阔无边!"在历史的某一个节点,她遭到了厄运,于是,成了昆明人心中一个永远的痛,至今没有痊愈。

作者在为滇池作传时,不拘泥于滇池的某一点变故,而是写了这个"高原明珠"曾经的辉煌,更把着力点放在了她养育的岸边的子民。比如:西山大佛、风水血脉串起的历史、庇护鸿儒精英、邑人石匠、充军来的杨姓、抗战时的血雨腥风、滇池的沧桑历程等。

金刚钻可以凿穿一切坚硬的东西,但它不可能凿穿时间,时间在不慌不忙的流动中,冲刷着一切。作者以一种纪录片制作的方式,穿行于历史叙事,再度以非历史化的方式抒写时间流逝中的行程,对历史的质询最终复归于历史和现实的重建,以时间记忆之路向历史索还滇池人的姓名,只为再度丰富历史,这是十分有意义的一种尝试,把被遮蔽、被缺位的人物和事件还原,呈现出多样性、多层次、多视角的人生况味。改变了老百姓必须经过他人之眼方能一窥自我记忆的窗口,而变成了由自己的内省来观察历史、并能破解自己的寻常表征。从历史的失踪者,变成了见证者。各种各样人的记忆,也许驳杂,也许多彩,也许破碎,但这样的记忆之路,恰恰能拼凑出一个完整的历史地图。

《消失的阡陌》也如此,看了此书,我才知道昆明曾经是一个高原水城。作者写道:"老昆明城跟周围的农田湖泊曾经是水乳交融的,求雨便城里城外一起求,赶庙会便农民居民一起狂欢,修河护堤也是城市内外同时统筹，连波罗村那头对主人极为依恋的牛也会迈着方步，城里城外一起溜达了。我在这块由湖泊与群山架构的舞台上，观看往昔由王者与平民、将军与士兵、中原人与土著、农民与耕牛表演的一出出如歌如泣的历史剧，令我心潮澎湃激动不已。"如今，只有一个个用外国名字命名的富人区，和农民、农民工居住的城中村形成鲜明对比，现实一刀就把历史和文化斩断之后，端出一个个灰头土脸，又貌似暴发户似的城市。文化的内核被抹去之后，剩下的只会是没有底气的空壳。

正如作者在《滇池纪事》的后记中所说："说山水说人神，其实说的是自然与人、人与自然是何关系，是'人定胜天'的对垒？非也。人与自然，犹如中国古老文化的易经太极图中那对阴阳之鱼，他们互依互偎，和谐共存，缺一不可，即所谓'天人合一'，人是宇宙的组成部分，如同天地、山水、动物、植物是宇宙的组成部分一样。人来自泥土，归之泥土，如何能以天地宇宙的主宰自居，践踏蹂躏万物呢？污染的滇池，分明是'上天'对人的警告。"

3. 往事并不如烟

全球化，正在改变这个世界，随着科技的进步、信息流速的四通八达，商业推波助澜，科技日新月异。但不是所有事情都那么迷人光鲜，科技进步的速度将那些无法与世界保持同步的国家和民族甩在了后面，也许他们将永远落后。自由贸易使财富集中在了少数国家和大公司手里，让中小企业濒临倒闭。于是，全球化就不仅在国际范围内，也在每个国家的内部加剧了贫富分化，百分之二十的世界人口享用着世界总产值的百分之九十。正如奥斯本·阿里亚斯所言："一个全球化达尔文主义的幽灵出现了。"投机性投资占了生产性投资的上风；每天在全球化市场上流通的百分之八十资金是投机资本，还美其名曰：资本运作。正因如此，全球化的危机不是企业危机，也不是信息危机，更不是科技危机，而是国际金融体系的危机。这是对经济进行社会控制手段的失效和政治权力在娱乐经济权力面前的失势所造成的。将金钱与娱乐结合起来，全球文化变成了一场时装秀、一块大屏幕、一阵立体声。就像赖特·米尔斯所说的，"我们是快乐的机器人"，耐尔·波斯特曼说，这个时代是"娱乐至死"的时代。前美国总统智囊布热津斯基更加露骨的说："给第三世界一个奶嘴，他们将在娱乐中死去。"就这样，数以亿计的人未曾笑过一回就离开了人世。从农村向城市的大迁徙在21世纪最终会根除掉一种最古老的生活方式——乡村生活。变迁的时代，多数人没有了故乡，或者说，失去了故乡。城市疯狂的发展，农村一点点被吞噬。仿佛就为了逃避那种隐痛，无数人背井离乡，只有那些年老和年幼的似乎还在古老的时光隧道里。

"故乡"一词所能唤起的温馨，绝非风景优美、物产丰富、美味佳肴所能囊括，那曾经的所在，有着自己牵肠挂肚的亲人故人。即便就是在故乡的尽头，只剩你自己的影子在夕阳下徘徊，那故乡依然还是你的，那山、那水、那树，都是有灵魂的。连一棵草也可以与你对话。这些是能用金钱购买的吗？

钱凤娟老师在大量的乡村考察中，敏锐的觉察到了这种风险，她在《识记撒梅》的最后一章就是记录了一些让她切肤之痛的变迁。"民族文化的终极载体是人，是世代被这种文化浸淫的有血缘关系的族群。现在，大量族外之人进入撒梅家庭，对原本封闭的族群文化是启扩，也是稀释。"她曾采访过西山区文化馆的一个领导，就民族文化的传承发展问题，那个馆长直摇头说："近年，对本区少数民族（主要是撒梅）做了一次规模较大的民俗文化考察，结果大失所望。""保护族群文化难度最大的是民族语言文字，撒梅文字在20世纪晚期。随着毕摩的消亡而遗逸，下一个，可能会轮到语言了。现在，地处交通干线周边的撒梅村，能说会听撒梅话的人不多了。"著名哲学家罗素曾说过："一个民族如果失去了语言和宗教，就可以宣告这个民族消亡了。"德国哲学家瓦尔特·本雅明说："这是一个复制的时代，但最完美的复制也总少不了一样东西——此时此地的文化，独一无二地现身于他所在之地——就是这独一的存在，唯有这独一的存在，决定了它的整个历史"，是的，他说：这是一个灵光消逝的时代。我们知道，他说的"灵光"是什么，让我们都去留住那"灵光",护住"灵光",寻找"灵光",让根永远不要腐烂,那么,历史和现实的纽带就永远不会断裂。

拉木·嘎土萨

2019 年 7 月 15 日于昆明

后　　记

　　1989年3月，因工作关系自贵州调至昆明，立足刚稳，闲暇，便蹬着自行车四处观光。省市博物馆是首选，馆藏古滇青铜器诡谲、张扬，在射灯下闪烁神秘光影，昆明，我立刻被你吸引。作为云南省会首府，你建城已有七百余年，然古风犹存：牌坊古幢，叙述的是本土神话碧鸡金马与土著崇拜故事；仿北京四合院形制俗称"一颗印"民居，透露的是自明以来六百余年中原移民恋乡情结；熙攘金碧路肃穆巡津街，书写的是近代搏击潮流不甘人后的奋斗历程。20世纪90年代与你相遇，你的楼宇街区与沿海发达城市已相差无几，但杂糅西南夷的习俗与生活方式，偶然还能撞见。

　　五六年后，城市建设进入快车道，准确称谓是建设大昆明。国家实行改革开放政策，这是中国经济高速发展千载难逢之机。为拓展交通，发展第三产业，老城开始大规模拆迁。这时的文化人内心纠结者不少，大多是喜新不厌旧：既有对新昆明的殷切期许，也有对老建筑老街巷的留恋不舍，喜欢文史的我当然是其中一个。但我一生的工作几乎都在公务员行列，1993年又调入昆明市外经贸委，身心皆处改革开放前列，所以对传统文化的追随，在起始阶段主要是留意记录，并制作图片文字以期保存历史。我曾尾随金碧路、同仁街、武成路、顺城街拆迁队拍摄老城故事，摄取题材有市井街巷、老户屋舍、名人故居、会馆客栈以及城中村（东庄）的林林总总。

　　1998年7月8日，邂逅"石佛"，是滇池湖畔一座伟岸大山，我将其命名为"西山大佛"。经考证，他至少在 600 余年前的明朝就被滇人识得，因为山名"罗汉"见著于明人诗作。当时，我已从单位领导岗位退居二线，工作担子减轻不少。每遇节假日，常盘桓于"石佛"佛脚，这里有一个列名于明末《徐霞客游记》的村庄龙王庙村，现名龙门村，又称山邑村，是一个白族移民村，历史积淀丰厚，我对该村考查时间断续长达四年余。同时进行的是追随徐氏当年游太华山履痕：罗汉寺（已废）、南庵（已废）、北庵（清中后期演变为慈云洞、龙门）；旁及对名山民俗"天灯一盏"与"小黑龙洞"的考察；最后是对孕育了古滇国与昆明城的母亲湖滇池的环湖踏勘。2004 年 1 月，出版了《滇池纪事》（合著）。这时，我已退休两年，但不敢停顿，昆明城市化推进的速度如此之快，我推测它行将覆盖整个昆明坝子，当此时，再不动手，省坝积淀了数千年的农耕文化将难以触摸。我决定乘势而入，为行将消逝的农民、村庄、田野立传留影。

我行色匆匆，对省坝的山、水、人、牛、神、老村、移民、茶马古道等农耕要素进行多角度多层面地考察实录，收获颇丰。以覆盖广阔、流程绵长的山河说，登高滇中大山是一种精神享受，距昆数十公里的大梁王山（古称罗藏山，彝语，即藏着老虎的山），布列于呈贡、澄江之间，它是滇中两大湖泊滇池与抚仙湖的分水岭，是元朝云南府宗王屯戍练兵之地，也是元末明初改朝换代大搏杀主战场。立于山巅西眺，罗汉、碧鸡大山倚滇池与之并峙，气势恢宏，山脚冲积平原是两千余年前古滇王城心腹地带，这里有王城（晋宁故地）、王陵（石寨山）以及众多贵族与平民墓葬（李家山墓地、羊甫头墓地、金沙山墓地）。

省坝数万亩良田倚仗的灌溉源流为六河，有关六河清晰记录始于元初云南平章政事（省长）赛典赤·赡思丁的治滇功绩。由此开启的七百余年修河、筑堤、建桥、挖涵洞，成为省坝官民共同奋斗的篇章。六河中，至大至重者首推盘龙江、金汁河，我在严昌福（原官渡区金马镇人大常委会主任）陪同下对 35 公里长的金汁河作全程踏勘，记录 20 世纪末 21 世纪初金汁河人文历史遗留，其间有四十余座石拱桥、五十九个自然村、数百个涵洞。应我所请,严先生为本书绘制《盘龙江金汁河农耕流程图》。随后,范品祥(原官渡区上坝村办事处书记)应我之邀作《松华坝分水石闸图》,也为本书增色不少。

此期间,为省坝最后的农耕留下一组倩影,被我视为珍贵之作,计有:龙泉坝稻浪滚滚(现为瓦窑村竹园村"天宇澜山"楼盘片区)、月牙塘最后的栽插(现月牙塘公园)、岗头村侧银汁河(现龙泉路高教小区片区)、银汁河石龙首(现龙泉路云大小区)、最后的东庄(现"上东城"楼盘)、清水河村窑场牛踩窑泥(现北市区地铁枢纽站片区)、出货的龙窑(北市区地铁枢纽站片区)等。这些图片均拍摄于2002至2004年。

记录昆明坝农耕历史,必然会涉及其厚重的移民文化,散布于河流湖塘周边的数十、上百个老村大都是明朝"移民屯戍"产物,它们都有数百年历史积淀,村老言及先祖籍贯几乎众口一词:来自"南京应天府柳树湾高石坎"。在兔耳关、大波村、波罗村、席子营等地,闻及有先祖赴滇更悠久的历史追溯:一说,来自三国孔明征南带来的部属(兔耳关刘姓、大波村金姓);一说,唐朝因躲避武则天女皇追杀来此避难的骆宾王后裔(席子营骆姓);一说,元末明初梁王与沐英大战兵败逃散的蒙古人(波罗村完姓、富民县完家冲完姓)。此外,完整的移民文化,还包括"被移民"的土著,他们曾被自大的皇帝称为"南蛮""夷人"。2003年,识得青龙村83岁的毕明与普照村龚从仁、李凤英夫妇,他们是彝族支系撒梅人,讲述的移民记忆是"被移民"一族的视觉与心路,这些宝贵元素均被我收录于书。

2007年7月,我的第二本书《消失的阡陌》出版。

在为《消失的阡陌》寻找出版社的同时,对撒梅的文化追索全面铺开。这时,结识两年的毕明与龚从仁已是我极好的向导与伙伴,他们理解我工作的意义,给予很多无私帮助,跟随他们,我走向更多彝村。在官渡区阿拉乡、大板桥镇、一朵云乡、金马镇、双龙乡,散列着二十余个撒梅村落,我先后走访近二十个,其中的青龙村、大麻苴、阿拉村、瓦脚村、普照村更是重点考察的地方。走进老村，深入家庭，进入心灵，前后行走近十年。

撒梅居住宝象河上游，这里山峦起伏、群峰叠翠，属典型的山区半山区，农耕谋生更为不易。在凤凰山山腰，小石坝村那秀英引领我观看当年的梯田，有二十多层台，民众称"楼梯田"，曾种植稻谷与慈姑，现在因宝象河水作了人们的饮用与工业用水，梯田已经废弃。在白沙河畔青龙村，毕明讲述狩猎往事，他曾是打猎好手，人称"兔子王"，捕小兔几乎手到擒来；在山箐网麂子、挖穿山甲、捉箐鸡，无所不能。一次青龙村集全村之力，围捕一对盛年花豹，这时毕明十七八岁（约在1940年），他说起自己的亲历，紧张、生动。他说："豹子发威时，入气时（发怒）耳朵往下一耷，缩进去，尾巴噼啪地摇，吼一声'嗷'惊天动地。我拿着三星叉，抵抗它，你来嘛，你死我活拼了！胆子要大。它的眼睛雄着时，像锥子一样戳着你，胡子龇起来半尺长，两簇很硬的胡子。"这时，一起守网口的伙伴已钻入就近的刺笼避难。此次围猎，青龙村打掉一窝4只豹（2只大豹，2只小豹），村威大振。2006年12月30日，是我最后一次拜访"猎神"毕明，因腰痛，久病的他在门外晒猎具，他依然健谈，只是语气缺了底蕴，为我讲述各种器械用途用法以及故事，我又喜欢又心痛，喜的是他再次为我打开故事宝典，痛的是知他英雄迟暮，恐将不久。翻过年，打电话过去，接电话的是他女婿，告知老人已走。一个月后，我去看望他的女儿毕腊凤，适逢腊凤在为亡父操持"五七"——此间佛道祭奠与打发亡灵的最后仪式。别矣，毕明，我的忘年交。

撒梅崇拜自然，以为万物有灵，祭拜木（风水树、祭天山神树）；石（长相奇特之石如马首石、状若观音的钟乳石、石笋）；山（老爷山、祭天山、两担石）；水（龙潭、山泉）；动物（牛、马，甚至一条罕见的重1公斤3两本土大黄鳝）。在一些节庆日，村村寨寨敬神仙拜天地，由此演绎出一系列群体娱乐活动，如"掼牛皮""捂耳朵""举老马"，诙谐搞笑，令人忍俊不禁。

2006年7月8日（农历六月十三），我参与彝族距昆明最近的朝山庙会，此山大名岮岮，俗称老爷山，海拔2700多米，距省城（老昆明城）50余公里，纵列于昆明、宜良、嵩明交界，山脉绵长22公里。庙会历史悠久，至少可追溯至700年前的元朝，其神迹因山顶一块奇石，据《元史．地理志》载："相传土主神为一大石，状若马头，每岁六月十三，远近争杀猪羊，祷祀以毡裹之，多至万余人，唯未建寺庙，附近也无居民。"在海拔2730米的顶峰，我遇见一位年逾八旬的彝族老妇，身着的绣花民族盛装已然褪色，但做工讲究，一看便知是压箱底的宝贝，大约是数十年前的嫁妆。她腿脚尚可，眼力已不济，拄着一根竹竿权当拐杖，由孙女搀扶，冒雨前来祭祀。她是宜良县阿乃村人（彝族村），从此方向登山，有着比昆明西山挂榜山更为陡直的悬崖，登山道是前人从岩缝褶皱中开凿出来。老人一生登山数十次，这次没准是最后一次。我心怀敬意，感慨彝人信仰之执着虔诚，高山祭祀竟逾千年而不走形。

此次登山还有两个收获，其一，识得孕育古滇伟大文明的宝象河源头就在山半腰俗称"铁甲龙潭"的地方，这里也是庙会祭祀之地。其二，与阿拉村人鲁忠美在山脚结缘相识，她比我年长8岁，是一位有点学识涵养的经师，人称"经奶"，直爽健谈，交谈中，得知她的前辈中，母亲是师娘，外公与舅舅是有名望的地理先生（风水师），有宗教职业世家渊源。后来的数年，我们交游甚笃，其女儿戏称我俩为"小伴"（即：发小），后来，我能深入撒梅宗教世家，得其助力甚多。

撒梅执掌宗教为民祈福的从业者主要有"巫师"（近代又称西波）与地理先生两类，前者以道教为主旨，推崇太上老君，后者尊佛教为圭臬并杂糅道行（如风水阴阳八卦）。其中尤以巫师历史久远，可追溯至古滇。旧时，这些宗教人士是族群精神的指引与抚慰者，他们有文化素养，与坊间联系密切，在族群中有相当影响，族人甚至称其为民间的知识分子与学者。我有幸结识当地两个有影响的宗教世家：在大麻苴村，造访民国中期大西波张福兴后人；于阿拉村访谈地理先生王国宝、王芝家族传人。记录他们操作法事的理念、空间与法器，采录手书经文、符卦图像、古人旧照，访其事迹遗存。对重要事件人物，寻根究底，一事三证（即求证不同身份、角度的二三人），务求真实无误。考证工作前后延续数年，把早已湮没于历史尘埃的史实与文化从他们后人"温暖"的记忆中挖掘实录下来，虽属不易，价值不菲。

今日，彝族撒梅辖区已纳入大昆明城市社区，老村周遭田地山林已作开发，有的建了居民住宅小区，有的成为道路、物流中心、工棚仓库。在城市化进程中，这些长年坚守农耕的族群，有了更高发展平台和更多机遇，然于保护民族传统文化而言，也面临一次新的挑战。

2013年末，第三本书《识记撒梅》由云南大学出版社友情出版。是年，我年岁68，三本书足足花了15年。至此，为昆明而作的人类学田野系列似已完成，然欲罢不能，因仍有不少宝贵素材留在"考察日志"中，奈田野工作饮食无常，时遇气候剧变湿冷浸淫，加之文字工作长年伏案，于胃肠、睡眠压迫，令身体频亮红灯。创作后期，只能在治疗与调养中勉为其难。

2014年后，身体有所好转，又作田野回访，撰写专题若干，题材涉及"海弯柳"（滇池特有渔人群体之称谓），昆明道人张宗亮平生，移民老村松华坝传奇，昆明最后的马帮，以及2010年前后写作的《金殿非物质文化流韵》《记民国时期龙头街"洪发油坊"老板尚文宽》（两文曾见用于五华区、盘龙区政协文史资料）。形成十数万字新作，书名《逝去的海弯柳　马帮》。

回顾1998年7月识得罗汉山真容，激情写作《"西山大佛"发现记》一文，昆明市政府相关部门约请数家媒体至现场召开新闻发布会，并于《春城晚报》《云南旅游》《奥秘》等报刊刊发图、文，一时形成社会热议，对西山森林公园的建设并昆明旅游有所推动。

2014年8月，在国家教育部和《光明日报》社联合主办的"中国高校出版社'书榜'评选"中，《识记撒梅》入选"精品推荐　六月榜"，云南大学网传播喜讯，身为作者，我分享了出版社的荣誉，也为曾在此工作5年的学校壮了声色。

做"田野"20年，调研之地选择昆明近郊，搭乘城乡公交、租用私家车，甚至雇马车、摩的行数小时，便可到达目的地，有大把时间"泡"在其中。曾参与许多庙会，如官渡土主庙会、金殿庙会、观音山调子会、红石岩庙会、白邑黑龙潭庙会、跑马山庙会、祭虫山庙会、宜良汤池三月三庙会、老爷山庙会、大麻苴龙王庙庙会等十数个。在这些乡镇民众组织的传统群体活动中，可以拍摄大量民俗原生态图片，感受滇人多层面生活情趣。为体验生活，密切与当地民众的关系，我参与上坝村王珍凤侄孙的生日宴（桃园村，喜生客）、青龙村毕湘九十岁寿宴、毕明亡故"五七"丧典、阿拉村王信的九十岁老母亲的葬礼以及大麻苴张老师儿子的婚宴等。于省坝民众生老病死、红白喜事的习俗几乎都有亲历亲与。

此外，我曾赴云南红河、怒江、玉溪等州市考察：元阳壮观的哈尼梯田；丙中洛大峡谷逶迤数公里的进藏大马帮；新平花腰傣绚丽的民俗节日"游花街"；石林大糯黑村彝族撒尼人虔诚的祖先崇拜"密枝节"，个中有关农耕、民族与民俗素材，用于与昆明坝农耕文化的比较研究进入《消失的阡陌》一书。

做田野研究，案头准备不可或缺，在省市档案馆、图书馆，云南大学图书馆甚至县区乡档案馆、文化馆（站），查阅相关档案资料、报刊、图册、前人著作，耗时不少。但更大的工作量，是走访村舍农家，采录第一手资料，包括访谈当事人，拍摄即时图像，采集古碑文、家谱、老照片与实物遗存。也爱好身历其境的野外踏勘，多半在坊间人士陪同下行走山野，对宗庙祖庐、山脉河流、古井龙潭、图腾标识进行考证。我以为，特定人文民俗形成于特定的山川地理环境，观摩山川大势有利把握民族民俗之神韵。

我力求以本乡土农民的眼光视野观察事物，行文偏好采用方言俚语，以达实录主人公曾经的生存状态。我以为，这样做不易变调走形，也更真切生动，文化实录关乎语调语境。

做人类学田野工作，于我是首次，但在机关公务任上，不管是在贵州安龙县教育局从事教育行政管理、兴义地委宣传部理论教育、黔西南州纪委纪检监察、云南大学党务还是昆明市政府外经贸委工作，调研文章做过不少。在兴义地委宣传部理论处，正值党的十一届三中全会召开不久，学习邓小平"一个中心两个基本点"，贯彻全会精神成为工作重心，按党委要求对机关干部分期分批进行理论辅导，撰写讲稿十数万字。

在黔西南州纪委工作期间，一篇"关于超前监督效能的思考"论文，获贵州省纪委举办的"关于加强党内纪律监督理论研讨会"一等奖，作品收入中纪委编撰的《论党内监督》论文集（中共中央党校出版社，1990年10月版）。

1993年调入昆明市政府外经委，先后分管边贸、外贸、综合三个业务处室，经常深入企业、赴云南周边口岸考察边境小额贸易。世纪之交，赴兰州、乌鲁木齐参与国际商贸洽谈会，顺道考察新疆三个口岸：阿拉山口、霍尔果斯、吐尔尕特，收获不小。所涉的重要工作，几乎都有考察随笔、调研报告以《简报》《纪要》形式呈与市府领导，有的载于市委、市政府、市政协综合刊物，有的则登载于省、市报刊。

在外经贸委工作的第三年即1996年3—4月，参与由中国国务院口岸办组织的"中国开放城市经济贸易干部研讨班"（第十一期），在加拿大卑诗省温哥华UBC大学学习考察35天，学成归来，先后写作五篇文章，其中《温哥华访闻录》[载《地理知识》（《国家地理》杂志前身）1996年第8期，《昆明政研》1996年第6期，该刊为此特辟专栏]；《作客维多利亚》（载《地理知识》1996年第11期）；《访学多伦多》（载《地理知识》1997年第8期，《昆明政研》1997年第3期）。另两篇之一《温哥华世博会旧址的开发与利用》，因紧密结合即将于1999年举办的"中国昆明世界园艺博览会"的运作，（刊载《云南日报》1996年9月19日，同时载《昆明经济》1996年第5期）；之二《高科技产业的孵化与培植——加拿大UBC大学学习考察笔记》（载《昆明政研》1996年第12期，《云南高教研究》1997年第1期）。

昆明田野是美丽、富足的，20年间的行走，我几乎倾尽全力：一个人、一支笔、一部"佳能"相机,行走近万公里,速记六十余笔记本,记载原始素材约千万字,拍摄图片数千幅,收获满满。然而,对学养不足,见识有限的我来说,也是不小的挑战。在《消失的阡陌》"后记"中,我曾写道:"人类曾经的活动,尤其是精神的创作,都是瞬间即逝不可再造的个性化劳作。因此,人的任何努力,都不可能复制历史,而只能近似——尽可能地近似。对省坝淡出的农耕文化,作者虽费尽心机,也只是勾勒出一个大致的轮廓。所留遗憾,留待仁者智者的补拙。"在这里,我要加上一句:"也有待偶然出露的历史文物补正。"

正因如此,笔者对已出版数年的三本书,据实作出补正修订,并在相关章节注明,又充实"田野再调查"取得的新素材,以期弥补所缺所憾。

翻阅15年前书作《滇池纪事》于字里行间闪出的是当时重度污染的滇池病态与倦容,令人痛心。所幸此后十余年昆明举全民之力,治理生态沉疴:将松花坝水库沿库的老村迁移他处;为省坝六河设置河段长负责制;于北地白邑水源区广植林木;以巨资引流牛栏江水为母亲湖输氧补气,滇池水质有所好转。据云南省生态环境保护厅通报:"与2007年比较,滇池草海由劣Ⅴ类改善为Ⅳ类,滇池外海由劣Ⅴ类改善为Ⅳ类。"(见《九大高原湖泊水质总体保持稳定》,载《春城晚报》2019年7月24日A03版。)然,环境治理任重道远,切忌急功近利,令我忧心的是,滇池水质的好转主要依赖外流域补水,而不是提高其自身的代谢能力。目前水质稍有好转,滇池及草海周遭又建颇具规模的湖滨小区,且有扩展之势。试问,随着优质水资源日趋紧缺,一旦外来水源因故中止,年迈的滇池还能苟延几多时日?若果如此,昆明怎么办?投资昂贵的湖滨小区又作何处理?有宏观前瞻职能的公务部门不可不察。

感谢助我采集资料的同志与乡亲们,他们是原金马镇人大主任严福昌,呈贡县文化局干部艾如茂、李志明。段臣昇、段家芝(山邑村),毕明(青龙村),范品祥、王珍凤夫妇(上坝村),李存、鲁忠美夫妇(阿拉村),张坤、张普珍(大麻苴村),张洪启(庄稼塘村)。

全部书作归入书集《滇池流域田野丛书》，即：《滇池纪事》《消失的阡陌》《识记撒梅》《逝去的海弯柳　马帮》。

《滇池纪事》合著人高岚系作者女儿，在该书初始阶段曾参与部分工作，后出国留学，未再参与其事，经征求她本人意见，书集未署其名。

书集最终得以完成，得益于师长、友人的大力协助，他们为全书书写了精彩的"序跋"文稿，为书集增色良多。

衷心感谢：

朱惠荣　云南大学原教授，著名历史地理学家。

何　明　云南大学民族研究院原院长，教授，著名人类学、民族学家。

邓启耀　中山大学教授，著名人类学、民族学家。

王文光　云南大学研究生院原院长，教授，著名民族历史学家。

拉木·嘎土萨（学名：石高峰）　云南省社会科学院民族文学研究所所长，研究员，著名民族文化学者。

李菊梅　云南大学文化发展研究院党总支书记

本套丛书还得到我先生，云南大学原党委书记、教授，中国回族学会会长高发元的指导和帮助。

本丛书得到云南大学民族学一流学科建设规划项目资助。本丛书摄影作品除署名外，其他均为作者本人拍摄，共计 700 余幅。

钱凤娟

2019 年 8 月 6 日昆明北辰小区寓所